Rolf Schneider
Schreibende Frauen in Berlin

Rolf Schneider

Schreibende Frauen in Berlin

Von Hannah Arendt
bis Renée Zucker

Jaron Verlag

Originalausgabe
1. Auflage 2019
© 2019 Jaron Verlag GmbH, Berlin
www.jaron-verlag.de
Umschlaggestaltung: Bauer+Möhring, Berlin, unter Verwendung
von Fotos von dpa / Horst Galuschka / 66426734 (Sarah Kuttner,
rechts unten), Wikimedia Commons / CC0 1.0 (Hannah Arendt,
links unten), Wikimedia Commons / CC0 1.0 (Henriette Herz,
links oben), Wikimedia Commons / Nationaal Archief / CC0 1.0
(Vicki Baum, rechts oben)
Satz und Layout: Prill Partners | producing, Barcelona
Lithografie: Bild1Druck GmbH, Berlin
Druck und Bindung: CPI books GmbH, Leck

ISBN 978-3-89773-086-1

INHALT

VORREDE

Seit an deutschen Hochschulen das Fach Gender Studies angeboten wird, existieren vermehrt Untersuchungen über weibliches Schreiben. Wodurch sich dasselbe auszeichnet, bleibt dabei eher ungewiss. Sicher ist zumindest, dass bei der Wahl des Genres keinerlei Unterschiede auftreten: Beide Geschlechter bedienen sich ihrer gleichermaßen, von der Lyrik bis zum Essay. Ähnliches gilt für die Inhalte. Es mag statistisch nachweisbar sein, dass Frauen weibliche Zentralfiguren vorziehen – mehr aber auch nicht. Protagonistinnen finden sich bei männlichen Autoren, wofür Goethes *Stella* und Fontanes *Effie Briest* Beispiele sind, wie männliche Zentralgestalten bei Autorinnen vorkommen, was etwa die Bücher von Anna Seghers beweisen. Nicht einmal die spezifisch weibliche Sicht auf das eigene Geschlecht macht den Unterschied. Weibliches Schreiben, dies die tautologische Erkenntnis, bedeutet zunächst bloß, dass Frauen Texte verfassen.

Gleichwohl wurde bis zum Anbruch der Neuzeit schöne Literatur überwiegend, ja fast ausschließlich von Männern hervorgebracht. Gegenüber den vielen durchweg männlichen Autorennamen, die sich in der hochmittelalterlichen Sammlung *Minnesangs Frühling* finden, gegenüber den gleichfalls durchweg männlichen Verfassern von Ritterepen aus dem Artus-Sagenkreis wie Hartmann von Aue, Gottfried von Straßburg und Wolfram von Eschenbach nehmen sich bekannte Autorinnen, nämlich Roswitha von Gandersheim, Hildegard von Bingen und Mechthild von Magdeburg, fast verloren aus. Beim weiblichen Schreiben handelt es sich nicht um ein ästhetisches, sondern um ein soziologisches Phänomen.

2

Die Verfasser der weltweit ältesten literarischen Zeugnisse sind anonym. In ihnen geht es inhaltlich entweder um Mythos und Religion oder um Politik und Verwaltung. In letztgenannten Schriften mag man die Ursprünge späterer Sachbücher erkennen. Die auftretenden Personen sind durchweg männlich, entsprechend den damaligen patriarchalischen Herrschaftsstrukturen. Sofern später Frauen vorkommen, treten sie in den tradierten Rollen als Mutter, Gattin, Geliebte und Tochter auf.

Grundlegende Änderungen erfolgen erst mit der griechischen Antike. Deren Mythen erzählen auch von autark handelnden weiblichen Figuren, wie Klytaimnestra, Medea und Penelope. Zwei der ältesten überlieferten Theaterstücke haben vornehmlich weibliches Personal: *Die Troerinnen* und *Lysistrata*. Hier sind die Autoren namentlich bekannt: Euripides und Aristophanes.

Den Götterhimmel, eine Projektion irdischer Zustände ins Numinose, bevölkern auch weibliche Wesen, und in der religiösen Praxis wirken Priesterinnen mit. Der Gott der Dichtkunst ist männlich und heißt Apoll, doch stehen ihm mit den Musen neun weibliche Figuren zur Seite. Die Überzahl der

Autoren ist männlich, doch daneben gibt es eine Reihe von
dichtenden Frauen wie Praxilla, Moiro und Nossis. Insgesamt
neun Namen sind überliefert, darunter jener der Sappho. Sie
ist die bekannteste Dichterin des antiken Griechenlands. Ihr
Ruhm war außerordentlich: Eine besondere Strophenform
trägt ihren Namen, Platon hat sie ebenso gefeiert wie der
römische Lyriker Catull. Neun Bücher mit zusammen 12 000
Versen soll sie verfasst haben, freilich hat sich von ihnen
keines vollständig erhalten. Was wir von ihr kennen, sind
zweihundert oft nur fragmentarische Belege, Zitate in den
Werken anderer oder verstreute Abschriften, darunter solche auf Papyrus, das im hellenistischen Ägypten zu Mumien-
kartonage verarbeitet wurde.

Gelebt hat Sappho um das Jahr 600 v. Chr. Sie war von ade-
liger Herkunft und lebte in Mytilene auf der kleinasiatischen
Insel Lesbos, wo sie eine Art Internatsschule für Mädchen
aus vornehmen Familien unterhielt. Gelehrt wurden Poesie,
Musik und Tanz. Sie war verheiratet und hatte eine Tochter,
die sie in ihren Dichtungen feierte. Sie schrieb Verse über die
Liebe wie folgende: »Δέδυκε μὲν ἀ σελάννα / καὶ Πληίαδες·
μέσαι δὲ / νύκτες, πάρα δ᾽ ἔρχετ ὤρα· / ἔγω δὲ μόνα κατεύδω.«
Ins Deutsche übersetzt: »Die Mondin ist hingesunken / Und
mit ihr sanken die Pleïaden. Mitte / Der Nacht. Es vergehen
die Stunden. / Doch ich muss alleine schlafen.« Sappho pries
die weibliche Schönheit ausführlich. Ganz offenbar folgte
sie homoerotischen Neigungen, wobei man wissen muss,
dass gleichgeschlechtliche Liebe in der Antike als eher normal, wenn nicht gar als geboten galt. In einem jüngst gefun-
denen Papyrus finden sich Sapphos Verse über das Altern:
»Achtet die schönen Gaben aus dem Veilchenschoße der
Musen, / Mädchen, die Lieder der helltönenden Leier. / Mir hat
das Alter den einst zarten Leib gebeugt. / Weiß ist nun mein

schwarzes Haar / Und schwer ist mein Herz. Meine Knie knir-
schen, / Wo ich früher flink wie ein Rehlein tanzte. / Darüber
klage ich oft. Doch es hilft kein Jammern: Menschsein heißt
altern.« Auch der zivilisatorische Nachfolger von Hellas, das alte
Rom, kannte Dichterinnen. Allerdings waren sie nicht so
zahlreich wie bei den Griechen, und keine wurde so berühmt
wie Sappho. Bekannt sind Sulpicia die Ältere und Sulpicia
die Jüngere. Von der Ersten, sie lebte zur Zeit des Kaisers
Augustus, haben sich sechs überwiegend kürzere Gedichte
wie das folgende erhalten: »Endlich kam mir ein Amor, so
hold, dass, ihn blöde verhüllen, / Weniger, als ihn nackte zeigen, mir wäre zum Ruhm.«

3

Das alte Rom ging unter. Das Imperium spaltete sich. Das
Christentum in seinen verschiedenen Ausprägungen wurde zur Europa beherrschenden Religion. Das italische Kern-
gebiet verkam unter dem Anstürmen der Völkerwanderung.
Das einsetzende christliche Mittelalter vergaß oder zerstörte
viele zivilisatorische Standards der Antike, die Künste wurden fixiert auf die Kirchen, für die das paulinische Frauenbild
galt. Bei der Dichtkunst kam erschwerend hinzu, dass Latein
die Lingua franca war und, zusammen mit der Schriftlich-
keit, das Privileg von Klerikern wurde.

Es gab auch in dieser Zeit schreibende Frauen. Sie waren
jedoch nicht viele, und sie mussten sich gegen religiös argu-
mentierende Vorbehalte behaupten.

Roswitha von Gandersheim – oder Hrotsvit, wie sie eigentlich hieß – war eine außergewöhnliche Frau. Hochgebildet,
wortmächtig und politisch engagiert, lebte die Niedersächsin,

vermutlich ein Adelskind, in der Mitte des 10. Jahrhunderts als Kanonisse des Stifts Gandersheim. Ihre Arbeiten sind teils geistlichen, teils historiografischen Inhalts. Sie kannte antike Dichtungen, so die Texte des römischen Komödienautors Terenz, an dem sie sich orientierte, wobei sie dessen säkulare und oft schlüpfrige Inhalte durch Fromm-Religiöses ersetzte. Insgesamt verfasste sie sechs dramatische Szenerien, durchweg mit biblischen oder heilsgeschichtlichen Figuren – die frühesten theatralischen Arbeiten im postantiken Europa überhaupt. Außerdem schrieb sie, gefasst in lateinische Hexameter, acht christliche Legenden. Es stammen von ihr eine Chronik des Stifts Gandersheim und die *Gesta Ottonis*, eine in Versen erzählte Geschichte der Herrschaftszeit von Kaiser Otto I. Der Text ist nicht vollständig erhalten, berichtet wird unter anderem von Edgitha oder Edith, der ersten angelsächsischen Gemahlin des Monarchen: »Schon auf den ersten Blick bezauberte Edith / Alle, mit Recht, durch ihre vollkommene Güte; / einmütig ward sie würdig des Königs Sprossen erachtet. / Diese erlauchte Frau gebar ihm ein liebliches Knäblein.« Roswitha von Gandersheims Arbeiten wurden Ende des Mittelalters wiederentdeckt und veröffentlicht durch den fränkischen Humanisten Conrad Celtis, der die dichtende Kanonisse als eine Idealfigur sah. Zu den *Gesta Ottonis* schuf Albrecht Dürer einen Holzschnitt.

Ähnlichen Formats wie Roswitha von Gandersheim war im deutschen Hochmittelalter noch eine andere Frau: Hildegard von Bingen. Die Predigerin, Ärztin, Biologin, Komponistin, Politikerin und Poetin erlebte seit ihren Kindheitstagen Visionen, die sie später aufschrieb. »Ich kam auf meinem Wege zu einer im Innern ganz aus hartem Stahl gefertigten Burg, ging hinein, tat Werke des Lichts, während ich mich früher der Finsternis hingab. In die innere Burg stellte ich nach

Süden eine Säule von ungefeiltem Eisen, an der ich die Schwanzfedern verschiedener Vögel aufhängte. Ich fand Brot und verspeiste es.« Dies steht in dem Buch *Scivias*, üblicherweise übersetzt als »Wisse die Wege«, in dem Hildegard von Bingen ihre Visionen niederschrieb und dem man, völlig zu Recht, eine hohe poetische Qualität zugesprochen hat. Sie war eine der ersten deutschen Mystikerinnen, Angehörige jener theologischen Schule, die durch körperliche Askese, seelische Anstrengung und Visionen eine äußerste Annäherung an Gott erstrebte. Es gibt geistliche Liedtexte von ihr wie diesen: »Ave generosa gloriosa et intacta / puella, tu pupilla castitatis / tu materia sanctitatis, / que Deo placuit«. Dies kann wie folgt übersetzt werden: »Sei gegrüßt, du edle, du herrliche und unberührte Magd, / du bist der Augenkern der Keuschheit, / du bist der Mutterboden der Heiligkeit, / der Gott gefallen hat!« Bei alledem war sie jedoch nicht weltabgewandt. Sie hat mit Kaiser Friedrich Barbarossa kommuniziert und ihn beraten sowie mit dem Zisterzienser Bernhard von Clairvaux Briefe gewechselt.

Mystikerin war auch die ein Jahrhundert nach Hildegard von Bingen geborene Mechthild von Magdeburg. Sie lebte als Begine, als Angehörige einer geistlichen Gemeinschaft, die sich klosterähnlichen Regeln unterwarf, jedoch kein förmliches Ordensgelübde kannte. Sie war eine asketisch lebende, ständig mit ihrer physischen Existenz hadernde Frau. Wie Hildegard von Bingen, von der sie beeinflusst wurde, hat sie ihre Visionen beschrieben. Ihr literarisches Hauptwerk, gegliedert in sieben Teilbücher, heißt *Das fließende Licht der Gottheit*. Anders als ihr Vorbild schrieb Mechthild von Magdeburg nicht in Latein, sondern benutzte ihre Muttersprache Mittelniederdeutsch. Die Urfassungen sind nicht erhalten, lediglich spätere frühneuhochdeutsche Übertragungen sind noch zu finden. Gleichwohl, Mechthild von Magdeburg ist die erste deutschsprachige Autorin, die wir kennen. Sie lebte zur Zeit der Troubadours und des Minnesangs, die erotischen Fantasien jener weltlichen Poesie finden sich bei ihr wieder als religiöses Erleben, so wenn sie eine Begegnung mit Jesus beschreibt: »Er durchküsst sie mit seinem göttlichen Munde, / Wohl Dir, ja mehr als wohl, ob der überherrlichen Stunde! / Er liebt sie mit aller Macht auf dem Lager der Minne / Und sie kommt in die höchste Wonne / Und in das innigste Weh / Wird sie seiner recht inne.«

Erst fünf Jahrhunderte später wird man in Annette von Droste-Hülshoff auf eine deutsche Dichterin treffen, der geistliche Verse von vergleichbarer Intensität gelingen.

4

Sowohl der Minnesang als auch die Artusepen waren religionsferne Dichtungen. Säkulare Inhalte beherrschten fortan die schöne Literatur im deutschen Sprachraum. Frauen waren daran nicht beteiligt, anders als im romanischen Kulturkreis: Okzitanien, Herkunftsland des Minnesangs, kannte ein paar weibliche Troubadours – Weiteres lässt sich in diesem Buch unter dem Namen Irmtraud Morgner nachlesen. Die ausdrucksvollen Briefe, die in Frankreich Heloise ihrem Abaelard schrieb, entstanden zwar in einem Kloster, doch ihr Hintergrund war ein äußerst irdisches, nämlich sexuelles Verhältnis.

Hierzulande blieb es zunächst bei den drei Mystikerinnen. Erst das Zeitalter von Humanismus und Reformation brachte dem deutschen Sprachraum ein paar bemerkenswerte Autorinnen, etwa Margarete Peutinger aus der Augsburger Patrizierfamilie der Welser, die sich literarisch mit römischen

Altertümern befasste, sodann die elsässische Reformatorin Katharina Zell, Verfasserin einer Reihe von theologischen Schriften, oder Argula von Grumbach aus Niederbayern, deren reformatorische Publizistik ein großes Publikum fand. Magdalena Heymair aus Regensburg schrieb neben Texten für Kirchenlieder pädagogische Traktate. Von der böhmischen Kammerfrau Helena Kottanner stammt eine der frühesten weiblichen Autobiografien.

Die Friesin Anna Ovena Hoyer verfasste satirische Gedichte in niederdeutscher Sprache. Sie lebte zur Zeit des Dreißigjährigen Kriegs, also im Zeitalter des Barock. Andere deutschsprachige Autorinnen jener Epoche waren die Schlesierin Maria Cunitz, eine Anhängerin Keplers und Autorin eines Buchs über Astronomie, die geistliche Lyrikerin Catharina Regina von Greiffenberg und Maria Catharina Stockfleth aus Franken, Mitautorin des Schäferromans *Die kunst- und tugendgezierte Macarie*. Heute am geläufigsten ist die außerordentliche Zeichnerin und Naturforscherin Maria Sibylla Merian, die bis ins lateinamerikanische Surinam reiste und ihre entomologischen Erkenntnisse in illustrierten Texten beschrieb.

Wir nähern uns dem 18. Jahrhundert. Es ist das Zeitalter von Aufklärung, Aufstieg des Bürgertums und Französischer Revolution. Die Zahl deutschsprachiger Autorinnen nimmt zu. Unter den Dichtern der Kantatentexte, die Johann Sebastian Bach vertonte, befindet sich mit Christiana Mariana von Ziegler eine Frau. Luise Adelgunde Victorie Gottsched, die emsige Gattin des Leipziger Literaturprofessors Johann Christoph Gottsched, übertrug aus dem Französischen und Englischen, sie schrieb Gedichte und Artikel, vor allem aber war sie als Dramatikerin produktiv. Ein halbes Dutzend Bühnenstücke stammen von ihr, darunter die Komödie *Das*

Testament. Die Handlung verläuft in der von ihrem Mann postulierten Einheit des Ortes und der Zeit, es geht um Erbschaftsstreitigkeiten, Frauengeplauder und um geldgierige Heiratskandidaten. Eine der weiblichen Figuren sagt zu der anderen:»Ach du gutes Kind! Wenn es nicht dem Wohlstand zuwider wäre, daß das Frauenzimmer sich um die Mannsleute bewürbe, so würden wir vielleicht alle gleich viel Freier haben.« Die Replik lautet:»Das liegt am Tage. Ich weiß, wie ich von Freiern und Werbern gequälet werde! *Sie seufzt.* Ich sehe aber keine, der es auch so geht?«

Die Motive des Bühnenstücks – Liebe, Konflikte zwischen den Geschlechtern, Geld und Erbe – sind auch das Material des bald meistverbreiteten literarischen Genres: des Romans. Von seiner Entstehungsgeschichte her ist er eine verbürgerlichte Form des Ritterepos. Die Anfänge des deutschen Prosaromans liegen im Barock, Grimmelshausens *Der abenteuerliche Simplicissimus* ist das bekannteste Beispiel. Im 18. Jahrhundert entstehen in Frankreich und vor allem in England Romane von weltliterarischem Zuschnitt, Johann Wolfgang von Goethes *Die Leiden des jungen Werther* schließt zu ihnen auf.

Goethes Buch ist ein Briefroman. Das Genre war bei den Zeitgenossen beliebt, auch die ersten weiblichen Romanautoren verwendeten es gerne, allen voran Sophie von La Roche, die mit ihrer *Geschichte des Fräuleins von Sternheim* einen großen Publikumserfolg erzielte und die erste deutschsprachige Berufsschriftstellerin war. Ihr Buch erzählt die etwas verwirrende Geschichte um eine junge Adelsfrau, die, als ihre Eltern tot sind, von der Verwandtschaft zur Fürstenmätresse gemacht werden soll. Tugendsam, wie sie ist, verweigert sie dies. Eine Reihe britischer Adliger bemüht sich aus unterschiedlichen Motiven um sie. Einen heiratet sie schließlich, er verlässt sie jedoch kurz darauf wieder. Am Ende findet sie doch noch einen Mann fürs Leben. Tugendsam ist sie allezeit. »Wie viel Segen, wie viele Belohnung verdienen die, welche uns den Beweis geben, daß alles, was die Moral fordert, möglich sei, und daß diese Übungen den Genuß der Freuden des Lebens nicht stören, sondern sie veredeln und bestätigen, und unser wahres Glück zu allen Zufällen des Lebens sind!« Dies sind die letzten Worte des Buchs. Sophie von La Roche lebte in Frankfurt am Main, Goethes Geburtsstadt. Der Dichter kannte sie gut und hat über sie geschrieben: »Sie war die wunderbarste Frau, und ich wüsste ihr keine andre zu vergleichen.«

Als Goethe nach Weimar gezogen war, lebten dort gleich zwei wohlbekannte Schriftstellerinnen: Johanna und Adele Schopenhauer, Mutter und Schwester des berühmten Philosophen. Besonders Johanna Schopenhauer war äußerst fleißig. Sie fuhr auf die britische Insel und verfasste einen Bericht über ihre Reise. Es gibt Romane von ihr, durchweg mit weiblichen Protagonisten, und eine Autobiografie. Ihre Tochter schrieb Märchen und Verse wie diese: »Laß mich versinken / In deiner Augen, / In deiner Wunder / Lieblichen Welt.« Das Liebesgedicht ist – kühn genug – an eine Frau gerichtet.

5

Adele Schopenhauer lebte und schrieb zur Zeit der deutschen Frühromantik. Ihr zeitweiliger Wohnort Weimar war mitsamt dem benachbarten Jena ein Zentrum des zeitgenössischen Literaturbetriebs, dem der Klassik und der Frühromantik. Die Spätromantik fand hingegen ihren Mittelpunkt in Berlin. Die literarische Karriere der preußischen Hauptstadt begann somit erst spät. Mit der Funktion als Regierungssitz verhielt es sich ähnlich.

Die Gründung der Doppelstadt an der Spree erfolgte im Hochmittelalter, im Zug der Germanisierung westslawischer Territorien. Die zugehörige Mark hatte zunächst als Herrschaftssitz die Stadt Brandenburg, der diese Funktion bis zum Beginn der Neuzeit blieb. Erst Ende des 15. Jahrhunderts wurde Berlin Hauptstadt der Mark Brandenburg, durch einen Kurfürsten mit dem literarisch anmutenden Namen Johann Cicero. Der Mann soll beredsam gewesen sein, und er beherrschte Latein. Erster namhafter Literat Berlins war Paul Gerhardt, der barocke Kirchenlieddichter und für zehn Jahre Pfarrer an der Nikolaikirche, wo er auch seinen Komponisten fand.

Mitte des 18. Jahrhunderts – aus der Mark hatte sich mittlerweile das Königreich Preußen entwickelt – gab es erstmals so etwas wie ein Berliner Literaturleben, mit dem jüdischen Aufklärer Moses Mendelssohn und dessen Freund, dem Dichter Gotthold Ephraim Lessing, der sich, wiewohl vergeblich, darum bemühte, den regierenden Herrscher für eine Förderung der deutschen Literatur zu gewinnen. König Friedrich II. war eine durchaus kunstinteressierte Seele, doch von in deutscher Sprache verfasster Dichtung hielt er wenig und schrieb selbst lieber auf Französisch, das er sich dann von seinem zeitweiligen Gast Voltaire redigieren ließ. Dabei verfasste er auch deutsche Verse.

Zur gleichen Zeit lebte in Berlin Friedrich Nicolai. Der gelernte Buchhändler gründete und betrieb einen Verlag, der unter anderem die Rezensionszeitschrift »Allgemeine deutsche Bibliothek« herausbrachte, ein wichtiges Medium der deutschen Aufklärung mit zeitweilig 150 Beiträgern, darunter Johann Gottfried Herder. Nicolai war mit Moses Mendelssohn befreundet, er kommunizierte und korrespondierte mit vielen namhaften Intellektuellen seiner Zeit wie

Johann Caspar Lavater und Johann Wilhelm Ludwig Gleim.
Er gehörte als Mitglied zur Akademie der Wissenschaften in
St. Petersburg. Außerdem betätigte er sich als ein emsiger
Autor. Von ihm stammen philosophische Abhandlungen und
Reisebeschreibungen, sein bekanntestes Werk, von Daniel
Chodowiecki illustriert, wurde der didaktische Roman *Das
Leben und die Meinungen des Herrn Magister Sebaldus Nothan-
ker*, der als ein Schlüsselwerk der Berliner Aufklärung gilt.
Zentralfigur ist ein Pfarrer, der die Theologie kritisch be-
trachtet:»Er verschwendete (ohne Exegese, von der er wenig
hielt) viel philosophische Spitzfindigkeit, um dieser Lehre
eine bessere Form zu geben, denn er war ein eifriger Anhänger der Crusiusschen Philosophie, welche unter allen andern
Philosophien am geschicktesten scheinet, die Theologie phi-
losophischer, und die Philosophie theologischer zu machen.«
Der erwähnte Crusius war ein protestantischer Kirchenmann
des frühen 16. Jahrhunderts.

Eine Generation später, zur Zeit der Frühromantik mit
Achim und Bettina von Arnim, zog Adelbert von Chamisso
als ein erster literarischer Emigrant in die Stadt, und mit
Henriette Herz begann die Tradition jüdischer Autorinnen.
Berlin hat, dies betreffend, so etwas wie ein Alleinstellungs-
merkmal.

Der an der Berliner Universität lehrende Georg Friedrich
Wilhelm Hegel lockte Interessenten wie Heinrich Heine
an. Die der Frühromantik folgenden Strömungen des Vor-
märz und des Jungen Deutschland waren in der preußischen
Kapitale mit Karl Gutzkow, Theodor Mundt und Adolf Glaß-
brenner vertreten. Die großen Buchverlage Cotta, Reclam,
Hoffmann und Campe freilich saßen anderswo.

Zu einem literarischen Zentrum wurde Berlin erst nach
der Reichsgründung von 1871. Es gibt einen Autor, der die

Verbindung zwischen dem revolutionären Denken von 1848 und den Zuständen in der Kaiserzeit durch seine Biografie wie auch seine Schriften herstellte: Theodor Fontane. Der Barrikadenkämpfer vom Berliner Alexanderplatz musste seinen rebellischen Neigungen bald abschwören. Er wurde zum Mitarbeiter einer konservativen Zeitung, zum gehorsamen Anhänger des Hauses Hohenzollern und zum systemtreuen Chronisten der Mark Brandenburg. Er begleitete die preußisch-deutschen Heere in den Krieg von 1870/71 und lieferte darüber einen affirmativen Bericht. Seine Sympathie mit dem märkischen Adel wich im Alter einer kritischeren Haltung. Seine Romane machten Berlin zu einem Handlungsort und damit zum weltliterarischen Topos. Als Theaterrezensent schließlich trug er dazu bei, dass sich in Deutschland der Naturalismus durchsetzte. Sein Name steht am Beginn der Karriere Berlins zu einer Welthauptstadt der schönen Literatur.

6

Der Naturalismus war eine französische Erfindung. Ihr bekanntester Vertreter wurde der auch politisch engagierte Romancier Émile Zola. Dessen Bücher enthalten genaue Schilderungen von den durch die Industrialisierung bewirkten gesellschaftlichen Konflikten und der Verelendung breiter Bevölkerungsschichten.

Die sozialen Gegebenheiten in Deutschland waren denen in Frankreich ähnlich. Und auch hier reagierte die schöne Literatur darauf. Der deutsche Naturalismus fand seine Propagandisten in den in Berlin publizistisch tätigen Gebrüdern Hart, und er fand seinen ersten Erfolgsautor in dem Dramatiker Gerhart Hauptmann, der nahe Berlin lebte und dessen

Stücke in Berlin gespielt wurden. Auch die meisten anderen naturalistischen Autoren lebten in Berlin, und die Stadt selbst, ihre Menschen und deren Konflikte waren das bevorzugte Sujet. Dialekt und Argot wurden benutzt. Der in Berlin ansässige Arno Holz ersann die Spielart des konsequenten Naturalismus, dem er die Definition lieferte: Kunst habe »die Tendenz, wieder die Natur zu sein«.

Der Naturalismus wurde abgelöst durch die Neuromantik, die ihre Zentren eher im Oberdeutschen und in Wien hatte, doch mit Rainer Maria Rilke auch in Berlin vertreten war. In Reaktion darauf entwickelte sich der Expressionismus, der im Literarischen eine fast ausschließlich Berliner Angelegenheit war. Seine Anfänge fallen in die Zeit um 1900, und er beherrschte die Szene noch bis in die ersten Jahre der Weimarer Republik, wo ihn die Neue Sachlichkeit ablöste. Deren Autoren lebten überwiegend in Berlin und machten diese Stadt zu ihrem Hauptthema.

Gerhart Hauptmanns Verleger hieß Samuel Fischer. Der aus Ungarn zugezogene Buchhändler hatte wichtige Neuromantiker unter Vertrag, er brachte die zeitgenössische Weltliteratur heraus, Skandinavier wie Russen, zu seinen deutschen Autoren zählte Thomas Mann. Für ein paar Jahrzehnte war das Verlagshaus S. Fischer der wichtigste Buchverlag Deutschlands, gleichsam der Cotta des 20. Jahrhunderts.

Neben ihm gab es vor allem die Ullsteins. Die aus dem Fränkischen stammende Familie hatte erfolgreich mit Zeitungen begonnen und unterhielt daneben zwei Buchverlage, von denen einer die in den eigenen Tagesblättern und Zeitschriften gedruckten Fortsetzungsromane als Bücher herausbrachte, darunter Erich Maria Remarques *Im Westen nichts Neues*, das bis heute meistverkaufte deutschsprachige Buch weltweit. Das andere Haus, Propyläen, betreute ein Gutteil wichtiger zeitgenössischer Autoren von Heinrich Mann und Bertolt Brecht bis zu Ödön von Horváth. Ein weiterer Berliner Großverlag war der von Ernst Rowohlt, mit Erfolgsautoren wie Kurt Tucholsky und Hans Fallada.

Als 1933 Adolf Hitlers NSDAP an die politische Macht gelangte, wurde die Hälfte von Rowohlts Büchern verboten, beschlagnahmt und verbrannt. Auch die anderen Großverlage waren betroffen, schon ihrer jüdischen Besitzer wegen. Das Unternehmen der Ullsteins wurde »arisiert«, also enteignet, es erhielt einen neuen Namen und eine neue Bestimmung. Der S. Fischer Verlag konnte noch eine Weile fortbestehen, bis auch dieser Name erlosch. Den Betrieb in Deutschland hatten die Fischers, die mittlerweile im Ausland lebten, ihrem früheren Mitarbeiter Peter Suhrkamp überlassen.

Ein Großteil der Berliner Autoren war inzwischen emigriert, ihre Bücher waren verboten. Von denen, die im Land blieben, versuchten einige sich anzupassen, andere duckten sich und schwiegen, viele wurden verfolgt, oft sogar ermordet. Berlin als Welthauptstadt der schönen Literatur existierte nicht mehr.

7

1945 wurde Berlin von den militärischen Siegern des Zweiten Weltkriegs besetzt. Der sowjetisch verwaltete Teil sollte politisch eine andere Entwicklung nehmen als die von den Westalliierten kontrollierten Sektoren. Der Literaturbetrieb war davon mit betroffen.

Es begann die Rückkehr von Emigranten, sowohl aus Moskau als auch aus den westlichen Staaten. Von den Schriftstellern entschieden sich die meisten für den sowjetisch besetzten Teil Berlins. Unter ihnen waren Liberale wie Arnold

Zweig, ehemalige Anarchisten wie Theodor Plievier und kommunistische Parteisoldaten wie Friedrich Wolf. Der literarische Neuanfang Berlins stand völlig im Zeichen von Büchern, die der im Ostteil der Stadt tätige Aufbau Verlag herausbrachte. 1949 wurden die zwei deutschen Staaten gegründet. Der kleinere, der sich Deutsche Demokratische Republik nannte, abgekürzt DDR, besaß sein Verwaltungszentrum im Berliner Osten, der, wiewohl bloß ein Drittel der ehemaligen Reichshauptstadt, die größte und einwohnerstärkste Stadt der DDR war. Hier konzentrierten sich die kulturellen Einrichtungen und künstlerischen Möglichkeiten, hier lebte deswegen die Überzahl der ostdeutschen Autoren.

Die von der Staatspartei SED verordnete Kulturpolitik durchlief unterschiedliche Phasen. Es gab solche einer vorsichtig dosierten Liberalität neben solchen eines gnadenlosen Rigorismus. Ereignisse wie der Volksaufstand von 1953 und der Bau der Berliner Mauer 1961 hatten auch auf den Literaturbetrieb direkte Auswirkungen. Die vom Staat propagierte Kunstdoktrin, aus der stalinistischen Sowjetunion übernommen, hieß sozialistischer Realismus und war eine mit ästhetischen Mitteln des 19. Jahrhunderts verfertigte Politpropaganda, formale Avantgardismen wurden verfolgt. Später wurden die Fesseln etwas gelockert und dann doch wieder fester angezogen. Ästhetische Verdikte der Staatspartei konnten Existenzen vernichten und nahmen selbst Berühmtheiten wie Bertolt Brecht und Hanns Eisler nicht aus.

Wie in anderen Ländern des kommunistischen Osteuropas konnte sich die schöne Literatur zu einem Medium heimlicher Kritik und verdeckten Widerstands entwickeln. Parabolische, mythologische und historische Texte entstanden, die auf Zustände der DDR-Gegenwart zielten. Selbst unverstellt kritische Schilderungen der ostdeutschen Zustände, in der streng reglementierten Presse unmöglich, waren manchen Belletristen erlaubt, was deren Ansehen hob. Ein wichtiges Datum war der November 1976. Der systemkritische Dichtersänger Wolf Biermann, wohnhaft in Ost-Berlin, konnte ausschließlich im deutschen Westen veröffentlichen, wobei seine Lieder über die westdeutschen Radiosender auch ihr Publikum in der DDR erreichten. Anlässlich einer ihm überraschend gewährten Gastspielreise nach Köln entzogen ihm die DDR-Behörden die Staatsbürgerschaft. Dies führte bei ostdeutschen Intellektuellen zu Protesten, ausgelöst durch eine von prominenten DDR-Schriftstellern formulierte Erklärung. Es kam zu heftigen innenpolitischen Auseinandersetzungen, in deren Konsequenz zahlreiche Autoren das Land verließen. Dies bedeutete einen Aderlass für die Literaturszene, doch sie lebte fort. In den 1980er-Jahren wurden die kritischen Stimmen immer vernehmlicher. Die Staatsmacht war zu kraftlos geworden, um dergleichen zu zügeln. Der Zusammenbruch der alten Ordnung 1989 wurde begleitet vom öffentlichen Auftreten mehrerer Literaten bei einer großen Kundgebung auf dem Berliner Alexanderplatz. Sie alle wussten nicht, dass sie sich bald in einer völlig veränderten Markt- und Publikumssituation wiederfinden würden, in der sie von ihrer öffentlichen Funktion, ihrem Ansehen, ihren Einkünften, ihrem Selbstwertgefühl und ihren Utopien vieles verlieren würden.

Der Dichter Volker Braun brachte seine Situation auf diese lyrische Formel: »Da bin ich noch: mein Land geht in den Westen. / KRIEG DEN HÜTTEN FRIEDE DEN PALÄSTEN. / Ich selber habe ihm den Tritt versetzt.«

8

Das West-Berlin vor 1990 war eine vom Gebiet der DDR umschlossene und drei Jahrzehnte lang eingemauerte Inselstadt. Wirtschaftlich alimentiert von der Bundesrepublik, unterstand sie Sonderregularien, zu denen die Freistellung von der allgemeinen Wehrpflicht gehörte, was zu einem Zuzug wehrunwilliger junger Männer führte.

Die West-Berliner Literaturszene war zunächst klein. Die großen Buchverlage saßen in Frankfurt, München, Hamburg und Köln, die erfolgreichen Autoren lebten überall, nur nicht in West-Berlin. Immerhin existierte hier das von Walter Höllerer ins Leben gerufene Literarische Colloquium am Wannsee, das zum Beispiel zweimal Hans Werner Richters Gruppe 47 zu Gast hatte. Diese Schriftstellervereinigung, entstanden in Opposition zu der anfangs vorherrschenden konservativen Literaturszene, dominierte mit ihrer linksliberalen Grundstimmung und Autoren wie Heinrich Böll, Ingeborg Bachmann und Günter Eich schon bald den westdeutschen Buchmarkt.

Mitte der 1960er-Jahre änderte sich das von Antikommunismus geprägte Bild des kulturellen West-Berlin. Die Studentenproteste in Frankreich und den USA fanden Nachahmer an den hiesigen Hochschulen. Die von Hans Magnus Enzensberger herausgegebene Zeitschrift »Kursbuch« wurde zum Organ einer kapitalismuskritischen Bewegung. Prominente Autoren wie Günter Grass und Uwe Johnson suchten sich Wohnungen in West-Berlin, das Schicksal der beiden Halbstädte wurde zum Inhalt ihrer Bücher.

Die Studentenbewegung ebbte allmählich ab. Grass und Johnson lebten bald wieder anderswo. Gleichwohl, das kulturelle Klima West-Berlins fiel nicht zurück in die Haltung der Zeit vor 1968. Es existierten jetzt ein paar rührige Buchverlage, das Literarische Colloquium organisierte Veranstaltungen und Studienaufenthalte, im Bezirk Kreuzberg sammelten sich Malerpoeten, die Sektion Dichtkunst der Akademie der Künste machte von sich reden. Mit Autoren wie Friedrich Christian Delius blieben die Stadt und ihr Schicksal weiterhin in erzählenden Büchern präsent.

Der Prosaautor und Lyriker Hans-Ulrich Treichel schrieb das Sonett *Mythos Berlin 1987*, das wie folgt anhebt: »Ein paar Ruinen noch – der Rest ist nur Reklame / Verkabelt und vernetzt und sonnenklar / Ein Werbefotograf brüllt: Großaufnahme / Prometheus rührt die Fernsehsuppe gar«.

9

In der untergegangenen DDR war die Gleichberechtigung der Frauen seit den Anfängen des Staates gesetzlich festgeschrieben. Praktiziert wurde sie auf dem Lohnzettel und sonst wenig. Gegen die Vorherrschaft der Männer schrieben die DDR-Autorinnen deswegen unentwegt an.

Die Benachteiligung von Frauen hatte keineswegs erst im bürgerlichen Zeitalter begonnen. Es gab sie seit Anbeginn der geschriebenen Geschichte. Während der Antike erhielten Frauen immerhin einen Platz im Götterhimmel, so wie auch in den Tempeln, im säkularen Dasein aber blieben sie deutlich hinter den Männern zurück. Die für Europa maßgeblichen monotheistischen Religionen kennen und praktizieren solche Zurücksetzung weiterhin. Es gab immer mal wieder ein paar Ausnahmen, so zum Beispiel berühmte Herrscherinnen wie Kleopatra, Agrippina, Theophano, Maria Theresia und Zarin Katharina I. Sie alle wurden, was sie waren, infolge außergewöhnlicher politischer Gegebenheiten und bewirkten für ihre Geschlechtsgenossinnen keine Veränderungen.

Diese bescherte ihnen erst das bürgerliche Zeitalter. Das begann mit der Französischen Revolution, die nicht bloß eine Erklärung der Menschenrechte hervorbrachte, sondern auch eine der Frauenrechte. Diese wurde 1793 veröffentlicht, ihr erster Artikel lautete: »Die Frau wird frei geboren und bleibt dem Manne gleich in allen Rechten. Die gesellschaftlichen Unterschiede können nur im allgemeinen Nutzen begründet sein.« Verfasst hatte dies Olympe de Gouges. Eigentlich hieß sie Marie Gouze und war ein uneheliches Kind aus dem okzitanischen Südwesten. Sie ging nach Paris, brachte sich selbst eine umfassende Bildung bei, schrieb Romane sowie mehrere Theaterstücke und saß während des Ancien Régime einer aufrührerischen Schrift wegen in der Bastille. Nach 1789 war sie nicht die einzige Frau von politischem Einfluss, neben ihr gab es Germaine de Staël und Madame Roland. Robespierre ließ Letztere hinrichten, ebenso wie Olympe de Gouges. Die Haltung der Revolutionäre, der Girondisten ebenso wie der Jakobiner, blieb patriarchalisch, was im Wortlaut der Verfassung und in der Praxis der verschiedenen Regime seinen Ausdruck fand.

Im Jahr des Todes von Olympe de Gouges veröffentlichte die englische Schriftstellerin Mary Wollstonecraft ihre *Vindication of the Rights of Woman* (Verteidigung der Frauenrechte), die Ähnliches forderte wie die französische Deklaration. Ihre Ideen setzten sich in beiden Ländern fort. Es ging um Bildung, Recht auf Berufsausübung und Wahlrecht für Frauen. Auch in Deutschland fand die Bewegung Anhängerinnen, je weiter das 19. Jahrhundert fortschritt, desto mehr.

Olympe de Gouges wie Mary Wollstonecraft waren Literatinnen. Die Belletristik blieb auch in der Folgezeit wichtig für die weibliche Emanzipation. Die Dichterin Amantine Aurore Lucile Dupin de Francueil, die sich George Sand nannte, machte sowohl durch ihren Vornamen als auch durch ihre maskuline Kostümierung darauf aufmerksam, dass sie gleiche gesellschaftliche Ansprüche vertrat wie ein Mann. Emmeline Pankhurst, berühmteste Anführerin der britischen Frauenbewegung, war gleichfalls Literatin.

Ähnliches gilt für Deutschland. Louise Otto-Peters, beteiligt an der Revolution von 1848 und Begründerin der deutschen Frauenbewegung, war genauso Schriftstellerin wie Auguste Schmidt und Henriette Goldschmidt, die anderen feministischen Führungsfiguren.

Die weibliche Emanzipation wurde allzeit befördert durch die schöne Literatur. Die gesellschaftlichen Ergebnisse stellten sich erst sehr allmählich ein: Ungehinderten Zugang zu Universitäten erhielten deutsche Frauen mit Beginn des 20. Jahrhunderts, wählen dürfen sie seit 1919, geschäftsfähig wurden sie in der Bundesrepublik gar erst 1969. Die formaljuristischen Fortschritte fanden ihre Entsprechung in einem verstärkten Aufkommen von Autorinnen, von denen viele sich ausdrücklich gegen die sozialen Defizite des weiblichen Geschlechts erklärten.

Ihre gegenwärtige Situation in der heutigen Bundesrepublik ähnelt in etwa jener in der untergegangenen DDR. Alice Schwarzer, über Jahrzehnte die beharrlichste Stimme der westdeutschen Frauenbewegung, stellte 2016 fest: »Frauen haben eine andere Geschichte, eine andere Lebensrealität als Männer. Bis heute.«

10

Glikl bas Judah Leib wurde Mitte des 17. Jahrhunderts in Hamburg geboren, als Tochter eines wohlhabenden Diamantenhändlers. Im Alter von 16 Jahren ehelichte sie den Geschäfts-

mann Chaijm Goldschmidt aus Hameln und führte mit ihm
eine glückliche Ehe, aus der zwölf Kinder hervorgingen. Sie
betrieb die Handelsfirma ihres Mannes nach dessen Tod weiter und heiratete ein zweites Mal, einen Bankier aus Metz,
der freilich geschäftlich scheiterte. Glikl bas Judah Leib starb
in Armut. Für ihre Nachkommen schrieb sie ihr Leben auf:
»Meine lieben Kinder. Ich bin nicht darauf aus, euch ein
belehrendes Buch zu schreiben, ich bin auch nicht befähigt
dazu. Unsere Weisen haben gar viele Bücher zur Belehrung
geschrieben, und wir haben unsere heilige Thora, aus der
wir alles sehen und begreifen können, was uns nützlich ist
und was uns von dieser Welt zur künftigen Welt geleitet.«
An ihrem auf Jiddisch verfassten Text, der sehr umfangreich
geriet, saß sie fast dreißig Jahre. Übersetzt ins Hochdeutsche
von einer späten Nachfahrin, der jüdischen Frauenrechtlerin
Bertha Pappenheim, erschien das Buch 1910 und erregte ein
beträchtliches Aufsehen. Es war nicht bloß die erste Autobiografie einer Jüdin, es war eine der frühesten weiblichen Autobiografien im deutschen Kulturraum überhaupt.

Glückel von Hameln, wie sie üblicherweise geschrieben
wird, steht für gleich zwei gesellschaftliche Tendenzen: die zur
weiblichen und die zur jüdischen Emanzipation. Beide bestan-
den parallel. Beide reichen bis in die unmittelbare Gegenwart.

Die Geschichte der jüdischen Diaspora begann mit der
Zerstörung Jerusalems im ersten nachchristlichen Jahrhundert: Im Gefolge der römischen Legionen gelangten Juden
nach Mitteleuropa und blieben nach dem Abzug jener dort.
Zunächst lebten sie weitgehend unangefochten. Sie hatten
den intellektuellen Vorteil, lesen und schreiben zu können,
sie waren angesehen als Ärzte und als Geldhändler, deren
Dienste dringend benötigt wurden, da sie den Christen ver-
wehrt waren. Die Judenverfolgungen begannen im Hoch-

mittelalter, mit den Kreuzzügen. Sie wurden religiös begründet, obschon ihr Hauptziel der Raub jüdischen Eigentums war. Es kam zu diskriminierenden Formen der Segregation wie der Einrichtung besonderer Wohnviertel. Die Juden hatten mindere Rechte und waren äußerlich gekennzeichnet durch ihre Tracht.

Als der halbwüchsige »Mausche« oder Moses Mendelssohn aus Dessau nach Berlin kam, durfte er nur ein für Juden vorgesehenes Stadttor passieren. Ein Beauftragter der jüdischen Gemeinde hatte zu überprüfen, ob der Zuzug erlaubt werden konnte oder nicht. Die Juden der Hauptstadt waren, entsprechend ihrem Einkommen, unterteilt in sechs Klassen. Die reichsten besaßen das Generalprivilegium, was bedeutete, dass sie Haus- und Grundbesitz haben und vererben konnten. Ordentliche Schutzjuden durften nicht überall wohnen und konnten diesen ihren Status nur an zwei ihrer Kinder weitergeben. Außerordentliche Schutzjuden hatten, amtlich genommen, keinerlei Familie: Wenn sie starben, wurden ihre Witwen und ihre Kinder ausgewiesen. Geduldete Juden durften weder als Handwerker noch als Kaufleute tätig sein. Jüdischen Domestiken war jegliche Heirat verboten, und sie konnten jederzeit aus der Stadt vertrieben werden. Sogenannten ausländischen Juden war der Aufenthalt überhaupt bloß erlaubt, sofern die jüdische Gemeinde für sie bürgte. Diese Zustände einer abgestuften Rechtlosigkeit erlebten in ihren Jugendjahren auch Henriette Herz und Rahel Levin, später verheiratete Varnhagen.

Mit der behaupteten Toleranzpolitik von König Friedrich II. hat das alles wenig zu schaffen. Der Monarch mochte die Juden nicht, Moses Mendelsohn mochte deswegen den Monarchen nicht. Zu einer staatsbürgerlichen Gleichstellung sollte es erst unter dem Eindruck der antinapoleonischen

Bewegung kommen, die, um den französischen Invasoren angemessen begegnen zu können, sich einige von deren offenbar so erfolgreichen Neuerungen aneignete, neben der allgemeinen Wehrpflicht auch die Judenbefreiung.

Das Ende der juristischen Zurücksetzung hob, wie man weiß, die Diskriminierung nicht auf. Im bürgerlichen Zeitalter war der Antisemitismus nicht mehr religiös fundiert, sondern rassistisch. Auch die Konversion zum Christentum half jetzt nicht mehr, Jude blieb Jude. Maßgeblich war nun die ethnische Herkunft. Gleichwohl, das Ende von Ghetto und Schutzbrief hat die jüdische Selbstbefreiung befördert. Die Teilnahme am intellektuellen und kommerziellen Leben wurde stärker und dies nicht bloß in Berlin. Von den rund 140 Autorinnen, die in diesem Lexikon vertreten sind, beträgt der Anteil jüdischer Schriftstellerinnen fast ein Fünftel. Zum besseren Verständnis: 1930, als Berlin Deutschlands Stadt mit dem größten jüdischen Bevölkerungsanteil war, betrug dieser nur rund zweieinhalb Prozent der Gesamtbevölkerung der Stadt.

Dann begann mit dem Jahre 1933 die Diktatur der Nationalsozialisten. Berlins Juden flohen in die Emigration, oder sie wurden deportiert und ermordet. Theresienstadt, Buchenwald und Auschwitz waren auch Friedhöfe der schönen Literatur. Die Lyrikerin Else Lasker-Schüler schrieb: »Ich glaube wir sind alle für einand' gestorben – / Und auch gestorben unser Café in Berlin. / Arm zog ich aus, ich habe nichts erworben. / Doch Thränen ließ ich in Berlin.«

11

Das literarische Leben in der deutschen Hauptstadt änderte sich mit der Wiedervereinigung und dem Umzug der Bundesregierung. Berlin ist inzwischen wieder, was es schon um die Wende zum 20. Jahrhundert war: eine literarische Kapitale.

Es gibt hier drei Literaturhäuser und eine Literaturwerkstatt. Die Akademie der Künste besitzt zwei Veranstaltungsgebäude, die sich der schönen Literatur öffnen. Große Verlagshäuser sind in die Stadt zurückgekehrt oder unterhalten hier Filialen, daneben arbeiten rührige Klein- und Kleinstverlage. Es gibt Literaturfestivals und Poetry-Slams, es gibt das Netzwerk freie Literaturszene und die Berliner Literarische Aktion. Es existieren ein halbes Dutzend Lesebühnen. Literarische Salons werden unterhalten. Täglich finden Lesungen im Buchhandel statt.

Berlin ist heute der Ort mit den meisten lebenden deutschsprachigen Autoren im Land. Auch als Gegenstand von Belletristik dürfte die Stadt derzeit häufiger vorkommen als irgendeine andere deutsche oder ausländische Region. Das linksliberale Edelquartier rund um den Kollwitzplatz wird literarisch ebenso vermessen wie die von Zuwanderung geprägten Quartiere in Kreuzberg, Neukölln und Wedding. Die Zustände zur Zeit der Teilung der Stadt, die unterschiedlichen Lebensverhältnisse und Schicksale in den beiden früheren Stadthälften werden immer wieder bedacht. Selbst die jüdische Beteiligung am Berliner Literaturleben ist wieder gewachsen.

»Im Sommer bei bedecktem Himmel/im Sommer bei sanftem Regen / im Sommer in der Kühle alter Wohnungen / zwischen dunkler Tapeten Gesichtsträchtigkeit: / da liegen / und auf die Stadtbahn lauschen«. So der Anfang eines Gedichts, das der aus einem jüdischen Elternhaus stammende Günter Kunert schrieb. Zärtliche Bekenntnisse von Literaten zu Berlin gibt es wie früher so heute, immer wieder.

12

Dieses Lexikon versammelt Berliner Autorinnen aus Vergangenheit und Gegenwart. Literaten, die in der Stadt geboren wurden, hier lebten und Berlin zum Thema ihrer Belletristik erhoben, gibt es, gleich welchen Geschlechts, vergleichsweise wenige. Wir haben uns für Autorinnen entschieden, die wichtige Abschnitte ihres Lebens in der Stadt zugebracht haben, die hier wohnten oder noch wohnen.

Die Berliner Schriftstellerinnen werden zahlreicher, je mehr wir uns der Gegenwart nähern. Fast scheint es, als sei der derzeitige Berliner Literaturbetrieb vorwiegend in weiblicher Hand. Wäre es tatsächlich so, bedeutete dies einen gerechten Ausgleich für die Defizite in der Vergangenheit.

Um mehr zu liefern als bloß Lebensdaten und Buchtitel, wurden jeweils kurze Schilderungen von Werk und Leben probiert, mit Zitaten, die einen Eindruck von den Schreibweisen vermitteln wollen. Es musste eine Grenze zwischen Publizistik und Literatur gefunden werden, was nicht immer einfach war. Die Aufzählung von Publikationen am Ende jedes Eintrags stellt eine subjektive Auswahl und Empfehlung dar, Beiträge in Anthologien und Zeitschriften blieben dabei unberücksichtigt.

Der Kenntnisstand unseres Buchs endet mit dem Redaktionsschluss im Frühsommer 2019. Der Autor hofft inständig, dass ihm kein wichtiger Name entgangen ist.

Dass dessen Urheberschaft eine männliche ist, darf auch als Geste des Respekts begriffen werden – oder als Antwort auf die Forderung der nigerianischen Schriftstellerin Chimamanda Ngozi Adichie: »We all should be feminists«. Wir alle sollten Feministinnen und Feministen sein. Der Autor stimmt dem vorbehaltlos zu.

Berliner Schriftstellerinnen von A bis Z

ARENDT, HANNAH
* 1906 Linden, † 1975 New York, USA

 Sie hat Philosophie studiert, bei berühmten Hochschullehrern wie Nicolai Hartmann, Edmund Husserl und Martin Heidegger. Bei Karl Jaspers promovierte sie, und ihre erste Buchveröffentlichung galt einem philosophischen Thema. Gleichwohl wollte sie nie als Philosophin gelten. Sie wollte Historikerin sein, und ein Teil ihrer Arbeiten begründet das durchaus.

Geboren wurde Hannah Arendt 1906 in der Nähe von Hannover. Ihre jüdischen Eltern stammten aus Königsberg, wo das Mädchen nach dem frühen Tod des Vaters auch aufwuchs. Die Schule musste sie wegen Differenzen mit einer Lehrkraft vorzeitig verlassen. Sie ging nach Berlin. Diese Stadt wurde ihr, als sie ihre Universitätsstudien abgeschlossen hatte, ein häufiger Aufenthaltsort. Sie war Mitarbeiterin der angesehenen »Frankfurter Zeitung«, sie begann mit der Arbeit an ihrem Buch über Rahel Varnhagen. Sie ging ihre erste Ehe ein. Sie beschäftigte sich mit jüdischer Geschichte.

1933, nach der Machtübernahme der Nationalsozialisten,

saß Arendt für eine Woche in Gestapo-Haft. Anschließend emigrierte sie, zunächst nach Frankreich, wo sie, als der Krieg begann, Häftling in dem berüchtigten Internierungslager Gurs nahe der spanischen Grenze war. Mit ihrem zweiten Mann gelang ihr die Flucht in den von der deutschen Wehrmacht noch unbesetzten französischen Süden, später, mithilfe einer US-amerikanischen Hilfsorganisation, flüchtete sie weiter nach Lissabon und schließlich in die Vereinigten Staaten. Hier wurde sie Mitarbeiterin des jüdischen Emigrantenblattes »Aufbau«, sie arbeitete für jüdische Forschungsprojekte und war Lektorin in einem Verlag. Nach dem Kriegsende bereiste sie mehrfach Europa, auch die Bundesrepublik Deutschland, wo sie alte Bekannte wiedertraf, darunter Martin Heidegger. Mit ihm hatte sie einst eine leidenschaftliche Liebesaffäre gehabt, später hat er sich auf peinliche Weise den Nationalsozialisten angedient. Das sah sie ihm sonderbarerweise nach. Seiner Philosophie indessen stand sie höchst kritisch gegenüber. »Die Gleichgültigkeit, mit der sich die Deutschen durch die Trümmer bewegen«, schrieb sie, »findet ihre genaue Entsprechung darin, dass niemand um die Toten trauert.«

Die zionistische Bewegung hatte Hannah Arendt immer beschäftigt, deshalb richtete sich ihr Interesse auch auf Israel. Sie begleitete die Entstehung und Entwicklung des jüdischen Staates publizistisch. 1961 reiste sie nach Jerusalem, um als Beobachterin am Prozess gegen Adolf Eichmann, der für die Shoah mitverantwortlich war, teilzunehmen. Sie schrieb darüber für das Intellektuellenblatt »The New Yorker«. Der Text erschien dann unter dem Titel *Eichmann in Jerusalem. Ein Bericht von der Banalität des Bösen* als selbstständige Publikation. Das Buch war umstritten. Man warf der Autorin vor, sie habe Eichmann als einen lächerlichen Hanswurst dargestellt. Dazu wurde ihr vorgehalten, eine jüdische Mitschuld an der eigenen Vernichtung zu behaupten.

Mit 47 Jahren erhielt sie in New York eine befristete Hochschulprofessur. Später lehrte sie unter anderem an den Universitäten in Princeton und in Chicago. In Artikeln und Essays äußerte sie sich zu politischen Themen wie den Rassenkonflikten in den USA und der Studentenrevolte von 1968.

Ihr zweites spektakuläres Buch hieß *Elemente und Ursprünge totaler Herrschaft*. Es beschrieb die Strukturen von Faschismus und Stalinismus, mit der Erkenntnis, der »Kampf um totale Herrschaft im Weltmaßstab und die Zerstörung aller anderen Staats- und Herrschaftsformen« sei »jedem totalitären Regime eigen«. Ihre Erkenntnisse dienten als bevorzugtes Argument in Kontroversen des Ost-West-Konflikts. Dabei meinte die Autorin, wohl gestützt auf ihre Erfahrungen in der McCarthy-Ära, auch der Antikommunismus neige zu einem totalitären Anspruch auf Weltherrschaft.

Hannah Arendt war nichts weniger als eine Kalte Kriegerin. Eingehend und nicht ohne Zuneigung hat sie sich in das Werk von Karl Marx vertieft, über Rosa Luxemburg schrieb sie einen emphatischen Text. Sie war eine unerschütterliche Moralistin und streitbare Jüdin sowie eine der bedeutendsten Intellektuellen des 20. Jahrhunderts. Das Buch *Vita activa oder Vom tätigen Leben*, in dem sie ihre Theorie des politischen Handelns entwickelt, gilt als ihr Hauptwerk. 1975 ist sie in New York gestorben.

Über Rahel Varnhagen sagte sie, sie sei »Jüdin und Paria geblieben. Nur weil sie an beidem festgehalten hat, hat sie einen Platz gefunden in der Geschichte der europäischen Menschheit.« Gleiches gilt für Hannah Arendt.

Veröffentlichungen (Auswahl)
Der Liebesbegriff bei Augustin. Versuch einer philosophischen Interpretation (Dissertation), 1929 ◇ *Elemente und Ursprünge totaler Herrschaft. Antisemitismus, Imperialismus, totale Herrschaft (Essays), 1951 (dt. Übersetzung 1955)* ◇ *Vita activa oder Vom tätigen Leben (Sachbuch), 1958 (dt. Übersetzung 1960)* ◇ *Rahel Varnhagen. Lebensgeschichte einer deutschen Jüdin aus der Romantik, 1959* ◇ *Eichmann in Jerusalem. Ein Bericht von der Banalität des Bösen (Gerichtsbericht), 1963 (dt. Übersetzung 1964)*

ARNIM, BETTINA VON
* 1785 Frankfurt am Main, † 1859 Berlin

Wir schreiben das Jahr 1811. Der Schauplatz ist eine Kunstausstellung in Weimar. Es treffen aufeinander: Christiane, Ehefrau des Dichters Johann Wolfgang von Goethe, und Bettina von Arnim, geborene Brentano, Großbürgertochter aus Frankfurt am Main. Die beiden Frauen geraten in heftigen Streit, schließlich schlägt Christiane Bettina ins Gesicht. Es dürfte dies die berühmteste Ohrfeige der deutschen Literaturgeschichte sein. Anlass war Bettinas Verhältnis zu dem Weimarer Dichter. Ob, wie Bettina behauptete, zwischen ihr und ihm eine sexuelle Beziehung bestand, ist umstritten.

Die junge Dame war die 1785 geborene Schwester des

Dichters Clemens Brentano, Schwägerin des Rechtsgelehr-
ten Friedrich Karl von Savigny, Tochter der Schriftstellerin
Maximiliane von La Roche und Enkelin der Schriftstellerin
Sophie von La Roche. Sie war selbst literarisch betriebsam,
begnügte sich aber zunächst damit, Kontakt zu anderen
Dichtern zu suchen. Nach Goethe galt ihr Interesse einem
Gefährten ihres Bruders Clemens, dem brandenburgischen
Aristokraten und Poeten Achim von Arnim. Im Jahr der
Ohrfeige, also 1811, heiratete sie ihn. Sie gebar sieben Kinder.
Sehr eng war das eheliche Band gleichwohl nicht: Während
Achim als Wohn- und Wirkungsort das ererbte märkische
Gut Wiepersdorf wählte, um dort als Landwirt zu wirken,
lebte Bettina lieber in Berlin.

Achim starb 1831. Sie betreute den Nachlass ihres Mannes,
1835 veröffentlichte sie *Goethes Briefwechsel mit einem Kinde*, das Kind war sie selbst. Es herrscht Einigkeit darüber,
dass viele dieser Texte erfunden sind, doch damals wurden
sie als authentisch angesehen. Das Buch war ein großer Erfolg und machte Bettina von Arnim berühmt. Über ihre
durch Selbstmord verstorbene Jugendfreundin Karoline von
Günderrode verfasste sie einen Briefroman, zusammen mit
ihrer Tochter Gisela schrieb sie das Märchen *Reichsgräfin
Gritta von Rattenzuhausbeiuns*, der Titel erinnert etwas an
Historienromane ihres Mannes. In *Dies Buch gehört dem
König* formulierte sie politische Ratschläge und Wünsche
an den preußischen Hof – in der irrigen Annahme, es bei
Friedrich Wilhelm IV. mit einem potentiell fortschrittlichen
Herrscher zu tun zu haben. Sie schrieb Tagebuch sowie Lyrik
und komponierte.

Beharrlich suchte sie die Bekanntschaft bedeutender Männer, von Ludwig van Beethoven über die Brüder Grimm bis
zu Karl Marx. In Berlin unterhielt sie einen viel besuchten

Salon. Der Schweizer Kulturhistoriker Jacob Burckhardt hat sie dort getroffen und anschließend wie folgt beschrieben: »Ein 54-jähriges Mütterchen, klein, aber von schöner Haltung, mit wahrhaften Zigeunerzügen im Angesicht, aber so wunderbar interessant, wie selten ein weiblicher Kopf; schöne, echte kastanienbraune Locken, die braunsten, wundersamsten Augen, die mir je vorgekommen sind.«

Ihre politischen Interessen hat sie weiterverfolgt. Im Gegensatz zu ihrem erzkonservativen – und antisemitischen – Mann Achim setzte sie sich für die Juden ein, für Frauenrechte und gegen die Todesstrafe, sie nahm Partei für Polen, engagierte sich in sozialen Projekten und begrüßte die Revolution von 1848.

Eine Schwärmerin blieb sie lebenslang. Das prägte ihre Verse und ihre Prosa: »O Baum, dich umdrängt heute der Bienen Schar, sie ziehen dem Duft nach der honigregnenden Blüte, sie sammeln ihren befruchtenden Staub und versummen die Tagesglut in deiner Krone kühlem Rauschen. Aber dann würd in deinem Schatten ruhn, der König ist am Mahle des Geists, und nähren würde deine Wurzel die Flut, die den eignen Gott im Busen ihm begeistert, zu alleroberndem Triumph.«

Bettina von Arnim starb 1859 in Berlin.

Veröffentlichungen (Auswahl)
Goethe's Briefwechsel mit einem Kinde. Seinem Denkmal, 1835 ◇ *Die Günderrode (Briefroman), 1840* ◇ *Das Leben der Hochgräfin Gritta von Rattenzuhausbeiuns (Märchen), 1840 (mit Gisela von Arnim)* ◇ *Dedié à Spontini (Komposition), 1842* ◇ *Dies Buch gehört dem König (Dialoge), 1843*

ASSING, LUDMILLA
* 1821 Hamburg, † 1880 Florenz, Italien

»Wir begegnen mitunter schriftstellernden Frauen, die persönlich eigentümlicher und interessanter erscheinen als ihre Schriften, und nicht den ganzen Umfang ihres Geistes zu entfalten vermochten«, schreibt Ludmilla Assing über die Romanautorin Sophie von La Roche. Sie hätte es ebenso gut über sich selber sagen können.

Geboren wurde sie 1821. Die Familie stammte aus Königsberg, ihr Vater war ein jüdischer Arzt, ihre Mutter eine Nichte Varnhagen von Enses. Bei ihm und dessen Frau Rahel in Berlin wuchs sie nach dem frühen Tode der Eltern auf. Später würde sie die reichhaltige schriftliche Hinterlassenschaft ihrer Tante betreuen und herausgeben.

Zunächst schrieb Ludmilla Assing Feuilletons für Zeitschriften. Sie erlebte die Revolution von 1848 und berichtete darüber. Befreundet war sie mit dem Sozialisten Ferdinand Lassalle und mit dem Dichter Georg Herwegh. Als begabte Zeichnerin schuf sie eine Reihe von Pastellporträts, darunter eines von Gottfried Keller, mit dem sie Briefe wechselte.

In den 1860er-Jahren gab sie, außer den Briefen Alexander von Humboldts, die Tagebücher ihres Onkels Varnhagen von Ense heraus. Dabei kam es zum Eklat: Dessen Schilderungen der Ereignisse 1848 missfielen der Zensur, der entsprechende Band wurde auf Bismarcks Anweisung hin indiziert, der Verleger unter Druck gesetzt und die Herausgeberin steckbrieflich gesucht. Gefasst wurde sie nicht. Seit 1862 lebte sie in Florenz, wo sie für deutsche, österreichische und italienische Zeitungen arbeitete. 1864 gab es, ohne dass sie anwesend war, in Preußen einen zweiten Prozess gegen sie, unter anderem wegen Majestätsbeleidigung, das Urteil lautete auf acht Monate Haft.

Sie kehrte nicht mehr zurück. Sie übertrug Texte des in Florenz weilenden russischen Anarchisten Michail Bakunin und Schriften des Revolutionärs Giuseppe Mazzini ins Deutsche. Ausführlich äußerte sie sich über die Bewegung zur staatlichen Einigung Italiens, das Risorgimento. In Florenz unterhielt sie, nach dem Muster ihrer Tante Rahel, einen Salon. »Die Geselligkeit bietet hier die reichste Auswahl«, sagt sie darüber, »und auch meine Montag-Abende nehmen immer größere Dimensionen an: Die hier Angesiedelten, die Italiener und die durchziehenden Fremden mischen sich untereinander, so dass ich mich schon gewöhnt habe, alle Viertelstunde eine andere Sprache zu sprechen.«

Sie hatte eine längere Liaison mit einem italienischen Journalisten, aus der ein Kind hervorging, das freilich bald starb. 1873 heiratete sie den 25 Jahre jüngeren Cino Grimelli, von dem sie sich schon nach ein paar Monaten scheiden ließ.

Ihre literarische Tätigkeit bestand, neben journalistischen Texten und der Herausgabe von Arbeiten anderer, im Schreiben von Biografien: über Sophie von La Roche, über Elisa von Ahlefeldt, eine Freundin des Dichters Karl Immermann, und über den Gartenarchitekten Fürst Pückler. 1880 ist Ludmilla Assing in Florenz gestorben.

Veröffentlichungen (Auswahl)
Gräfin Elisa von Ahlefeldt, die Gattin Adolphs von Lützow, die Freundin Karl Immermann's. Eine Biographie, 1857 ◇ *Sophie*

von La Roche, die Freundin Wieland's (Biografie), 1859 ◇ *Piero Cironi. Ein Beitrag zur Geschichte der Revolution in Italien (Biografie), 1865 (dt. Übersetzung 1867)* ◇ *Fürst Hermann von Pückler-Muskau. Eine Biographie, 1873*

ASTON, LOUISE
* 1814 Gröningen, † 1871 Wangen

»Die Bewegung, deren Schlußakt die Nacht vom 18. zum 19. März bildete, hatte sich schon einige Wochen vorher angekündigt. Eine dumpfe Gärung, über deren Ursache sich nur wenige Rechenschaft geben konnten, hatte sich der Gemüter bemächtigt. Trotz der unfreundlichen Witterung waren die öffentlichen Plätze und Promenaden fast den ganzen Tag über mit Menschen übersäet, die entweder zu Gruppen zusammentretend aufmerksam auf eine Stimme lauschten, die aus ihrem Mittelpunkt hervordrang, oder paarweise dahin schlendernd mit lebhaften Gestikulationen über die neuesten Dekrete der provisorischen Regierung in Paris diskutirten.«

Schauplatz ist das Berlin des Jahres 1848. Es herrscht Revolution, es gibt Barrikadenkämpfe und die Märzgefallenen, denen der Preußenkönig seine Reverenz erweisen muss, bis sein Bruder, der spätere König und Kaiser Wilhelm, die Erhebung niederkartätscht. Beschrieben hat dies alles die heute nahezu vergessene Louise Aston in ihrem Roman

Revolution und Contrerevolution. Er ist ein zeitgeschichtliches Rarissimum.

Die Autorin stammte aus einem Theologenhaus. Ihr Vater war Pfarrer in dem nahe Halberstadt gelegenen Gröningen. Mit 17 Jahren wurde sie verehelicht, mit einem 23 Jahre älteren Mann, dem in Magdeburg lebenden britischen Fabrikanten Samuel Aston, mit dem sie drei Kinder bekam. Die Ehe wurde geschieden. Die beiden heirateten später erneut, um sich dann endgültig zu trennen. Von den Kindern überlebte nur eines. Der Vater beanspruchte schließlich die Fürsorge und erhielt sie durch Gerichtsbeschluss. Anlass dafür war das ungewöhnliche Benehmen der Mutter: Nach und nach trennte sie sich von sämtlichen bürgerlichen Konventionen, nach ihrem Vorbild, der Französin George Sand, trat sie in Männerkleidern auf und rauchte öffentlich Zigarren. In Wort und Tat entschied sie sich gegen die Institution der Ehe und für die freie Liebe, und sie entfernte sich von der christlichen Religion, die sie einen Wahn nannte. Sie ging nach Berlin, bewegte sich in anarchistischen Kreisen und ging offene Liebesbeziehungen ein. »Freiem Leben, freiem Lieben, / Bin ich immer treu geblieben!«, heißt es in einem ihrer Gedichte.

Nach der Teilnahme an der Revolution von 1848 wurde Louise Aston Mitglied in einem Freikorps, das im Deutsch-Dänischen Krieg um Schleswig-Holstein kämpfte. Mit einem Gefährten, einem Mediziner, kehrte sie nach Berlin zurück. Hier gründete sie die Zeitschrift »Der Freischärler« und den »Club Emanzipierter Frauen«. Ihr Gefährte wurde als Demokrat verhaftet, sie selbst von der Polizei abgeschoben. Ihre Zeitschrift musste das Erscheinen einstellen. Sie zog nach Bremen, ihr Gefährte kam 1855 frei, die beiden gingen nach Russland, wo sie im Krimkrieg medizinische Hilfe leisteten.

Anschließend lebten sie in der Ukraine und auf dem Balkan, erst 1871 kehrten sie nach Deutschland zurück. Noch im selben Jahr starb Louise Aston.

Unter den deutschen Feministinnen des 19. Jahrhunderts war sie die mit Abstand radikalste. Ihre Verteidigungsschrift *Meine Emanzipation, Verweisung und Rechtfertigung* von 1846 gehört zu den großen Texten der Frauenbewegung. Sie schließt mit den Worten: »Daß mein Beispiel einzig in seiner Art ist, rechtfertigt meine öffentliche Rechtfertigung. Es ist eine Anekdote für den Geschichtschreiber; doch eine jener unvergeßlichen Anekdoten, deren Pointe eine historische ist, weil in sie das innerste Leben und der ganze Charakter der Zeit ausläuft.« Ihr Auftreten und ihre Haltung trugen ihr die erbitterte Gegnerschaft von anderen Vertreterinnen der Frauenbewegung ein, allen voran von Louise Otto-Peters.

Sie hat zwei Gedichtbände veröffentlicht. Von ihren drei Romanen sind die zwei ersten autobiografisch inspiriert und erzählen über die Emanzipationsbestrebungen junger Frauen. *Revolution und Contrerevolution* gilt als das bestes Buch von Louise Aston.

Ihre Biografin Barbara Sichtermann schrieb: »Sie wollte, was ihr eigenes Leben betraf, Anspruch und Wirklichkeit zur Deckung bringen, wollte nicht nur *Wilde Rosen* in Gestalt von Gedichten unters Volk bringen, sondern durch ihre ungezügelte Lebensweise sich selbst und der Welt zeigen, wie Freiheit aussehen kann.«

Veröffentlichungen
Wilde Rosen. Zwölf Gedichte, 1846 ◇ *Aus dem Leben einer Frau (Autobiografie), 1847* ◇ *Lydia (Roman), 1848* ◇ *Revolution und Contrerevolution. Roman, 1849* ◇ *Freischärler – Reminiszenzen. Zwölf Gedichte, 1850*

B

BACHMANN, INGEBORG
* 1926 Klagenfurt, Österreich, † 1973 Rom, Italien

»Teilung: das ist ein anderes, ein fleißiges Wort, es nimmt vieles ab, das Denken nicht zuletzt. Es hört sich an nach: Operation, postoperative Schmerzen nicht ausgeschlossen, letaler Ausgang selten. Es muß also, wenn es um Zufälle geht, etwas weit zurückliegen, intermittieren, konsequent, aber wiederkommen mit neuen Zufällen. Die Beschädigung von Berlin, deren geschichtliche Voraussetzungen ja bekannt sind, erlaubt keine Mystifizierung und keine Überhöhung zum Symbol.«

Das sind Sätze aus einer Dankesrede, die Ingeborg Bachmann 1964 in Darmstadt anlässlich der Verleihung des Georg-Büchner-Preises hielt. Das Berlin, das da vorkommt, ist krank, unentwegt werden Spitäler, Ärzte und Stationsschwestern erwähnt, Versehrte und Verstümmelte treten auf, alle Szenerien sind düster, surreal überhöht, die finster-suggestiven Metaphern häufen sich, die Prosperität der Weststadt bleibt eine leere, manchmal abstoßende Kulisse. Auch die Sektorengrenze kommt vor: »In der Friedrichstraße ist noch ein anderer Übergang, eine Aus- und Einfahrt für Rotkreuzwagen und schwarze, große Autos, deren Fenster mit Vorhängen geschlossen sind. Es ist dunkel, es wird geflüstert, die Uniformierten winken ab und zeigen, wo der Checkpoint

Charlie ist, immer geradeaus, in der anderen Richtung, bis Mitternacht.« Ingeborg Bachmann lebte damals seit einem Jahr in Berlin, und sie würde noch ein weiteres Jahr bleiben, Anlass war ein Artist-in-Residence-Stipendium der Ford Foundation. In jener Zeit begann sie mit der Arbeit an ihrem unvollendet gebliebenen Romanzyklus *Todesarten*. Die Darmstädter Rede ist der einzige ihrer Texte, der von Berlin handelt.

Die 1926 im Kärntner Klagenfurt geborene Autorin hat an verschiedenen Orten länger gelebt als in Berlin: in Wien, in München, zuletzt in Rom, wo sie 1973 an den Folgen eines von ihr selbst verursachten Brandes starb. Bekannt wurde sie zunächst durch ihre Lyrik, von der sie sich aber bald abwandte: »Ich habe aufgehört, Gedichte zu schreiben, als mir der Verdacht kam, ich ›könne‹ jetzt Gedichte schreiben, auch wenn der Zwang, welche zu schreiben, ausbliebe.« Fortan hat sie erzählende Prosa verfasst, Erzählungen und Romane. *Ein Schritt nach Gomorrha* und *Undine geht* gehören dabei zu den frühesten feministischen Äußerungen deutschsprachiger Belletristik in der Nachkriegszeit. Hinzu kommen Hörspiele und Opernlibretti für den Komponisten Hans Werner Henze.

Literarisch folgenreich waren ihre Liebschaften mit dem Wiener Schriftsteller Hans Weigel, dem Schweizer Dramatiker Max Frisch und dem galizischen Lyriker Paul Celan. Bei allen dreien hat das nachlesbare Spuren hinterlassen. Bachmann selber, introvertiert, hochnervös, unstet, voller Zweifel auch an ihrer eigenen außerordentlichen Begabung, geriet zuletzt in eine immer stärkere Abhängigkeit von Alkohol und Tabletten. »Es ist eine seltsame, absonderliche Art zu existieren«, sagte sie von sich, »asozial, einsam, verdammt, es ist etwas verdammt daran«.

Veröffentlichungen (Auswahl)
Die gestundete Zeit. Gedichte, 1953 ◇ *Anrufung des Großen Bären. Gedichte*, 1956 ◇ *Der gute Gott von Manhattan (Hörspiel)*, 1958 ◇ *Das dreißigste Jahr. Erzählungen*, 1961 ◇ *Der junge Lord (Opernlibretto)*, 1965 ◇ *Malina. Roman*, 1971

BARBETTA, MARÍA CECILIA
* 1972 Buenos Aires, Argentinien

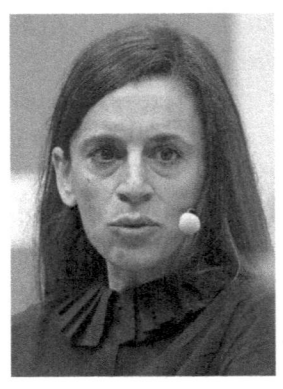

Die schöne Literatur des modernen Lateinamerika wird gerne mit dem Begriff magischer Realismus bedacht. Den gibt es in der anspruchsvollen Belletristik von Gabriel García Márquez und von Jorge Luis Borges, es gibt ihn ebenso in der eher trivial-unterhaltsamen Form wie bei Isabel Allende. Die Mischung aus Wirklichkeitsbeschreibung und Fantastik hat europäische Vorläufer, etwa in der romantischen Erzählkunst des Deutschen E. T. A. Hoffmann, und sie findet, unabhängig von Lateinamerika, Fortsetzungen bis in die jüngere Vergangenheit, so bei Bertolt Brecht ebenso wie bei Günter Grass.

Die 1972 in Buenos Aires geborene María Cecilia Barbetta vereint, wenn man so will, beide Traditionen. Seit 1996 lebt sie in Berlin und schreibt ihre Bücher auf Deutsch, wogegen diese inhaltlich in Argentinien angesiedelt sind.

Ihr viel gelobter zweiter Roman *Nachtleuchten* erzählt von Bewohnern eines nordöstlichen Viertels der argentinischen

Hauptstadt: »Ballester ist ein überschaubarer Außenbezirk mit einer langen Geschichte, aus der einige wenige Anekdoten herausragen, kleinstädtische Vorfälle, die in dem damals kostenlos verteilten ›Ballester Lokalanzeiger‹ zu Großereignissen ausgeschmückt wurden und eine Handvoll traditionsbewusster Familien mit Stolz erfüllten.« Die Zeit, in der das Romangeschehen spielt, ist die der zweiten Präsidentschaft des populistischen Autokraten Juan Perón. Das Personal sind kleine Leute: ein Friseur, ein Priester, eine Nonne, ein Bäcker, ein Zeitungsverkäufer, die Mitarbeiter einer Autowerkstatt.

»Als bekennende Liebhaberin der phantastischen Literatur«, sagt die Autorin, »wollte ich eine Geschichte erfinden und sie in eine Epoche der jüngsten argentinischen Historie einbinden, die ich, müsste ich sie mit einem Schlagwort versehen, als die Zeit bezeichnen würde, in der ›die Magie an der Macht‹ war. Mit Hilfe der Fiktion wollte ich die andere Seite des Magischen, sein dunkles Pendant, beleuchten.« Die Autorin hat an diesem Buch lange gearbeitet. Ihr erster Roman, 2008 erschienen, hieß *Änderungsschneiderei Los Milagros* und erzählt die Geschichte zweier Frauen, einer verträumten Näherin und ihrer Kundin, die sich in einer Schneiderwerkstatt begegnen.

María Cecilia Barbetta erlernte die Sprache, in der sie jetzt schreibt, in der Deutschen Schule von Buenos Aires. Studiert und promoviert hat sie an der Freien Universität Berlin. Fünf Jahre war sie Spanischlehrerin an der Viadrina in Frankfurt an der Oder. »In Deutschland fühlte ich mich frei«, sagt sie. »Die neue Stadt und die neue Sprache gaben mir die Möglichkeit, mich völlig neu zu definieren.«

Veröffentlichungen
Änderungsschneiderei Los Milagros. Roman, 2008 ◇ *Nachtleuchten. Roman, 2018*

BASENER, ANNA
* 1983 Essen

Der Heftroman ist eine Form der Trivialliteratur. In heutiger Gestalt gibt es ihn seit dem 19. Jahrhundert, wobei sich Erscheinungform und Preisniveau mehrfach gewandelt haben. Die Auslieferung erfolgt meist wöchentlich. Besonders populär war und ist das Produkt, das angelsächsische Sprachgebiet ausgenommen, in Deutschland. Hier ordnen sich die 64 Seiten umfassenden Hefte zu thematischen Reihen. Sie bieten Geschichten über Liebe, über Ärzte, Adel, Wildwest, Zukunft, Horror oder Kriminalität. Die Nachfrage scheint unverändert hoch.

Anna Basener, 1983 geboren, hat sich ihr Universitätsstudium mit dem Verfassen von Heftromanen finanziert und ist anschließend bei der Sache geblieben. Sie benutzte etliche Pseudonyme. Kennern gilt sie als des Genres erfolgreichste Autorin. Zudem gibt es von ihr die sachdienliche Anleitung *Heftromane schreiben und veröffentlichen.* Die Fürstengeschichte *Musik ist mein Leben* von 2013 war ihr letzter Heftroman. Seither veröffentlicht sie zunehmend unter ihrem wahren Namen. Das umfängliche Romanbuch *Als die Omma den Huren noch Taubensuppe kochte* erhielt gleich einen Preis: für den ungewöhnlichsten Buchtitel des Jahres.

Anna Basener lebt in Berlin. Sie verfasst vornehmlich Kolumnen und betreibt einen Blog über Fürstenhäuser. Die gebürtige Essenerin behauptet, Adel sei so was Ähnliches wie Ruhrpott, nur mit Champagner.

Veröffentlichungen (Auswahl)
Heftromane schreiben und veröffentlichen, 2010 ◇ *Als die Omma*
den Huren noch Taubensuppe kochte. Roman, 2017

BAUM, VICKI
* 1888 Wien, Österreich, † 1960 Los Angeles, USA

Sie nannte sich selbst eine »erstklassige Schriftstellerin zweiter Güte«. Erika und Klaus Mann sagten: »Man hat sie Unterhaltungsschriftstellerin genannt, ohne ihr damit gerecht zu werden.« Beide lobten die »gutgeschriebenen, ungeheuer lebendigen, immer packenden, immer überzeugenden, manchmal ergreifenden Bücher«, die sich »enormer Auflageziffern« erfreuten.
Die Autorin hieß Vicki (eigentlich Hedwig) Baum. 1888 wurde sie in Wien als Kind jüdischer Eltern geboren. Ausgebildet zur Musikerin, ihr Instrument war die Harfe, spielte sie in verschiedenen Orchestern, auch in Deutschland. Sie schloss zwei Ehen, die zweite mit einem Kapellmeister, und bekam zwei Söhne. Nebenher begann sie zu schreiben und fand sofort Beachtung. Das mächtige Berliner Verlagshaus Ullstein nahm sie unter Vertrag und beschäftigte sie als Autorin für viel gelesene Fortsetzungsgeschichten. Ihr erster nachhaltiger Erfolg war 1928 Stud. chem. Helene Willfüer, ein Roman über das Leben einer jungen Frau aus bescheidenen Verhältnissen, die eine unglückliche Liebe, eine ungewollte

Schwangerschaft und die ergebnislose Suche nach einer Möglichkeit, sie abzubrechen, hinter sich bringen muss, ehe sie eine angesehene Wissenschaftlerin wird und dazu den richtigen Mann fürs Leben findet. Die Titelheldin galt als idealtypische Verkörperung dessen, was damals die moderne Frau hieß.

Ab 1926 lebte Vicki Baum mit ihrer Familie in Berlin. Hier entstand und spielte jenes Romanbuch, dass ihr größter Erfolg überhaupt werden sollte: *Menschen im Hotel*. Erzählt wird von mehreren, sehr unterschiedlichen Personen, die durch die gemeinsame Unterbringung in einer noblen Herberge zufällig in Kontakt miteinander geraten. Es sind dies: eine alternde Primaballerina, ein krimineller Aristokrat, eine lebensgierige Sekretärin, ein bankrotter Fabrikant, ein todkranker Buchhalter, ein morphiumsüchtiger Kriegsinvalide. Den Hotelbetrieb hatte die Autorin studiert, als sie sich für sechs Wochen als Zimmermädchen im Berliner Luxusunternehmen »Excelsior« verdingte. Ihr Roman erfuhr Nachauflagen und Übersetzungen in großer Zahl. Er wurde mehrfach dramatisiert und dreimal verfilmt.

1932 übersiedelte Vicki Baum mit ihrer Familie in die USA. 1933 wurde sie in Deutschland als »jüdische Asphaltliteratin« verboten. Sie schrieb weiter, zunächst noch auf Deutsch und ediert von Exilverlegern, später auf Englisch. Sie arbeitete für Hollywood. Sie publizierte Feuilletons und wurde weiterhin viel gelesen.

Nach dem Weltkriegsende 1945 unternahm sie mehrere Reisen in Länder Europas. Deutschland und Österreich waren nicht dabei. 1960 starb Vicki Baum in Los Angeles.

Veröffentlichungen (Auswahl)
Stud. chem. Helene Willfüer. Roman, 1928 ◇ *Menschen im Hotel. Ein Kolportageroman mit Hintergründen, 1929* ◇

Das große Einmaleins. Roman, 1935 ◇ *Vor Rehen wird gewarnt.* Roman, 1951 ◇ *Es war alles ganz anders.* Erinnerungen, 1962

BECK, ZOË
* 1975 Ehringshausen

Die Kriminalliteratur ist ein kosmopolitisches Geschäft. Bereits ihr Begründer, der US-Amerikaner Edgar Allan Poe, ließ seine erste Mordgeschichte in Paris spielen. Die Königin des britischen »detective novel« Agatha Christie ersann einen belgischen Privatermittler, der seine Fälle in halb Europa und in Ägypten löst.

Hauptregion des Genres ist die angelsächsische Welt. Vorzugsschauplätze bleiben New York City, Los Angeles und London. Eben hier, in einer Edelkneipe des südwestlichen Stadtteils Clapham, spielt diese Szene: »Der Mann saß immer noch auf dem Barhocker, als George aufgeräumt hatte und im Hinterzimmer verschwunden war, um sich umzuziehen. Leigh war nun allein mit seinem seltsamen Gast und fragte, ob er noch ein Glas wünsche oder möglicherweise doch schon die Rechnung, eine Formulierung, die ihn fast schmerzte, weil er noch nie so unhöflich zu einem Gast hatte sein müssen. Aber dieser Mann war irgendwie anders, er blieb am Barhocker kleben wie ein alter Kaugummi.« Der Mann auf dem Barhocker ist ein Schutzgelderpresser. Leigh wird ihn irgendwann erschießen und die Leiche im frischen Beton eines Fußbodens versenken. Die Gang des Mordopfers wird auf der Suche nach ihm einen Informanten sehr ausführlich, sehr brutal misshandeln und anschließend in die Themse werfen.

Die Autorin des Buches mit dem Titel *Die Lieferantin* ist eine Deutsche. Zoë Beck, 1975 geboren, kennt Großbritannien, wo viele ihrer Thriller spielen, ziemlich gut, da sie unter anderem in Durham nahe der Grenze zu Schottland studiert hat. Sie übersetzt auch aus dem Englischen, natürlich vor allem Kriminalgeschichten.

Neben Pieke Biermann, Thea Dorn und Nina George ist sie eine weitere in Berlin lebende Krimiautorin. Die Liste der Titel, die sie als Zoë Beck schrieb, ist überwältigend lang. Zuvor hat sie unter ihrem Geburtsnamen Henrike Heiland veröffentlicht, immerhin fünf Romane und zwölf kürzere Texte. Sie hat fürs Fernsehen gearbeitet und fürs Radio und ist Co-Chefin von CulturBooks, einem Verlag für digitalisierte Bücher. Von den Preisen, die hierzulande an Thriller-Autoren vergeben werden, erhielt sie mehrere.

Über ihre Arbeit sagt Zoë Beck: »Autorin sein ist eine Freude und ein Kampf und Glückssache und vor allem ein Knochenjob.« Ihre Maximen sind: »Immer misstrauisch sich selbst gegenüber bleiben. Nicht alles, was man formuliert und erdacht hat, ist es wert, veröffentlicht zu werden. Es gibt Mülleimer. Die sollte man nutzen. Am Stil arbeiten. Und zwar am eigenen.«

Veröffentlichungen (Auswahl)
Für immer und ledig? Roman, 2011 ◇ *Der frühe Tod. Thriller, 2011* ◇ *Brixton Hill. Thriller, 2013* ◇ *Schwarzblende. Roman, 2015* ◇ *Die Lieferantin. Thriller, 2017*

BEREND, ALICE
* 1875 Berlin, † 1938 Florenz, Italien

»Wenn sich zwei Esel begegnen, weiß jeder von ihnen sofort, daß er einen Esel getroffen hat. Stehn sich zwei Menschen gegenüber, wissen sie noch lange nicht, wen sie vor sich haben.« So beginnt der Roman *Die Bräutigame der Babette Bomberling* von Alice Berend. Die Titelheldin ist schön, ihre Eltern sind vermögend, die Mitgift würde entsprechend hoch ausfallen. Aber die Mutter hat erhebliche Mühe, ihrer Tochter einen Partner fürs Leben zu finden, wiewohl »die Erde voll war von vornehmen oder begüterten Männern, aus denen man die Schwiegersöhne machte«. Allerdings, dem Vater gehört eine Fabrik zur Herstellung von Särgen und Urnen. »Niemanden wird es beglücken, wenn sich im Theater der nette, rundliche Herr Nachbar, den man für einen gediegenen Rentier hielt, unvermutet als Sargfabrikant en gros und en detail vorstellt.«

Das Buch war der größte Erfolg seiner Verfasserin. 1875 in Berlin geboren, entstammte Alice Berend einer jüdischen Bankiers- und Fabrikantenfamilie, besuchte das Lyzeum und begann im Alter von zwanzig Jahren zu schreiben. Sie wurde rasch populär. Bis 1933 gehörte sie zu den umsatzstärksten Autoren des angesehenen Berliner Verlagshauses S. Fischer. Sie reiste viel, besaß Feriensitze im Ausland und ließ sich eine teure Villa in Berlin-Zehlendorf bauen. Die musste sie aufgeben, als sie 1935 mit ihrer Tochter aus Deutschland floh. Zwei Jahre zuvor waren ihre Werke von den Nationalsozialisten indiziert worden. Sie ging nach Florenz. Ihre letzten beiden Bücher erschienen im Ausland. Zuletzt verfügte sie kaum noch über finanzielle Mittel. Sie starb 1938.

Die Liste ihrer Publikationen ist lang und umfasst Theaterstücke, Kinderbücher und immer wieder Romane. Deren Geschichten spielen hauptsächlich in Berlin und handeln von Familiendynastien, von Geschäftsleuten, Theatervolk, Angestellten, Dienstpersonal, überhaupt von kleinen Leuten. Gelegentlich hat man sie in die Nähe Theodor Fontanes gerückt, passender wäre der Vergleich mit Georg Hermann. Ihr Prosastil ist flott, eingängig, nicht ohne Eleganz und voller Ironie. Wiederholt hat es Versuche gegeben, Alice Berend dem Vergessen zu entreißen. Zu nachhaltigen Ergebnissen kam es nicht.

Postum erschien ihr Buch *Die gute alte Zeit*, ein soziologischer Streifzug durch die politische Entwicklung, die Geistes- und Kulturgeschichte des 19. Jahrhunderts, mit vielen ausführlichen Zitaten. Die Zitierten reichen von den Gebrüdern Grimm bis Wedekind, von Schopenhauer bis Richard Wagner, von Napoleon bis Bismarck. Erkenntnis: »Der Spießbürger ist der notwendigste Bestandteil der menschlichen Gesellschaft. Sein Wohlbehagen, seine Gesunderhaltung, sein Zerstreuungsbedürfnis, seine Sehnsüchte und Träume und seine sonstigen Ansprüche an das Dasein sind es, die Wissenschaft und Kunst in Bewegung setzen, von Fortschritt zu Fortschritt treiben, von Versuch zu Versuch anspornen.« Und die Zukunft? »Das neue Jahrhundert verlangte Veränderung und – Wiederholung.«

Veröffentlichungen (Auswahl)
Die Reise des Herrn Sebastian Wenzel. Roman, 1912 ◇ Frau Hempels Tochter. Roman, 1913 ◇ Die Bräutigame der Babette Bomberling. Roman, 1915 ◇ Spreemann & Co. Roman, 1916 ◇ Die gute alte Zeit: Bürger und Spießbürger im 19. Jahrhundert (Sachbuch), 1962

BIERMANN, PIEKE
* 1950 Stolzenau

Bei ihr vergisst niemand – auch sie selbst nicht – zu erwähnen, dass sie eine Zeit lang als Prostituierte gearbeitet habe, »in der höheren Mittelklasse der Sexindustrie«. 1980 ist Pieke Biermann ausgestiegen.

Geboren wurde sie 1950 als Lieselotte Biermann. Sie studierte Germanistik, Anglistik und politische Wissenschaften in Hannover und in Padua, sie wollte auch promovieren, brach die Arbeit an ihrer Dissertation aber ab. Gearbeitet hat sie in etlichen Berufen, auch als Reinigungskraft, als Briefträgerin, als Verlagslektorin, ehe sie zu publizieren begann. *Wir sind Frauen wie andere auch!*, 1979 erschienen, beschreibt laut Untertitel Prostituierte und ihre Kämpfe. 1987 erschien mit *Potsdamer Ableben* jener Kriminalroman, der sie endgültig bekannt machte. Hier treten erstmals die Berliner Kriminalkommissarin Karin Lietze und ihr Team auf, die auch in mehr als einem Dutzend Folgeromanen die polizeilichen Ermittler sind. »Krimis, wenn gut«, hat die Autorin gesagt, »sind bis ins Mark demokratischer Stoff und Literatur auf Augenhöhe. Womöglich die Erzählform, die einem und einer die größten Freiheiten lässt, mit allem zu spielen, alles auszuprobieren und alles zu riskieren.«

Die Liste ihrer Publikation ist lang. Sie hat Polizeireportagen geschrieben, für eine Berliner Tageszeitung und für das Radio, es gibt Essays von ihr, sie verfasst Kommentare und Rezensionen, sie hat auch übersetzt, unter anderem Bücher von Dacia Maraini, Dorothy Parker und Agatha Christie.

Seit drei Jahrzehnten lebt sie in der deutschen Hauptstadt. »London mag das Zentrum der alten Weltherrschaft und Paris die Hauptstadt des 19. Jahrhunderts sein«, sagt sie, »Berlin und New York, die zwei historischen Grünschnäbel, balgen sich um die Krone der Modernität.« Dem ist kaum zu widersprechen.

Veröffentlichungen (Auswahl)
Potsdamer Ableben. Roman, 1987 ◇ *Wilde-Weiber-GmbH. Kriminalgeschichten, 1993* ◇ *Berlin, Kabbala. Short Stories, 1997* ◇ *Vier, fünf, sechs. Roman, 1997* ◇ *Der Asphalt unter Berlin. Kriminalreportagen aus der Metropole, 2008*

BOEHNING, LARISSA
* 1971 Wiesbaden

In ihren beiden ersten Romanen erzählt sie, generationsübergreifend, jeweils von drei Frauen. In beiden Fällen bildet den Hintergrund die jüngere deutsche Geschichte, einmal das Kriegende samt Besatzungszeit, das andere Mal die Jahre des Nationalsozialismus und die deutsche Zweistaatlichkeit. Sie selbst sagt dazu:»Mich interessieren die Fäden, die von einer Frauengeneration zur nächsten weitergegeben werden, weil das sehr unsichtbare Fäden sind.«

Larissa Boehning, 1971 geboren, hat Kulturwissenschaft, Kunstgeschichte und Philosophie studiert, zuletzt in Berlin. Immer wieder hielt sie sich länger im Ausland auf, in Frankreich, in den USA und in Spanien. Ihre berufliche Karriere begann sie als Grafikdesignerin. Sie war an verschiedenen Hochschulen beschäftigt.

Ihr literarisches Debüt erfolgte 2003 mit dem Erzählband *Schwalbensommer*, der gern mit den ähnlich gestimmten Arbeiten von Judith Hermann verglichen wurde. Ihr dritter

Roman hat wiederum drei Protagonisten, freilich ist diesmal ein Mann dabei, von den Frauen ist die eine jung, die andere ist alt und liegt im Sterben. Es geht um Erbschleicherei, um Lügen, um Täuschungen, und die moderne Werbeindustrie spielt hinein.

Die Autorin sagt: »Wir leben in einer entzauberten Welt, es geht oft nicht mehr darum, Geheimnisse zu haben, sondern alles von sich zu erzählen. Wir haben jetzt andere Geheimnisse, wir verheimlichen zum Beispiel das persönliche Scheitern und machen uns selbst und anderen etwas vor, weil man nicht möchte, dass andere die gesellschaftliche Wahrheit sehen.«

Veröffentlichungen (Auswahl)
Schwalbensommer. Erzählungen, 2003 ◇ *Lichte Stoffe. Roman, 2007* ◇ *Das Glück der Zikaden. Roman, 2011* ◇ *Nichts davon stimmt, aber alles ist wahr. Roman, 2014*

BOSSONG, NORA
* 1982 Bremen

Der italienischer Kommunistenführer Antonio Gramsci, inhaftiert unter Mussolini, war ein beeindruckender Theoretiker. Sonderlich bekannt ist er heute nicht mehr. Dass eine vergleichsweise junge deutsche Autorin sich dieser Figur nähert, darf als bemerkenswert gelten. Gramsci sei eine Hoffnungsfigur, sagt Nora Bossong, »an der entlang man noch weit über seinen Tod hinaus einen anderen, menschlichen Kommunismus für Europa erträumt« habe. »Ich vermisse Gramscis Kraft und seinen störrischen Humor.« Ihr Roman *36,9°* erzählt von dem Politiker und von einem fiktiven deutschen Wissenschaftler, der, heimgesucht von allerlei privaten Nöten, in Rom an einer wissenschaftlichen Arbeit über Gramsci sitzt. Dieses Verfahren narrativer Uneigentlichkeit hatte die Autorin schon einmal benutzt. Der Roman *Webers Protokoll* handelt von einem nationalsozialistischen Diplomaten, der in Mailand sowohl finanziellen Betrug begeht als auch Pässe für bedrohte Juden fälscht. Hier ist es eine junge Frau, die der Biografie nachspürt.

Die Vorliebe für italienische Schauplätze rührt daher, dass die 1982 geborene Nora Bossong unter anderem in Rom studierte. Zuvor war sie am Leipziger Literaturinstitut und an der Berliner Humboldt-Universität immatrikuliert. Ihr erster Roman ist eine komplizierte Vater-Tochter-Geschichte, in einem späteren Buch geht es um eine rheinländische Industriellenfamilie. *Rotlicht* trägt gleichfalls die Genrebezeichnung Roman, ist jedoch eine umfängliche Reportage über die vielfältigen Angebote von Pornografie und käuflicher Liebe, wahrgenommen und notiert aus dezidiert weiblicher Sicht.

Nora Bossong hat zudem Gedichtbände veröffentlicht. Sie schreibt für Zeitungen. Sie ist eine politisch engagierte Beobachterin, in einem ihrer Gedichte sieht sie die »Alte Tante Politik« als »dieses graue Tier mit elastischem Rücken«.

Zu *Rotlicht* hat sie gesagt, was wohl auch sonst für sie zutrifft: »Das Tabu ist heute nur noch ein dünner Schleier, den man stets beiseiteziehen kann. Einen Moment lang sehne ich mich danach, noch einmal jenes späte Kind zu sein, das nach etwas Ausschau hielt, das nur im Augenwinkel existieren durfte.«

Veröffentlichungen (Auswahl)
Gegend. Roman, 2006 ◇ *Webers Protokoll. Roman, 2009* ◇ *Gesellschaft mit beschränkter Haftung. Roman, 2012* ◇ *36,9°. Roman, 2015* ◇ *Rotlicht (Reportage), 2017* ◇ *Kreuzzug mit Hund. Gedichte, 2018*

BOVENSCHEN, SILVIA
* 1946 Point bei Waakirchen, † 2017 Berlin

Als sie 2017 starb, an den Folgen von multipler Sklerose, war die Betroffenheit im bundesdeutschen Literaturbetrieb erheblich, denn sie galt als eine wichtige Stimme. Mancher Nachruf vergaß nicht zu erwähnen, dass sie einst eine sehr schöne Frau gewesen sei. Körperliche Anmut, wie man weiß, ist gefährdet: durchs Altern ebenso wie durch Krankheit. Silvia Bovenschen hat sich zu beidem ausführlich geäußert.

Geboren wurde sie 1946 in ein großbürgerliches Elternhaus. Als sie zu studieren begann, geschah dies auf dem Höhepunkt der 1968er-Bewegung, der sie sich auch anschloss, deren männliche Vorherrschaft ihr allerdings gründlich missfiel: »Die feministische Infragestellung des männlichen

Dominanzdenkens war und ist verständlich, wenn man sieht, was dieses Denken weltpolitisch so anrichten kann.« Ihre Dissertation *Die imaginierte Weiblichkeit*, die als Buch erschien, gehört zu den einflussreichen Schriften der bundesdeutschen Frauenbewegung.

Sie hatte zwanzig Jahre lang eine Universitätsdozentur inne, die sie dann, ihrer Krankheit wegen, aufgeben musste. Seit 2003 lebte sie in Berlin. Ihr autobiografisch gestimmtes Buch *Älter werden* war ein großer Erfolg bei Rezensenten wie im Buchhandel. Sie begann erzählende Prosa zu schreiben, die unterhaltsam sein wollte, eine Kriminalgeschichte ist darunter. Vorzugsorte der Handlung sind verfallene Villen, Vorzugspersonal sind skurrile alte Leute. Ihr letzter Roman, postum erschienen, heißt *Lug & Trug & Rat & Streben*.

In einem Porträt über ihre Lebensgefährtin schrieb Silvia Bovenschen diese Sätze:»Ich war oft, sehr oft, genau besehen immer krank während der gemeinsamen Jahre. Mal mehr, mal weniger. Jetzt, in diesem Sommer des Jahres 2013, ein Sommer, den ich versäume, hat es mich wieder hart getroffen. Jetzt bin ich sehr krank, sehr schwach und sehr dünn, ein Skelett geradezu.«

Veröffentlichungen (Auswahl)
Die imaginierte Weiblichkeit. Exemplarische Untersuchung zu kulturgeschichtlichen und literarischen Präsentationsformen des Weiblichen (Sachbuch), 1979 ◇ *Älter werden. Notizen, 2006* ◇ *Wie geht es Georg Laub? Roman, 2011* ◇ *Nur Mut. Roman, 2013* ◇ *Lug & Trug & Rat & Streben. Roman, 2018*

BRASCH, MARION
* 1961 Ost-Berlin

Der Altkommunist und – zuletzt – stellvertretende DDR-Kulturminister Horst Brasch hatte vier Kinder. Alle ergriffen sie künstlerische Berufe. Die drei Ältesten leben nicht mehr. Die Jüngste, Marion Brasch, hat unter dem Titel *Ab jetzt ist Ruhe* die Geschichte der Familie aufgeschrieben.

Dort liest man: »Mein Vater fehlte mir nicht. Ich genoss die Wochenenden ohne Streit und Türenknallen. Mein ältester Bruder kam wieder öfter nach Hause und brachte seine neue Freundin mit. Mit ihr hatte er die Flugblätter verteilt, und auch sie hatte im Gefängnis gesessen. Sie ging mit mir spazieren und erzählte mir Witze wie einem Erwachsenen, dafür liebte ich sie.« Dieser älteste Bruder, mit Vornamen Thomas, ist der Prominenteste der Familie. Mit seinen Gedichten, Theaterstücken, Erzählungen, Übersetzungen und Filmen brachte er es zu internationaler Beachtung. Die in Marion Braschs Roman erwähnte Flugblattaktion war ein Protest gegen das gewaltsame Ende des Prager Frühlings 1968, worauf Thomas verhaftet worden war. Denunziert hatte ihn der eigene Vater. Die Stimmung im Hause Brasch, auch dies schildert Marion Brasch, war nicht sonderlich gut. Ihre Mutter, eine nach London emigrierte Wiener Jüdin, hatte Probleme mit dem Leben im ostdeutschen Staat. Der Vater, gleichfalls mit jüdischen Wurzeln und einst überzeugter Katholik, erfuhr in seiner SED-Karriere Höhen und Tiefen. Gestorben ist er im

August 1989, als die DDR ihrem Untergang entgegenstrebte. Neben Thomas ist er die tragische Hauptfigur im Buch.

Marion Brasch, 1961 in Berlin geboren, ist gelernte Schriftsetzerin. 1987 begann sie für das Radio zu arbeiten, was sie bis heute fortsetzt. Ihre Familienbiografie erschien 2012. Sie hat diese zudem für die Bühne adaptiert und selbst inszeniert. Inzwischen gibt es zwei weitere Romane von ihr, einen über die ostdeutschen Zustände nach der Wiedervereinigung, der andere erzählt von jenem Godot, auf den in Samuel Becketts Theaterstück ständig gewartet wird, ohne dass er auftritt.

Veröffentlichungen (Auswahl)
Ab jetzt ist Ruhe. Roman meiner fabelhaften Familie, 2012 ◇ *Wunderlich fährt nach Norden. Roman*, 2014 ◇ *Die irrtümlichen Abenteuer des Herrn Godot (Roman)*, 2016

BRAUN, LILY
* 1865 Halberstadt, † 1916 Berlin

Vor einem Jahrhundert gehörten in jeden gutbürgerlichen Bücherschrank zwei Memoirenbände: Wilhelm von Kügelgens *Jugenderinnerungen eines alten Mannes* und *Besonnte Vergangenheit* von Carl Ludwig Schleich. Für politisch eher links Stehende gab es eine Alternative: *Memoiren einer Sozialistin* von Lily Braun.

Darin finden sich Abschnitte wie dieser: »Vor dem Abgeordnetenhaus in Berlin eine dichtgedrängte Menschenmasse. Polizisten zu Fuß und zu Pferd, den Revolver im gelben Gürtel, halten die Zufahrt frei. Und hinter ihnen stehen Tausende, Männer, Frauen, Kinder. Sie warten. Sie besetzen die Auffahrt des gegenüberliegenden Kunstgewerbemuseums. Sie halten Umschau von oben. Und plötzlich biegt in scharfem Trabe eine Karosse um die Ecke der Prinz Albrechtstraße. ›Der Reichskanzler!‹ gellt es laut. Die Menge flutet ihm entgegen, ihm nach, eine einzige dunkle Welle. Und brausend tönt es um ihn: ›Hoch das freie Wahlrecht!‹ Dann wieder Stille. Sie wartet weiter.«

Die 1865 geborene Verfasserin hieß mit Mädchennamen Amelia Jenny Emilie Klothilde Johanna von Kretschmann. Ihr Vater war ein preußischer General, ihre Mutter stammte aus dem Adelsgeschlecht von Gustedt, ihre Urgroßmutter war eine uneheliche Tochter des Napoleonbruders Jérôme Bonaparte. Dass sie selbst zu einer Sozialdemokratin werden könnte, war angesichts dieser Herkunft recht unwahrscheinlich.

Alles begann damit, dass sie an der Religion, in der sie gut preußisch unterwiesen wurde, heftig zu zweifeln begann. Dann fiel ihr Vater beim Kaiser in Ungnade, was für die Familie wirtschaftlich und gesellschaftlich negative Folgen hatte. Ihr erster Mann, Philosophieprofessor Georg von Gizycki, stand der Sozialdemokratie nahe. Nach seinem Tod bekannte auch sie sich zur SPD und trat ihr bei. Ihr zweiter Mann, Heinrich Braun, war Funktionär der Partei und zeitweise Abgeordneter zum Deutschen Reichstag. Inzwischen lebte sie, die ihre fünf Vornamen zu Lily verkürzt hatte, in Berlin.

1895 hielt sie den Vortrag *Die Bürgerpflicht der Frau*. Sie setzte sich ein für eine völlige Gleichstellung des weiblichen Geschlechts. Ihre feministischen Schriften erregten viel Aufsehen. In der SPD gehörte sie zum Reformflügel um Eduard Bernstein. August Bebel schätzte sie, Clara Zetkin begegnete ihr mit Abneigung. 1916 ist Lily Braun in Berlin gestorben.

Ihre Memoiren entstanden zwischen 1909 und 1911. Sie

wurden ihre bekannteste Publikation. Daneben hat sie belletristische Texte verfasst, darunter ein Theaterstück und ein Opernlibretto.

Veröffentlichungen (Auswahl)
Die Frauenfrage. Ihre geschichtliche Entwicklung und wirtschaftliche Seite, 1901 ◇ *Memoiren einer Sozialistin. Lehrjahre. Roman, 1909* ◇ *Memoiren einer Sozialistin. Kampfjahre. Roman, 1911* ◇ *Im Schatten der Titanen. Erinnerungen an Baronin Jenny von Gustedt, 1912* ◇ *Mutter Maria. Eine Tragödie in fünf Akten, 1913* ◇ *Lebenssucher. Roman, 1915*

BRONSKY, ALINA
* 1978 Jekaterinburg, Russland

Die Zahl von Autorinnen und Autoren, die aus dem Gebiet der ehemaligen Sowjetunion nach Deutschland und Berlin kamen, ist bemerkenswert groß. Zu ihnen gehört die 1978 in Jekaterinburg geborene Russin, die unter dem Pseudonym Alina Bronsky veröffentlicht.

Sie ist die Tochter eines jüdischen Vaters. Beide Eltern sind Naturwissenschaftler. Im Rahmen des Programms für sogenannte Kontingentflüchtlinge konnte die Familie 1990 nach Deutschland übersiedeln und kam so nach Hessen. Alina Bronsky begann ein Medizinstudium und brach es ab. Sie wurde Werbetexterin und schließlich Volontärin bei einer Tageszeitung. 2008 erschien ihr erstes Buch, *Scherbenpark*, das einiges Aufsehen erregte und ein großer Verkaufserfolg war. Es wurde verfilmt, dramatisiert und an mehreren Theatern gespielt. Erzählt wird die Geschichte der 17-jährigen Sascha, die in einer heruntergekommenen Großstadtsiedlung lebt, wo viele Russlanddeutsche wohnen. Sie ist Zeugin, wie ihre Mutter durch ihren eifersüchtigen Lebensgefährten umgebracht wird, von ihrem daher rührenden Trauma versucht sie loszukommen.

Auf Figuren und Schicksale mit sowjetischem Hintergrund greift Alina Bronsky auch in ihren folgenden Büchern zurück. Häufig treten Frauen auf, die eigensinnig, stark und manchmal dominant sind. Es geht um Auswanderer, um Abtreibung, um Scheidung, um Alkohol, um die strahlenverseuchte Landschaft nach dem Reaktorunfall von Tschernobyl. Der Stil der Bücher ist unsentimental, salopp und witzig.

Scherbenpark ist ein Jugendroman. Alina Bronsky hat immer wieder für junge Leute geschrieben. Der bislang letzte dieser Romane heißt *Und du kommst auch drin vor*, es geht um ein Mädchen, das sich der schönen Literatur zuwendet.

Zusammen mit einer Sozialpädagogin verfasste Alina Bronsky ein Buch zur Situation von Müttern in einer modernen Leistungsgesellschaft wie der deutschen. Der hiesige Feminismus, so sieht sie es, habe die weibliche Emanzipation in einen polemischen Gegensatz zur Mutterschaft gesetzt. Die aber sei »kein Verrat an der Sache der Frauen. Mütter dürfen ihre Kinder lieben und auch unheimlich wichtig finden. Das ist normal und gesund.«

Veröffentlichungen (Auswahl)
Scherbenpark. Roman, 2008 ◇ *Die schärfsten Gerichte der tatarischen Küche. Roman, 2010* ◇ *Baba Dunjas letzte Liebe.*

Roman, 2015 ◇ *Die Abschaffung der Mutter. Kontrolliert, manipuliert und abkassiert – warum es so nicht weitergehen darf (Sachbuch)*, 2016 *(mit Denise Wilk)* ◇ *Und du kommst auch drin vor. Roman*, 2017

BRÜNING, ELFRIEDE
* 1910 Berlin, † 2014 Berlin

»Dass die DDR so sang- und klanglos verschwindet, hätte ich nicht für möglich gehalten. Dass das auf Dauer gut geht, allerdings auch nicht.« Die so urteilt, heißt Elfriede Brüning. Über ihre Situation nach der deutschen Wiedervereinigung sagte sie: »Ich fühle mich wie ein Waisenkind in diesem Land.«

Beide Äußerungen tat die 1910 in Berlin Geborene im Vorfeld ihres hundertsten Geburtstags, der dann höchst feierlich, in großem überparteilichem Rahmen begangen wurde. Bei alledem war sie eine überzeugte Kommunistin und blieb dies bis zuletzt.

Aufgewachsen in proletarischen Verhältnissen, begann sie früh zu schreiben und wurde zunächst auch von bürgerlichen Blättern gedruckt. Der KPD trat sie 1930 bei. In den Jahren der nationalsozialistischen Herrschaft engagierte sie sich im antifaschistischen Widerstand und wurde 1935 verhaftet. Der Landesverratsprozess gegen sie endete mit einem Freispruch, da das Belastungsmaterial nicht ausreichte. Sie begann Unterhaltungsromane zu schreiben und überlebte den Krieg in der Provinz.

1946 kehrte sie nach Berlin zurück. Sie schrieb für Zeitungen und Zeitschriften, war SED-Mitglied, verfasste Romane,

Erzählungen und Drehbücher. Den Zusammenbruch der DDR erlebte sie als persönliche Niederlage. »Wegen der Wiedervereinigung landete die gesamte DDR-Literatur auf den Müllhalden«, sagte sie. »Es war wie eine zweite Bücherverbrennung für mich.«

Neuauflagen eingerechnet, hat sie nach 1989 gleichwohl elf Bücher veröffentlichen können. Eines davon handelt von den Schicksalen deutscher Kommunistinnen in Stalins Lagern. 2014 ist Elfriede Brüning gestorben.

Veröffentlichungen (Auswahl)
Junges Herz muss wandern. Roman, 1936 ◇ *Vor uns das Leben. Roman, 1952* ◇ *Regine Haberkorn. Roman, 1955* ◇ *Spätlese. Erzählungen, 2000*

C

COTTEN, ANN
* 1982 Ames, USA

Eine bisexuelle Moderatorin wird auf die Insel Hegelland verbannt. Ihr wächst aus nicht näher bezeichneten Gründen ein
Penis. Daraufhin gerät sie in eine Strafkolonie. Sie braut Bier
und wird von einem irischen Spion überwacht. Von alledem
erzählen die insgesamt 403 gereimten Strophen des Werkes
Verbannt!, das einem in der deutschen Gegenwartsliteratur
seltenen Genre angehört, dem Versepos. Es wurde von der
Autorin selber illustriert.

Ann Cotten, 1982 in den USA geboren, kam als Fünfjährige mit ihren Eltern nach Wien, wo sie aufwuchs, die
neue Sprache erlernte und später Germanistik studierte. Ihre
Examensarbeit schrieb sie über Konkrete Poesie, für die sie,
ihrerseits experimentelle Lyrikerin, einschlägige Sympa-
thien hegt, schließlich lebte sie in der Stadt von Friederike
Mayröcker, Elfriede Gerstl, H. C. Artmann, Konrad Beyer
und Ernst Jandl. Später nahm sie sich außerdem eine
Wohnung in Berlin, genauer im Ortsteil Wedding, dessen
Schmuddel ihr erklärtermaßen behagt.

Ihre eigenen Verse trug sie zunächst auf Poetry-Slams vor.
Ihr erster Gedichtband hatte den sperrigen Titel *Fremdwörterbuchsonette*, darin lässt sie eine tradiert strenge Strophenform mit experimenteller Sprache kollidieren. Ihr erster

Erzählband heißt *Der schaudernde Fächer*, die Geschichten spielen unter anderem in Japan, sind erkennbar handlungsarm, leben vor allem von ihrer Sprache und enthalten allerlei Essayistik. Es geht darin auch um fleischliche Liebe bis hin zur Obszönität. »Dass Liebe eine absichtliche Verirrung ist«, heißt es an einer Stelle, »weiß ich. Ich dachte aber immer, sie sei eine Verirrung in die Wahrheit aus einem Labyrinth von gesellschaftsformenden Lügen.«

Veröffentlichungen (Auswahl)
Fremdwörterbuchsonette. Gedichte, 2007 ◇ *Nach der Welt. Die Listen der Konkreten Poesie und ihre Folgen (Sachbuch), 2008* ◇ *Florida-Räume (Gedichte), 2010* ◇ *Der schaudernde Fächer. Erzählungen, 2013* ◇ *Verbannt! Versepos, 2016*

CUSANIT, KENAH
* 1979 Blankenburg

»Koldewey sah aus dem Fenster seines Arbeitszimmers, nirgendwo davorstehend, nichts kartierend. Er hatte sich hingelegt, auf seine Liege, die Teil der Fensterbank war, und beobachtete den Fluss, der an den Ruinen entlangfloss, zog an seiner Pfeife und sah ihn an, als hätte er noch nie einen Fluss angesehen, ohne dabei über etwas anderes, etwas Übergeordnetes nachzudenken ... «

So beginnt der Roman *Babel* von Kenah Cusanit. Koldewey ist Archäologe, der Fluss, auf den er schaut, ist der Euphrat, und die Ruinen am Ufer sind die des historischen Babylon. Die Ausgrabungen, von Robert Koldewey vorgenommen im Auftrag der Deutschen Orient-Gesellschaft, begannen 1899.

Finanziert wurden sie unter anderem aus der Privatscha-
tulle von Kaiser Wilhelm II., der sich gern internationa-
listisch gebärdete, wovon Besuche etwa in Norwegen und
Istanbul zeugen. Ein sichtbares Ergebnis der babylonischen
Ausgrabungen sind die Prozessionsstraße und das Ischtar-Tor
im Berliner Pergamonmuseum. *Babel* erzählt vom Leben,
Denken und Leiden des Forschers. Die britische und deutsche
Kolonialpolitik spielen hinein, parallel zu Koldeweys Gra-
bungen baut das Kaiserreich an der Bagdadbahn, und noch
immer hat das marode gewordene osmanische Reich Bestand,
unter dessen Aufsicht der Archäologe arbeiten muss. Als
der Roman erschien, stieß er auf eine doppelte Aktualität:
Der Irak, zu dem Babylon heute gehört, ist ein von Interven-
tion und Bürgerkrieg heimgesuchtes Land, außerdem begann
gerade eine Diskussion über den Umgang mit Beutekunst aus
kolonialen Zeiten.

Kenah Cusanit wurde 1979 in Blankenburg geboren, jener
Stadt, aus der auch Koldewey stammt. Der andere Bezug
zum Gegenstand ihres Buches ist ihr Studium: Sie belegte
zunächst Archäologie, dann altorientalische Philologie. Die
Autorin war als Wissenschaftsjournalistin tätig und veröffentlichte zwei Gedichtbände. Im zweiten wird manches aus
ihrem Roman lyrisch vorweggenommen.

Veröffentlichungen
aus Papier. Gedichte, 2014 ◇ *Chronographe Chorologien I*
(Gedichte), 2017 ◇ *Babel. Roman, 2019*

D

DAHN, DANIELA
* 1949 Ost-Berlin

In Berlin hat sich wohl kein Stadtquartier in den letzten fünfzig Jahren stärker verändert – und wurde häufiger beschrieben – als Prenzlauer Berg. Hochgezogen in der zweiten Hälfte
des 19. Jahrhunderts, gerieten die Gebäude zu Prototypen der
hauptstädtischen Mietkaserne, mit Vor- und Hinterhäusern
und mehreren, meist lichtarmen Höfen. Die späte DDR ließ
vieles davon verkommen, es wurde Objekt von Hausbesetzern
und Treffpunkt einer politisch unangepassten Boheme. Ab
1990 begannen Rekonstruktion und Veredelung. Heute leben
hier viele zumeist aus Westdeutschland zugezogene Gutver-
diener.

Eine ausführliche Schilderung des Quartiers zur DDR-
Zeit stammt von Daniela Dahn. Die 1949 geborene Tochter eines ostdeutschen Journalisten-Ehepaares studierte in
Leipzig und wurde, nach Tätigkeiten beim DDR-Fernsehen,
1981 freie Autorin. Die politischen Zustände im Land wurden ihr zusehends fremd. Den Umbruch von 1989 hat sie aktiv
begleitet.

Bekannt wurde sie durch ihre bisweilen scharfe Kritik an
Praktiken der deutschen Wiedervereinigung. Inzwischen
steht sie in vielem der Linkspartei nahe. Sie ist Mitherausgeberin der Zeitschrift »Ossietzky«, die, in Erscheinungsbild

und Tendenz, der »Weltbühne« von Jacobsohn, Tucholsky und eben Ossietzky folgt. Daniela Dahn sagt: »In Zeiten, in denen es nicht mehr darauf ankommt, ob eine Aussage wahr ist, sondern nur, ob sie wirksam ist, ist Vorsicht geboten vor den großen Gewissheiten.«

Veröffentlichungen (Auswahl)
Prenzlauer Berg-Tour (Reportage), 1987 ◇ *Wir bleiben hier oder Wem gehört der Osten. Vom Kampf um Häuser und Wohnungen in den neuen Bundesländern (Sachbuch), 1994* ◇ *Westwärts und nicht vergessen. Vom Unbehagen in der Einheit (Essay), 1996* ◇ *Demokratischer Abbruch. Von Trümmern und Tabus (Essays), 2005* ◇ *Wehe dem Sieger! Ohne Osten kein Westen (Essay), 2009*

DECKER, KERSTIN
* 1962 Leipzig

Dass Biografien ein Genre der schönen Literatur sein können, gilt im angelsächsischen Sprachraum seit Thomas Macauly als selbstverständlich. In Frankreich zählt André Maurois mit seinen »biographies romancées« zur klassischen Moderne. In Deutschland erfolgte die Nobilitierung dieses Genres vergleichsweise spät. Der einst viel gelesene Emil Ludwig galt als Autor minderen Ranges und ist heute so gut wie vergessen. Stefan Zweig, ein deutschsprachiger Maurois, war zwölf finstere Jahre hindurch indiziert. So hat sich bei den Deutschen erst in den letzten Jahrzehnten herumgesprochen, dass eine Biografie anspruchsvolle Literatur sein kann. Den Anfang machten Historiker, etwa die Bismarck-Biografen Lothar Gall und Ernst Engelbrecht. Inzwischen verfügen wir über ein vielfältiges Angebot. Zu den besten Autorinnen dieses Genres gehört die 1962 geborene Kerstin Decker. Sie hat, nach Studium und Promotion, als Journalistin bei einer großen Berliner Tageszeitung begonnen und publiziert dort weiterhin. Eine frühe biografische Arbeit widmete sich Heinrich Heine, was angesichts der üppigen Biografik zu diesem Dichter ein mutiges Unterfangen war. Ein anderer mit tonnenschwerer Sekundärliteratur ausgestatteter Künstler ist Richard Wagner. Kerstin Decker hat, nicht als Erste, die wechselvolle Beziehung zwischen ihm und Friedrich Nietzsche eingehend beschrieben. Sie hat sich außerdem der Existenz des Komponisten über dessen zahlreiche Hunde genähert.

Gewichtiger sind ihre Biografien von Frauen: Lou Andreas-Salomé, Else Lasker-Schüler, Paula Modersohn-Becker, die Nietzsche-Schwester Elisabeth, die Afrikareisende Frieda von Bülow sowie die Schriftstellerin und Malerin Franziska Gräfin zu Reventlow. Die Letztgenannte ist unserem Bewusstsein, wenn überhaupt, bloß noch als Münchner Skandalgräfin geläufig. Kerstin Decker beschreibt ihren Wagemut, ihren Eigensinn, ihr Talent, ihre Tragik. Eine fast vergessene Person der deutschen Kulturgeschichte erhält damit den ihr gebührenden Platz.

Kerstin Deckers erste Buchveröffentlichung war eine Sammlung von Reportagen über Ostdeutsche. Die gebürtige Leipzigerin hat sich diesem Thema auch später zugewandt. »Die Ostdeutschen sind wieder da«, heißt es in einem ihrer Zeitungstexte, »diese soziologisch auffällige, tief beargwöhnte Gruppe, die es den Fachleuten zufolge so gar nicht mehr geben dürfte.« Es gibt diese Gruppe. Die Autorin gehört ihr an.

Veröffentlichungen (Auswahl)
Paula Modersohn-Becker. Eine Biografie, 2007 ◇ *Lou Andreas-Salomé. Der bittersüße Funke Ich (Biografie),* 2010 ◇ *Richard Wagner. Mit den Augen seiner Hunde betrachtet (Biografie),* 2013 ◇ *Die Schwester. Das Leben der Elisabeth Förster-Nietzsche (Biografie),* 2016 ◇ *Franziska zu Reventlow. Eine Biografie,* 2018

DOHM, HEDWIG
* 1831 Berlin, † 1919 Berlin

Christa Ruland wächst in einem großbürgerlichen Berliner Haus auf. Das Mädchen liest viel, Nietzsche beeindruckt sie ebenso wie Tolstoi. Sie spürt das vage Bedürfnis sich zu emanzipieren. »Schon einige Jahre vor ihrer Einsegnung stand eins bei Christa fest: sie wollte etwas werden, etwas Bedeutendes.« Sie hat Freundinnen, die Berufe ausüben und darin nicht glücklich werden. Sie heiratet einen ungeliebten Mann, beginnt eine Beziehung zu einem sozialdemokratischen Journalisten, danach zu einem religiösen Schwärmer. Am Ende denkt sie darüber nach, ob sie sich karitativ betätigen will.

Christa Ruland ist ein Roman von Hedwig Dohm, der letzte einer Trilogie. Die Autorin war eine über Berlin hinaus bekannte Persönlichkeit, als Autorin von Lustspielen, als Erzählerin, vor allem als Feministin. Mit vier Texten, die sie Ende des 19. Jahrhunderts publizierte, setzte sie sich vehement für die gesellschaftliche Emanzipation der Frauen ein und forderte, was selbst für den damaligen Feminismus in Deutschland einigermaßen ungewöhnlich war: das Wahlrecht für Frauen. Sie formulierte polemisch, elegant und witzig. »Die Frauenfrage in der Gegenwart ist eine akute geworden. Auf der einen Seite werden die Ansprüche immer radikaler, auf der anderen die Abwehr immer energischer. Letzteres ist erklärlich. Je dringender die Gefahr der Fraueninvasion in das Reich der Männer sich gestaltet, je geharnischter treten ihr die Bedrohten entgegen.«

Geboren wurde sie 1831 als Tochter des Tabakfabrikanten Gotthold Schlesinger. Die Geburt war unehelich, da ihr Vater, unter der Drohung, enterbt zu werden, ihre gleichfalls unehelich geborene Mutter nicht heiraten durfte. Die Eheschließung kam erst nach dem Tod des Großvaters zustande, da war Hedwig Dohm sieben Jahre alt. Sie ging zur Schule, half in der Familie, später besuchte sie ein Lehrerinnenseminar. 1853 heiratete sie den Journalisten Ernst Dohm, Chefredakteur des politischen Satireblatts »Kladderadatsch«. Das Paar bekam fünf Kinder. Das zweitälteste, Hedwig, war die Mutter von Thomas Manns Ehefrau Katia Pringsheim.

Hedwig Dohms belletristische Arbeiten entstanden erst nach dem Tod ihres Mannes 1883. Den Ersten Weltkrieg lehnte sie, anders als ihr Schwiegerenkel, von Beginn an ab. Sie hat auch für radikale linke Publikationen geschrieben. 1919 ist Hedwig Dohm in Berlin gestorben.

Ihr Roman *Christa Ruland* wurde zwei Jahre nach Thomas Manns *Buddenbrooks* und vom selben Berliner Verlag herausgebracht, dem von Samuel Fischer. Eindrucksvoll sind die romanesken Schilderungen des wilhelminischen Berlin: »Es war schon dämmerig. Laternen und Bogenlampen brannten noch nicht. Gewöhnlich fährt man, sich ausruhend, gedankenlos durch die Stadt. An dem Tage frappierten mich die Bilder von sinnverwirrender Buntheit, die in diesem geräuschvollen Stadtteil an mir vorüberglitten, wo das Älteste und Neuste in Bauart und Straßenlinien zusammenstoßen. Neben palastartigen Gebäuden Baugerüste und ärmliche Häuschen, die an das einstige Schifferdorf erinnerten. Graue, ernste, altertümliche Häuser und neue, häßliche, lange Fabrikgebäude, denen man es von außen abliest: ›Hier wird geschuftet.‹«

Veröffentlichungen (Auswahl)
Die wissenschaftliche Emancipation der Frau (Essay), 1874 ◇
Der Seelenretter. Lustspiel in einem Act, 1875 ◇ *Der Frauen Natur und Recht. Zur Frauenfrage (Essay), 1876* ◇ *Ein Schuß in's Schwarze. Lustspiel in einem Act, 1878* ◇ *Werde, die Du bist (Novelle), 1894* ◇ *Christa Ruland (Roman), 1902*

DORN, THEA (EIGTL. CHRISTINE SCHERER)
* 1970 Offenbach

Kyra Berg arbeitet als Journalistin bei einer Berliner Tageszeitung. Chefredakteur Konrad ist ein Ekel, vor dem keine attraktive Frau seiner Umgebung sicher ist. Kyra Berg lässt sich vom Feuilleton in eine Abteilung versetzen, wo sie über Mörderinnen schreiben kann, und muss erfahren, dass Chefredakteur Konrad tot ist. Er wurde ermordet auf eine besonders grauenhafte Art: Man schnitt ihm den Kopf ab. Tat dies die vielfach betrogene Ehefrau? Die Polizei nimmt es an. Die verwirrte Frau selbst nimmt es an. Sie war es dann doch nicht. Während sie noch einsitzt, geschieht die nächste Bluttat. Wieder trifft es einen Mann. Noch weitere zwei Männer sterben, alle durch Abtrennen des Schädels. Kyra betätigt sich als Privatermittlerin und knüpft Kontakte in die Berliner Unterwelt. Sie prügelt sich, trinkt beeindruckend viel und zeigt Interesse an knackigen jungen Männern. Der Berliner Kunstbetrieb kommt ins Spiel, mit Heiner Müllers Beerdigung und Stücken in der DT-Baracke. Kyra nimmt teil an einer Leichensektion in der Universitätspathologie. Schließlich trifft sie auf die Mörderin, eine von antiken Opferritualen besessene junge Frau. Kyra wird von ihr gefesselt und soll nun gleichfalls den Kopf verlieren. Ob es dazu kommt, bleibt ungewiss, das Buch endet hier.

Verfasst hat es die 1970 geborene Thea Dorn, eine aus der inzwischen ansehnlichen Schar deutschsprachiger Krimiautorinnen, von denen etliche in Berlin leben. Ihr Roman *Die Hirnkönigin* wurde preisgekrönt und steht irgendwo zwischen Raymond Chandler und Minette Walters. Dass es eine reale Journalistin namens Kyra Stromberg gab, dürfte die Autorin gewusst haben. Ihr eigener Name lautet eigentlich Christine Scherer. Da es die renommierte Marie-Luise Scherer gibt, wählte sie, steht zu vermuten, ein Pseudonym: ein Anagramm aus dem Namen des Philosophen Theodor W. Adorno. Sie selbst hat Philosophie studiert und war für einige Zeit Lehrbeauftragte in diesem Fach.

Sie hat als Dramaturgin gearbeitet und für die Bühne geschrieben. Einer breiteren Öffentlichkeit bekannt wurde sie durch ihre Tätigkeit für das Fernsehen, wo sie, in verschiedenen Runden, als Literaturkritikerin auftritt. Viel Aufmerksamkeit erfuhr sie für ihr Sachbuch *Deutsch, nicht dumpf. Ein Leitfaden für aufgeklärte Patrioten*, das sich mit Dingen wie deutscher Leitkultur, Nation und Heimat befasst.

Veröffentlichungen (Auswahl)
Berliner Aufklärung (Kriminalroman), 1994 ◇ *Ringkampf (Kriminalroman)*, 1996 ◇ *Die Hirnkönigin (Kriminalroman)*, 1999 ◇ *Marleni. Preußische Diven blond wie Stahl (Theaterstück)*, 2000 ◇ *Die Brut. Roman*, 2004 ◇ *Die Unglückseligen. Roman*, 2016 ◇ *Deutsch, nicht dumpf. Ein Leitfaden für aufgeklärte Patrioten (Sachbuch)*, 2018

DREWITZ, INGEBORG
* 1923 Berlin, † 1986 West-Berlin

Sie wurde an der Berliner Friedrich-Wilhelms-Universität, der heutigen Humboldt-Universität zu Berlin, zum Dr. phil. promoviert. Ihre Dissertation schrieb sie über den Schriftsteller Kolbenheyer, den Adolf Hitler persönlich in die Liste der »Gottbegnadeten« aufgenommen hatte. Das Datum ihrer Promotion war der 20. April 1945, Hitlers Geburtstag. Drei Wochen später kapitulierte Deutschland.

Wie geht jemand mit einer solchen Vergangenheit um? Ingeborg Neubert, wie Ingeborg Drewitz damals noch hieß, versuchte es durch radikale Umkehr. Ihre literarischen Texte und ihre zahlreichen öffentlichen Engagements zeigen, dass ihr dies gelang.

Verheiratet mit einem aus dem Krieg heimgekehrten Jugendfreund, verfasste sie das Drama *Alle Tore werden bewacht*, das von deutschen Konzentrationslagern handelt.

Sie erinnerte an den antifaschistischen Widerstandskämpfer Adam Kuckhoff. Sie war tätig für Amnesty International und nahm teil am Russell-Tribunal, bei dem es um deutsche Menschenrechtsverletzungen ging. Sie war engagierte Feministin. Bei einem Evangelischen Kirchentag trat sie mit Bibel-Exegesen auf. Sie kümmerte sich um Projekte für Gefängnisinsassen. Sie übernahm Ämter im Schriftstellerverband und im P.E.N.-Club. Immer wollte sie so sein: »Nicht angepaßt, empfindlich für die, die draußen stehen, zornig gegenüber der aalglatten Routine, wach für die Fingerspitzengefühle von Mensch zu Mensch, von den Sorgen um die eigenen Kinder immer wieder erreicht, eifernd im Protest, weil von der sozialen und demokratischen Verantwortung überzeugt ... «

Ingeborg Drewitz hat dramatische Texte verfasst, Erzählungen und Romane. Als ihr wichtigstes Werk gilt der Roman *Gestern war heute: Hundert Jahre Gegenwart*. Hier geht es, in knapper Prosa, um die Geschichte einer ursprünglich proletarischen Familie aus Berlin-Moabit im Zeitraum zwischen 1878 und 1978. Erzählt wird von Angehörigen aus insgesamt fünf Generationen. Es gibt gesellschaftliche Aufstiege, Irrtümer, Enttäuschungen, Ehekonflikte, Drogenprobleme, politischen Opportunismus und politisches Aufbegehren. Tagebücher und Briefe werden zitiert. Eine der Romanfiguren, sie heißt Gabriele und ist die Zentralfigur, trägt erkennbar autobiografische Züge.

»Solange ich lebe, habe ich nicht einfach nur zu atmen, sondern diese Art Kraft, die ich durchs Atmen aufnehme, habe ich auch nach außen zu tragen«, hat sie gesagt und sich daran gehalten. Vielfach wurde Ingeborg Drewitz für ihr Wirken geehrt. 1986 ist sie gestorben.

Veröffentlichungen (Auswahl)
Alle Tore waren bewacht (Theaterstück), 1955 ◇ *Das Hochhaus. Roman*, 1975 ◇ *Gestern war heute. 100 Jahre Gegenwart (Roman)*, 1978 ◇ *Lebenslehrzeit (Autobiografie)*, 1985 ◇ *Eingeschlossen. Roman*, 1986

DÜCKERS, TANJA
* 1968 West-Berlin

»Seit Neuestem gab es Autos in Metallicfarben. Daran musste ich mich noch gewöhnen. Viele Jahre später sollte der seltsame Begriff Generation Golf aufkommen. Wir waren eher die Generation Drahtesel.«

Das sind Sätze aus dem Roman *Hausers Zimmer*, der im West-Berlin der 1980er-Jahre spielt. Die da spricht, ist die halbwüchsige Hauptfigur des Buches, ein Kind von Akademikereltern, das sich, der Liebe wegen, in einer großen Altbauwohnung voller Boheme-Existenzen einquartiert hat. »Alles in Berlin wurde weniger, nur die Kunst wucherte.« Der titelgebende Hauser ist ein besonders schriller Kunstproduzent.

Die Autorin Tanja Dückers, 1968 geboren, teilt mit ihrer Figur das Alter und vermutlich auch noch andere biografische Details. Sie ist studierte Literaturwissenschaftlerin und hat journalistisch gearbeitet, ehe sie freischaffende Schriftstellerin wurde. Die Zahl ihrer Stipendien und fremdfinanzierten Studienaufenthalte ist erstaunlich groß. Manche ihrer Bücher erschienen in Kleinverlagen. Ihrer Lyrik wird eine Nähe zur modernen polnischen Poesie nachgesagt. Es gibt Essays und Reisereportagen, Erzählungsbände und insgesamt vier Romane von ihr. Eines der zentralen Themen ist der Umgang ihrer Generation mit den Lebensläufen, den Überzeugungen und Taten der Eltern.

Auch sonst profiliert und engagiert sie sich politisch. Sie betreut Lesungen zugunsten der Berliner Kältehilfe, sie äußert sich öffentlich zu bildungs- und familienpolitischen Problemen.

Über ihren Geburts- und Wohnort sagt Tanja Dückers: »Berlin fühlte sich irgendwie immer gut an, auch wenn es nicht schön aussah. Auf der Landkarte jedenfalls sah die Stadt aus wie der Fleck, den eine zerquetsche Fliege auf einer Tischdecke hinterlässt.«

Veröffentlichungen (Auswahl)
Morsezeichen. Gedichte, 1996 ◇ *Café Brazil. Erzählungen, 2001* ◇ *Himmelskörper. Roman, 2003* ◇ *Der längste Tag des Jahres. Roman, 2006* ◇ *Hausers Zimmer. Roman, 2011* ◇ *Mein altes West-Berlin (Autobiografie), 2016*

E

ERB, ELKE
* 1938 Scherbach

Konkrete Poesie ist eine Spielart von Lyrik, der es nicht so
sehr um Inhalte geht, sondern mehr um ihr eigenes Material,
die Sprache. Mit der wird gespielt, manchmal werden Buchstaben vertauscht, oder die Syntax fällt weg: »Sieben gehen
sieben, / Sieben rütteln und sieben, / worfeln und schieben
Siebe und rütteln, / die Körner springen und schwingen ... «
Hier wird mit dem Doppelsinn eines Wortes hantiert, das sowohl Ziffer als auch Verb sein kann. Das ganze Gedicht heißt
Brigade, die Verfasserin ist Elke Erb. Unter den konkreten
Poeten gehört sie zu den minder radikalen.

Geboren wurde sie 1938 in der Eifel, 1949 siedelten ihre
Eltern mit ihr in die DDR über. Auch solche Ortswechsel gab
es, selbst unter Literaten. Peter Hacks, Ronald M. Schernikau
und Adolf Endler sind Beispiele. Mit Letzterem, auch er ein
experimenteller Lyriker, war Elke Erb elf Jahre lang verheiratet. Sie hat Germanistik und Slawistik studiert, war eine
Weile Lehrerin und danach Lektorin bei einem Buchverlag.
Sie hat viel übersetzt, aus dem Russischen und aus dem Ge-
orgischen, in der späten DDR gehörte sie, wie Endler, zur
alternativen Literaturszene in Prenzlauer Berg. Dort wurde sie Mitherausgeberin der in Westdeutschland verlegten
DDR-Anthologie *Berührung ist nur eine Randerscheinung.* Ihr

Partner dabei, Sascha Anderson, wurde Jahre später als Informant des DDR-Staatssicherheitsdienstes identifiziert.

Das Ansehen und der Einfluss Elke Erbs sind beträchtlich. Die Liste ihrer Buchveröffentlichungen ist lang, und lang ist die Anzahl der an sie vergebenen Preise.

In einer Berliner Rede zur Poesie erklärte sie: »Ein Grundsatz ist sicher: ein Vers ist ein Vers. Wenn man sie leblos deklamiert, dann rutschen sie in eins zusammen wie Zusammengeschraubtes beim Fahrrad. Die ungeteilte Verbindung ist dem Unfesten gleich, unartikuliert.«

Veröffentlichungen (Auswahl)
Trost. Gedichte und Prosa, 1982 ◇ Unschuld, du Licht meiner Augen. Gedichte, 1994 ◇ Die Crux (Gedichte), 2003 ◇ Das Hündle kam weiter auf drein (Gedichte), 2013 ◇ Sonnenklar (Gedichte), 2015

ERPENBECK, JENNY
* 1967 Ost-Berlin

2012 geriet das Flüchtlingsproblem in den Fokus der Berliner Öffentlichkeit. Mit Demonstrationen und Besetzungen kommunaler Gebäude machten Asylbewerber aufmerksam auf ihre oft verzweifelte Lage, ein Zentrum ihrer Aktivitäten war der Kreuzberger Oranienplatz.

Die Schriftstellerin Jenny Erpenbeck nahm sich der Sache an.

Sie sprach mit einzelnen Aktivisten, notierte deren Schicksale und verwendete diese anschließend für einen Roman. In ihm trifft ein emeritierter Hochschullehrer auf Flüchtlinge:»Die schwarzen Männer liegen oder hocken auf dem Boden, manche haben einen Schlafsack unter sich ausgebreitet, andere eine Decke, wieder andere gar nichts. Einen Campingtisch haben sie als Stütze für ein Schild aufgestellt. Das Schild, das daran lehnt, ist eine große weißgestrichene Pappe, auf der in schwarzen Buchstaben steht: *We become visible.* Darunter hat in kleineren grünen Buchstaben jemand mit Filzstift die Übersetzung geschrieben: *Wir werden sichtbar.*« Der Hochschullehrer beginnt sich für die Männer zu interessieren, schließlich setzt er sich für sie ein. Der Roman heißt *Gehen, ging, gegangen* und erschien 2015, als der Zuzug einer beträchtlichen Anzahl von Asylbewerbern zur wichtigsten Angelegenheit der deutschen Innenpolitik wurde. Das hat die Aufmerksamkeit für das Buch befördert.

Jenny Erpenbeck, 1967 geboren, gehört zu einer Literatendynastie: Ihr Vater John, gelernter Physiker, hat Lyrik und Romane geschrieben, ihre Großmutter war die Dramatikerin Hedda Zinner. Sie selbst hatte Theaterwissenschaften studiert, war Opernregisseurin und arbeitete an renommierten Häusern, ehe sie einen eigenen Theatertext verfasste, den sie dann auch selbst in Szene setzte. Danach blieb sie bei der schönen Literatur.

Sie schrieb mehrere Erzählbände und mehrere Romane. Von denen hieß der erste *Geschichte vom alten Kind* und wurde als Parabel für die Verstörung von DDR-Bewohnern nach dem Zusammenbruch des ostdeutschen Staates gelesen. Ebenso parabolisch geht es in *Wörterbuch* zu, das von Zuständen in einer modernen Diktatur erzählt. *Heimsuchung* sammelt Lebensläufe aus einem Zeitraum von fast hundert Jahren,

Aller Tage Abend variiert die auch von Virginia Woolf verwendete Technik alogisch ausgebreiteter Lebensläufe, hier mit Anleihen aus der eigenen Familiengeschichte. Ihre Poetik hat Jenny Erpenbeck in diesem Satz zusammengefasst: »Ich versuche, über Dinge zu schreiben, für die es keine Lösung gibt, die eine Überforderung sind – und mit denen man dennoch umgehen muss.«

Veröffentlichungen (Auswahl)
Geschichte vom alten Kind (Roman), 1999 ◇ *Katzen haben sieben Leben (Theaterstück)*, 2000 ◇ *Tand. Erzählungen*, 2001 ◇ *Aller Tage Abend. Roman*, 2012 ◇ *Gehen, ging, gegangen. Roman*, 2015

F

FELDMAN, DEBORAH
* 1986 New York, USA

 Seit jeher bringen monotheistische Religionen Häresien, Schismen und Sekten hervor. Die älteste dieser Religionen, die jüdische, bildet da keine Ausnahme. Eine Sonderentwicklung von ihr war der osteuropäische Chassidismus, entstanden im 18. Jahrhundert, als Reaktion auf die Pogrome im zaristischen Russland. Es kennzeichnen ihn eine mystische Frömmigkeit und eine besonders strenge Befolgung religiöser Regularien. Äußerliche Merkmale sind bei den Männern Schläfenlocken, lange Bärte und als Kopfbedeckung der über der Kippa getragene schwarze Hut. Der Chassidismus hat sich seinerseits wieder aufgespalten in unterschiedliche Richtungen. Jüngste und radikalste ist die der Satmarer mit Zentrum im Stadtteil Williamsburg von Brooklyn, New York City. Die Mitglieder bleiben unter sich. Alles ist streng reglementiert. Die Shoah gilt als Strafe Gottes. Einzig geduldete Druckschriften sind die Gebetsbücher, es gibt keine Zeitungen, kein Fernsehen. Man spricht Jiddisch, das Englische ist als unrein verpönt. Jeder

beobachtet jeden, um mögliche Regelverstöße zu erkennen. Sexualität darf nur innerhalb der Ehe praktiziert werden und ist eigentlich sündig. Ehen werden arrangiert. Die Frauen müssen ihre Haare scheren und eine Perücke tragen. Das Ende ihrer Monatsblutung müssen sie durch Vorzeigen ihre Wäsche nachweisen und anschließend ein Ritualbad aufsuchen. Die 1986 geborene Deborah Feldman ist in dieser Welt aufgewachsen. Mit 17 Jahren wurde sie zwangsverheiratet, nach einem Jahr war sie schwanger. Heimlich vertiefte sie sich in verbotene Bücher und begann auf die Welt, von der sie las, neugierig zu werden. Unbemerkt schrieb sie sich an einem College ein und begann englische Literatur zu studieren. Ihre Ehe bestand da nur noch formal. Als ihr Sohn drei Jahre alt war, brach sie mit ihrer Herkunft.

2012 veröffentlichte sie über all dies ein Buch, das in den USA wie anderswo zu einem außerordentlichen Erfolg wurde und ihr das materielle Überleben sicherte. In der Folge begab sie sich auf die Suche nach den europäischen Wurzeln ihrer Familie. Sie ist dabei auch nach Berlin gekommen, zusammen mit ihrem Sohn, und sie ist hiergeblieben. Hier dürfe man alles und müsse nichts, man sei absolut frei. Inzwischen gibt es einen weiteren autobiografischen Bericht von ihr. Sie ist eine Berliner Autorin, die Deutsch spricht und auf Englisch schreibt. Sie verfährt darin so wie neunzig Jahre vor ihr Christopher Isherwood. Deborah Feldman sagt: »Berlin ist die Hauptstadt der Fremden und Wurzellosen, ein Zuhause für alle, die kein Zuhause haben.«

Veröffentlichungen
Unorthodox. Eine autobiografische Erzählung, 2012 (dt. Übersetzung 2016) ◇ *Überbitten. Autobiografische Erzählung, 2015 (dt. Übersetzung 2017)*

FRANCK, JULIA
* 1970 Ost-Berlin

Die Sorben kennen eine Sagengestalt, die in der Niederlausitz »pśezpołdnica« heißt, der deutsche Name ist Mittagsfrau. Es handelt sich um einen Naturgeist, der bäuerlichen Arbeitern auf dem Feld erscheint und ihnen den Verstand raubt, manchmal schneidet er ihnen mit einer Sichel den Kopf ab. Um ihn zu besänftigen, muss man ihm eine Mittagsstunde lang von der Arbeit erzählen, danach ist seine Macht gebrochen.

Die 1970 geborene Julia Franck hat sich die Mittagsfrau für ihren bislang ehrgeizigsten und auch erfolgreichsten Roman ausgeborgt, wobei nicht ganz ersichtlich ist, ob die weibliche Hauptfigur eher als Wiederkehr oder als Opfer der mythischen Gestalt begriffen wird. Womöglich gilt beides. »Die Legende der Mittagsfrau finde ich passend, weil es ein sehr typischer Versuch ist, einem nicht erklärlichen Vorfall eine Geschichte zu geben«, sagt die Autorin. Sorbisch ist jedenfalls der Geburtsort der Hauptfigur: Bautzen. Die Tochter einer psychisch erkrankten jüdischen Mutter, die ihrer Familie abhandenkommt, durchlebt deutsche Zeitgeschichte vom Ersten Weltkrieg bis zum Ende der NS-Zeit. Im Berlin der 1920er-Jahre verliert sie den Mann, den sie liebt, und heiratet später einen christlichen Mann, bei dem sie sich ihrer mosaischen Herkunft wegen geschützt wähnt, was ein trauriger Irrtum ist. So erstarrt sie innerlich immer mehr, bis sie bei Kriegsende ihren halbwüchsigen Sohn aussetzt. Als sie ihn

nach Jahren wiedertreffen möchte, verweigert sich der Junge:
»Er wollte sie sein Leben lang nicht mehr sehen.«

Julia Franck hat hier viel von ihrer eigenen Familiengeschichte eingebracht. Autobiografisches findet sich auch in
anderen ihrer Bücher. Der Roman *Lagerfeuer* greift zurück
auf Erlebnisse in dem Aufnahmelager Marienfelde, wo sie
mit Mutter und Geschwistern nach der gemeinsamen Flucht
aus der DDR gelebt hat. *Rücken an Rücken* erzählt vom Leben
in der DDR und von ihrer Großmutter, einer Bildhauerin.
Auffällig ist ihr intensives Verhältnis zur bildenden Kunst.
Sie schrieb über den Maler Gerhard Richter, ebenso äußerte sie sich zu anderen zeitgenössischen Künstlern, und sie
schrieb über die Beziehung zwischen Franz Marc und Else
Lasker-Schüler.

Nach ihrem Universitätsstudium unternahm sie mehrere
Auslandsreisen und verbrachte einige Zeit in Amerika. Sie
übersetzt aus dem Englischen. Inzwischen lebt Julia Franck
mit ihren Kindern in ihrer Heimatstadt Berlin.

Veröffentlichungen (Auswahl)
*Liebediener. Roman, 1999 ◇ Bauchlandung. Geschichten zum
Anfassen, 2000 ◇ Lagerfeuer. Roman, 2003 ◇ Die Mittags-
frau. Roman, 2007 ◇ Rücken an Rücken. Roman, 2011*

FUCHS, KIRSTEN
* 1977 Karl-Marx-Stadt (heute Chemnitz)

»Es gab 2000 so ein Sofortprogramm der Schröder-Regierung,
irgendwas mit ›Jobs für Junge‹. Das Arbeitsamt hatte mir den
Platz vermittelt. Davor habe ich kurze Zeit Ältere deutsche

Literatur und Sprache an der Humboldt-Uni studiert, vor allem, weil das keinen Numerus clausus hat. Aber das Studium hat mich schnell genervt. Mit der Lehre wollte ich das Gegenteil von Uni: etwas Schmutziges, Lautes, Konkretes. Und das habe ich auch bekommen.«

So beschreibt die Autorin Kirsten Fuchs ihre beruflichen Anfänge als Tischlerin. Geboren wurde sie 1977 in jener Stadt, die damals noch Karl-Marx-Stadt hieß und heute gelegentlich ungute politische Nachrichten produziert. Aufgewachsen ist sie in Berlin-Hellersdorf, als Kind regimetreuer Eltern. Ihre literarische Karriere begann sie mit Kolumnen für eine Tageszeitung und, vor allem, durch Auftritte bei Open-Mike-Wettbewerben und auf Berliner Lesebühnen.

Sie hat Romane geschrieben und Theatertexte. Meist handeln sie von den erotischen und sozialen Problemen junger Frauen – und dies in einer Sprache, die präzise, schnörkellos und jargonnah ist. Vulgarismen sind häufig, was bis ins Obszöne führen kann.»Ich benutze eine Sprache«, sagt sie, »die nun mal in der Welt ist. Und es ärgert mich, wenn diese Sprache den Proleten überlassen wird. Das ist schade, sie enthält schöne Wörter.« 2008 hat sie eine längere Reise in die Arktis unternommen, um die mehrteilige TV-Serie »Nicht der Süden« zu drehen. Zusammen mit ihrem Reisegefährten, dem Schriftsteller Volker Strübing, hat sie darüber ein Buch geschrieben.

Ihr bisher letzter Roman heißt *Mädchenmeute* und erzählt die abenteuerliche Geschichte einer Gruppe von Teenagern, die aus einem Survivalcamp fliehen, wo es zu gruseligen Zwischenfällen gekommen ist, und die schließlich bis in einen Bergwerksstollen gelangen. *Mädchenmeute* liefert eine weibliche Variante zu dem bisher vor allem von männlichen Helden und Autoren wie Salinger und Herrndorf dominierten Typus der Aussteigergeschichte. Konflikte, sagt sie, seien »nun mal da, und man muss sie nicht aushalten, sondern man kann sie klären. Wenn das klappt, ist das ein so schönes Gefühl wie Rodeln gehen oder Eis essen.«

Veröffentlichungen (Auswahl)
Die Titanic und Herr Berg. Roman, 2007 ◇ *Heile, heile. Roman, 2008* ◇ *Eine Frau spürt sowas nicht (Erzählungen), 2011* ◇ *Mädchenmeute. Roman, 2015* ◇ *Signalstörung. Storys, 2018*

G

Geipel, Ines
* 1960 Dresden

»Wir tragen das zusammen, damit die Opfer zu ihren Geschichten kommen.« Dies sagte in einem Zeitschrifteninterview Ines Geipel. Ihre Worte beschreiben, womit sich die Autorin seit drei Jahrzehnten überwiegend beschäftigt. 1960 geboren, wurde sie zunächst als Leichtathletin bekannt. Für die DDR nahm sie an Olympischen Spielen teil und war Mitglied einer Läuferinnenstaffel, die einen Weltrekord erzielte. Als sie ihre Sportkarriere aufgeben musste, studierte sie Germanistik und floh im Sommer 1989, kurz vor dem Mauerfall, in die Bundesrepublik. Nach der deutschen Wiedervereinigung wurde offenbar, wie sehr die DDR ihre Sportler durch Doping manipuliert hatte. Auch Ines Geipel war davon betroffen. Sie wusste um die oft erheblichen gesundheitlichen Spätfolgen solcher Maßnahmen und setzte sich vehement für rückhaltlose Aufklärung und für die Bestrafung der Verantwortlichen ein. Dies machte sie weithin prominent.

Heute unterrichtet sie an einer Schauspielschule. Ihr vorrangiges Thema bleibt die Aufarbeitung von DDR-Geschichte und DDR-Unrecht, auch jenseits des Sportbetriebs. Für in Ostdeutschland nicht gedruckte Autoren unterhält sie ein Archiv, »Die verschwiegene Bibliothek«. Sie macht aufmerk-

sam auf vergessene Autorinnen der ostdeutschen Anfangs-
jahre. Sie veröffentlicht Sachbücher und fiktionale Prosa,
darunter Romane. *Tochter des Diktators* handelt vom Schicksal Beas, des Kinds von SED-Chef Walter Ulbricht. *Heimspiel*
erzählt in freier Form von ihrer eigenen Flucht aus der DDR.
Andere Abschnitte ihrer Biografie wurden zum Inhalt ihrer
jüngsten Veröffentlichung, in der es um ihren Bruder und die
übrige Familie geht. Ihr Vater war hochaktiver Auslandsagent
des DDR-Geheimdienstes. Zu ihren Großeltern gehörten
Unterstützer des Holocausts.

In dem eingangs erwähnten Interview sagte Ines Geipel
noch: »Die Gesellschaft muss strukturelle Gewalt enttabui-
sieren, damit die Opfer, die es nicht schaffen, öffentlich zu
werden, zu ihren Geschichten kommen.«

Veröffentlichungen (Auswahl)
Das Heft. Roman, 1999 ◇ *Dann fiel auf einmal der Himmel
um: Inge Müller. Die Biografie, 2002* ◇ *Heimspiel. Roman,
2005* ◇ *Der Amok-Komplex oder die Schule des Tötens (Sachbuch), 2012* ◇ *Tochter des Diktators. Roman, 2017*

GEORGE, NINA
* 1973 Bielefeld

Es geschieht relativ häufig, dass Autoren sich einen anderen
Namen zulegen. Seltener kommt es vor, dass ein Autor gleich
mehrere Pseudonyme benutzt. Kurt Tucholsky hatte derer
vier, jedem von ihnen war ein eigenes literarisches Profil
zugeordnet. Fernando Pessoa benutzte gleichfalls vier und
stattete jedes mit einer ganz speziellen Biografie aus, wes-

halb in seinem Falle lieber von Heteronymen die Rede ist. Die Berliner Autorin Nina George nutzt noch zwei andere Namen, wobei sie eher wie Tucholsky verfährt. Als Jean Bagnol schreibt sie zusammen mit ihrem Mann Jo Kramer Kriminalromane. Die spielen in Frankreich, Hauptfigur ist ein französischer Polizist. Als Anne West schreibt sie Sachbücher mit Titeln wie *Handbuch für Sexgöttinnen* und *Sex für Könner*. Unter ihrem eigentlichen Namen verfasst sie unterhaltsame Romane. Geboren wurde sie 1973 in Bielefeld. Das Gymnasium schloss sie nicht ab, lieber wollte sie kellnern. Als sie von einem aufdringlichen männlichen Gast belästigt wurde, so ihre eigene Mitteilung, begann sie aus Wut zu schreiben. Sie absolvierte eine journalistische Ausbildung bei einem besonders freizügigen Männermagazin, arbeitete auch für andere Zeitschriften und ist seit 1992 freischaffend.

Einer ihrer Romane heißt *Das Lavendelzimmer*. Held ist ein alternder Pariser Buchhändler, der sein spätes Glück in der Provence findet. Das liest sich dann so: » Vielleicht war es aber nur der Sex. Das hatte er gefürchtet: dass er für sie nur Sex war. Dabei war es, wenn sie miteinander schliefen, nie ›nur Sex‹. Es war die Eroberung der Welt. Es war ein inbrünstiges Gebet. Sie erkannten, was sie waren, ihre Seelen, ihre Körper, ihre Lebenssehnsucht, ihre Todesangst. Es war eine Feier des Lebens.« Von den anderen Romanen spielt einer in England, in zweien ist die Handlungsregion wiederum Frankreich. Es geht um frustrierte Frauen, die, wie der alternde Buchhändler, ihr Glück in der Provinz finden.

Die Vorliebe für das westliche Nachbarland erklärt die Autorin unter anderem mit einer französischen Großmutter. Zudem lebt sie außer in Berlin in der Bretagne. Die Liste ihrer Bücher umfasst 25 Titel, hinzu kommen Beiträge in Anthologien. Nebenher schreibt sie Kolumnen und Feuilletons.

Veröffentlichungen (Auswahl)
Erste Hilfe für Verliebte. Die besten Tipps für leidenschaft-lichen Sex, rauschende Romantik und ein Leben voller Liebe, 2005 *(als Anne West)* ◇ *Die Mondspielerin. Roman*, 2010 ◇ *Das Lavendelzimmer. Roman*, 2013 ◇ *Das Traumbuch. Roman*, 2016 ◇ *Die Schönheit der Nacht. Roman*, 2018

GERLOF, KATHRIN
* 1962 Köthen

Die politischen Ereignisse von 1989/90 brachten in Ostdeutschland schwere soziale Verwerfungen mit sich, allem voran in der Landwirtschaft. Die zuvor genossenschaftlich bestellten Böden und Ställe wurden reprivatisiert, Arbeitskräfte massenhaft freigesetzt, bäuerliche Kleinunternehmen mussten aufgeben, Dörfer begannen zu veröden.

In der schönen Literatur wurde diese Thematik verschiedentlich aufgegriffen, so beispielsweise durch Juli Zeh und Saša Stanišić. Damit folgten diese deutlich einer Tradition, die in DDR-Tagen Autoren wie Erwin Strittmatter und Helmut Sakowski begründet hatten.

Auch die 1962 geborene Kathrin Gerlof widmet sich in einem ihrer Romane den Zuständen eines ostdeutschen Dorfes. *Nenn mich November* erzählt von einem Ehepaar, das infolge eigener wirtschaftlicher Schwierigkeiten aufs Land ziehen muss. Dort beliefern die monokulturell bewirtschafteten

Riesenfelder Biogasanlagen, in den ehemaligen Zwangsarbeiterbaracken hausen Flüchtlinge, die meisten Dörfler sind verarmt, es herrschen Hoffnungslosigkeit und Alkoholismus.
Kathrin Gerlof ist studierte Journalistin, ihre Karriere begann sie in der späten DDR. Ihre publizistischen Texte erschienen und erscheinen in linkssozialistischen Blättern, sie hat Kurzfilme gedreht und bisher fünf Romane veröffentlicht. Ihr Personal sind Außenseiter und Verlierer, es geht um fehlende Anerkennung, um soziale Gerechtigkeit, ums Altern, um Liebe. Der Roman *Das ist eine Geschichte* behandelt ein Thema, das für viele Menschen der ehemaligen DDR erheblich war: die Restitution von Wohnimmobilien, in diesem Falle geht es um vormals jüdischen Besitz. In einer Rezension zu ihrem Roman *Teuermanns Schweigen* heißt es fatalistisch: »Doch es kommt, wie es kommen muss: Die Geschichten münden in nichts als die Frage, wie es nun weitergehen soll.«

Veröffentlichungen
Teuermanns Schweigen. Roman, 2008 ◇ *Alle Zeit. Roman, 2009* ◇ *Lokale Erschütterung. Roman, 2011* ◇ *Das ist eine Geschichte. Roman, 2014* ◇ *Nenn mich November. Roman, 2018*

GIEN, ANNA
*1991 München

Der Roman heißt *M.* Der Titel erinnert an einen berühmten Spielfilm von Fritz Lang, aber diese Assoziation ist irreführend. Bei »M«, dem Spielfilm, geht es um ein Verbrechen im Berlin der 1920er-Jahre. Bei *M*, dem Roman, geht es um Pornografie.

Handlungsort ist das Berlin der Gegenwart. Die Icherzählerin M bewegt sich in Kunstgalerien und vor allem in Clubs mit Darkrooms. Das Buch ist ein deutscher Beitrag zu jenem vornehmlich in Frankreich gepflegten Typus literarisch anspruchsvoller femininer Pornografie, für den Namen wie Catherine Millet, Virginie Despentes und Catherine Breillat stehen. Ästhetisch orientiert es sich an Henry Miller und Philip Roth. Vorgängerin war Pauline Réage, die eigentlich Anne Cécile Desclos hieß und 1954 den Roman *Die Geschichte der O* herausbrachte. Mit seiner Abbreviatur im Titel erweist *M* diesem seine heimliche Reverenz.

Verfasst haben *M* zwei Autorinnen, Anna Gien und die 1985 in Ellwangen geborene Marlene Stark. Letztere ist Malerin, Performerin und DJane, viele Szenerien des Romans dürften auf ihre Anregungen zurückgehen. Die sechs Jahre jüngere Anna Gien hat Kunstgeschichte studiert und trat bislang als – übrigens vorzügliche – Publizistin hervor. Sie beschäftige sich, heißt es über sie, mit »Körperpolitik, feministischer Theorie, Sexarbeit und den Zusammenhängen von Kunst, Kapital und Popkultur«. Ein Vergleich mit ihrer Essayistik zeigt, dass der Roman *M* stilistisch vor allem von ihr bestimmt wurde.

In einem längeren Aufsatz mit dem Titel *Der weibliche Blick* untersucht Anna Gien die Dramaturgie und Wirkung von Pornografie im Internet. »Ich sehe Pornos ungefähr seit dem Zeitpunkt, als meine Eltern mir mit zwölf einen Computer mit DSL-Anschluss ins Zimmer gestellt haben«, heißt es dort. Und: »Alleine die Tatsache, wie kreativ Frauen in ihrer Imagination werden, wenn sie sich zu Pornografie verhalten, zeigt, welch unglaublicher Reichtum darin liegen kann.«

Veröffentlichung
M. Roman, 2019 (mit Marlene Stark)

99

GRÖSCHNER, ANNETT
* 1964 Magdeburg

Für Bewohner der untergegangenen DDR war Moskauer Eis eine bekannte Ware. Das übersüßte und fettige Fertigprodukt, verpackt in klebriges, mit kyrillischen Buchstaben bedrucktes Papier, wurde in Tiefkühltruhen gelagert und hatte die Tendenz, rasch zu zerlaufen. Wenn jemand ein Erzählbuch des Titels *Moskauer Eis* verfasst, appelliert er an das ostdeutsche Erinnerungsvermögen.

Die 1964 geborene Annett Gröschner hat dies getan. Sie kam 1983 nach Ost-Berlin, um zu studieren, danach arbeitete sie für verschiedene Zeitschriften. Eine davon, das Literaturjournal »Sklaven«, gab sie selber heraus. Ihre Mitstreiter waren Autoren aus dem Bezirk Prenzlauer Berg, dessen Geschichte sie immer wieder beschäftigt hat, als Ausstellungsmacherin wie auch als Literatin.

Moskauer Eis beginnt mit einer surrealen Szene: Die weibliche Zentralfigur kommt in die väterliche Wohnung, die sich auf einer Elbinsel befindet. Sie öffnet die Kühltruhe und sieht ihren Vater darin liegen, tiefgefroren, wiewohl das Gerät ohne elektrischen Strom ist. Eis und Gefrieren dienen im Folgenden als Motive wie auch als Metaphern. Die Geschichte einer Familie und die Zustände in der DDR werden unter diesen Aspekten beleuchtet. Der tiefgefrostete Vater war, wie dessen Vater, von Beruf Kälteforscher. Es herrschte Kalter Krieg. Es ging eisig zu in der DDR, und so blieb es auch nach deren Zusammenbruch. Erzählt wird von drei Generationen einer unangepassten Kleinbürgersippe, deren Mitglieder sich immer wieder auch mit Herstellung und Vertrieb von Speiseeis befassen. Der Ton des Romans ist großstädtisch-schnodderig.

Die Autorin mag die deutsche Hauptstadt:»Berlin ist
widerständig, wenn es ums Schickwerden geht. Hoffentlich
bleibt das so. Die Stadt braucht ihre Schmuddelecken. Es gibt
nichts Schlimmeres als eine durchsanierte Straße in den ewig
gleichen pastelligen Farben, die an das Angebot einer Eisdiele
erinnern.«
Die Heldin aus *Moskauer Eis* tritt noch in einem zweiten Buch der Autorin auf. *Walpurgistag* ist ein Berlinroman
mit überwiegend weiblichem Personal. Annett Gröschner
ist, nach eigener Aussage, folgendermaßen zu den Inhal-
ten gekommen: Über Handzettel, Anzeigen und eine Radio-
sendung habe sie die Aufforderung verbreitet, man möge ihr
Tagesabläufe zuschicken. Das sei reichlich geschehen. Die
Einsendungen habe sie verwertet. In dem Buch findet sich,
vermutlich als Reverenz gegenüber Döblin, die Schilderung
einer prominenten Adresse:»Der Alexanderplatz ist ein
Kältepol. Nur Herumlaufen wärmt. Schon zehnmal habe
ich den Weg vom Brunnen bis zur Weltzeituhr zurückgelegt.
Ich weiß jetzt, wie spät es in Phnom Penh ist und welche Zeit
die Armbanduhren der Moskauer anzeigen. Mich befällt der
Wunsch, in das Zeitgefüge der Welt einzugreifen.«

Veröffentlichungen (Auswahl)
ÿbbotaprag. heute. geschenke. schupo. schimpfen. hetze. sprüche.
demonstrativ. sex. DDRbürg. gthierkatt. ausgewählte essays,
fließ- & endnotentexte 1989–98, 1998 ◇ *Durchgangszimmer*
Prenzlauer Berg. Eine Berliner Künstlersozialgeschichte in Selbst-
auskünften, 1999 (Hg., mit Barbara Felsmann) ◇ *Moskauer Eis.*
Roman, 2000 ◇ *Heimatkunde Berlin, 2010* ◇ *Walpurgistag.*
Roman, 2011

GROSZER, FRANZISKA
* 1944 Ost-Berlin

Franziska Groszers Nachname mit seiner aparten Orthografie war in der DDR durch den Altberliner Verlag Lucie Groszer bekannt. Der Verlag wurde privat gegründet und später verstaatlicht. Hier erschienen sehr gute Kinder- und Jugendbücher. Gert, Lucie Groszers Sohn, war der 1944 geborene erste Ehemann von Franziska Groszer. Sie selbst wurde später, gleichsam in der Tradition der Familie ihres Mannes, Jugendbuchautorin. Zuvor machte sie sich einen Namen als Mitglied der »Kommune 1 Ost«. Deren Gründung erfolgte 1969. Da gab es das Vorbild schon nicht mehr, die »Kommune 1« in West-Berlin, bekannt vor allem durch die linksradikalen Aktivisten Dieter Kunzelmann, Fritz Teufel und Rainer Langhans. Die Ost-Kommune war eine Idee von Kindern der SED-Nomenklatura, sie pflegten die Liebe, einen gemeinsamen Haushalt und einen alternativen Marxismus, sie tranken reichlich und unterhielten Kontakte zu Mitgliedern der 1968er-Bewegung in West-Berlin. Die Kommune bestand eine Weile, zog mehrfach um und stand unter ständiger Beobachtung der Staatssicherheit, bis ihre Mitglieder sich zerstritten und die Kommune sich auflöste.

Franziska Groszers Ehe wurde 1970 geschieden. Sie hatte zwei Kinder. Studieren durfte sie nicht, daher arbeitete sie in verschiedenen Berufen, hielt weiter Verbindungen zur Ost-Berliner Dissidentenszene, beteiligte sich an oppositionellen Aktionen und wurde weiter von der Staatssicherheit heimgesucht. 1977 durfte sie die DDR verlassen.

Im deutschen Westen begann sie zu publizieren, nebenher arbeitete sie in kulturellen Einrichtungen. Sie schrieb ein halbes Dutzend Jugendbücher, das bekannteste heißt *Rotz und Wasser* und handelt von oppositionellen Menschen in der DDR, von Grenzübertretungen, von Heimat und Heimatverlust, mithin von Franziska Groszers ureigenen Erfahrungen.

Veröffentlichungen (Auswahl)
Rotz und Wasser. Eine Jugend in Ostberlin, 1987 ◇ *Julia Augenstern. Mitten am Rand der Welt. Roman, 1991* ◇ *Anton und das unheimliche Haus, 2008*

Gustas, Aldona
* 1932 Karzewischken, Litauen

»Als wir Flüchtlinge waren und hier ankamen, hat mich Berlin umarmt, und ich wusste, hier bleibe ich.« Dies sagt die 1932 in Litauen geborene Aldona Gustas. Sie kam als Kind nach Berlin, wo sie seither lebt. Die Lyrikerin und Malerin erhielt ihre bildkünstlerische Ausbildung unter anderem bei Matthias Koeppel. Ihre Bilder, durchweg gegenständlich, sind von verspielter Eleganz. 1972 gründete sie die Vereinigung »Berliner Malerpoeten«, zu der ursprünglich auch Günter Grass gehörte und deren populärster Vertreter Kurt Mühlenhaupt wurde.

Aldona Gustas' Gedichte sind knapp, sachlich, liebenswürdig und durchweg reimlos. Es gibt eindringliche Liebesverse von ihr, sie selbst spricht lieber von erotischen Gedichten. Über ihre litauische Kindheit erzählt sie in ihrem Lyrikband *Luftkäfige*. 2006 wurde sie von ihrem Geburtsland mit einer Verdienstmedaille ausgezeichnet.

Ihre Bücher, viele ausgestattet mit eigenen Illustrationen, sind fast durchweg in Kleinverlagen erschienen. Ihrem langjährigen Wohnort ist der Band *Berliner Tagebuch Gedichte* gewidmet. Die Stadt kommt auch sonst bei ihr vor, die eingemauerte Hälfte ebenso wie die wiedervereinigte Kapitale. Eines dieser Gedichte beginnt so: »Stadt die mein Leben mit mir teilt / Meine Lebensgefährtin / Meine zweite Haut«.

Veröffentlichungen (Auswahl)
Nachtstraßen (Gedichte), 1962 ◇ *Frankierter Morgenhimmel. Gedichte und Bilder, 1975* ◇ *Aber mein Herz ist ein Herkules. Hundert Liebesgedichte, 1998* ◇ *Berliner Tagebuch Gedichte, 2006* ◇ *Zeit zeitigt (Gedichte), 2017*

H

HACKER, KATHARINA
* 1967 Frankfurt am Main

Alljährlich wird, anlässlich der Buchmesse in Frankfurt am Main, der Deutsche Buchpreis verliehen. Eingerichtet als deutsches Gegenstück zu dem renommierten Booker Prize Großbritanniens, erreicht der jeweils ausgezeichnete Titel verlässlich die Bestsellerlisten. Erster Preisträger war 2005 der österreichische Autor Arno Geiger. Im Jahr darauf folgte ihm Katharina Hacker. Sie erhielt die Auszeichnung für ihren Roman *Die Habenichtse*.

Geboren wurde sie 1967 in Frankfurt am Main. Sie besuchte ein altsprachliches Gymnasium und studierte anschließend Philosophie, Geschichte und Judaistik. Ihre Hochschulen waren die Universität Freiburg und die Hebräische Universität Jerusalem. Insgesamt hielt sie sich sechs Jahre in Israel auf, arbeitete dort als Deutschlehrerin, lernte Hebräisch und fertigte Übersetzungen aus dem Hebräischen an. Seit 1996 lebt sie in Berlin.

Der Roman *Die Habenichtse* war ihre sechste Buchveröffentlichung. Er spielt um das Jahr 2003, teilweise in Berlin und hauptsächlich in London. Erzählt wird, in einer eher unterkühlten, auf die präzise Wiedergabe von Einzelheiten setzenden Sprache, von allerlei verworrenen menschlichen Beziehungen. Die Protagonisten seien »in den Dreißigern, wissen alles und kennen doch eines nicht: sich selbst«, wie es in der Begründung der Jury des Deutschen Buchpreises heißt.

Der nächste Roman *Alix, Anton und die anderen* fiel durch seinen eigenwilligen Satzspiegel auf: Er ist unterteilt in zwei Spalten, die erste gibt den Handlungsablauf wieder, während die zweite dazu Erläuterungen und Ergänzungen liefert. Es geht um Tod, um Kinderlosigkeit, um Beziehungsprobleme. Der Handlungsort ist Berlin. Diese Stadt findet sich gern in ihren Arbeiten. »Die Potsdamer Straße ist lange schäbig gewesen, jetzt wird sie weiter oben fein, Läden öffnen, Galerien, Restaurants, dazwischen noch der eine oder andere Spielsalon, die Joseph-Roth-Diele gibt es zum Glück, das Ave Maria und den libanesischen Laden Harb, einer meiner Lieblingsläden, der Gerüche wegen, weil sie die besten Oliven haben und hübsche Gläser und Seife.« So beginnt ein längeres Porträt des Quartiers, in dem die Autorin lebt. Das gipfelt in dieser Feststellung: »Schwer zu sagen, warum es mir hier gefällt. Schönheit ist schön, und Schöneberg ist es nicht.«

Ihr bisher letztes Buch heißt *Skip*. Die Hauptfigur, ein Architekt, wird von geheimnisvollen Vorahnungen heimgesucht und leidet unter ständigem Selbstzweifel. Seine verstorbene Mutter, eine Malerin, bittet er im Traum: »Mache ein Bild von mir, ich schaffe es alleine nicht.« Neben Berlin und anderen Metropolen ist der wichtigste Handlungsort wieder jener ihres 1997 erschienenen ersten Buchs: Tel Aviv.

Veröffentlichungen (Auswahl)
Tel Aviv. Eine Stadterzählung, 1997 ◇ *Morpheus oder Der Schnabelschuh. Erzählungen, 1998* ◇ *Der Bademeister. Roman, 2000* ◇ *Eine Art Liebe. Roman, 2003* ◇ *Die Habenichtse. Roman, 2006* ◇ *Alix, Anton und die anderen. Roman, 2009* ◇ *Die Erdbeeren von Antons Mutter, 2010* ◇ *Skip. Roman, 2015*

HAHN, ANNE
* 1966 Magdeburg

»Ich verlor ›aus politischen Gründen‹ meinen Job und mein Studium, wanderte mit einem Kumpel im Frühjahr 1989 gen Westen und nahm dabei einen kleinen Umweg über Aserbaidschan in Richtung Iran, wo wir zum Glück geschnappt wurden und nicht mehr testen konnten, woran wir gescheitert wären – am schmelzwasserführenden Grenzfluss oder den brandschatzenden Truppen des Kurdenkrieges.«

Den Fluchtversuch bezahlte Anne Hahn mit sechs Monaten Haft. Dann ging die DDR unter, und sie kam frei. Sie konnte nun doch noch studieren, Germanistik und Kunstgeschichte, an der Berliner Humboldt-Universität.

1966 geboren, hatte sie sich zuvor in der ostdeutschen Punk-Szene bewegt. Davon und von ihrer Flucht samt Haft handelt ihr erster Roman *Gegenüber von China*. Die Geschichte der DDR bewegte sie weiterhin. In *DreiTagebuch* erzählt sie die Geschichte einer Tierpräparatorin, die im Berliner Naturkundemuseum arbeitet und sich an ihre DDR-Vergangenheit, ihre Mutter und ihre Großmutter erinnert. Gemeinsam mit einem Co-Autor schrieb sie über Fußball und Punk in der DDR sowie über eine provokante Kunstaktion an der Berliner Mauer im Jahr 1986.

»Ich zeichne, stricke und tischlere auch gern«, hat sie gesagt »aber schreiben ist mir das elementarste Bedürfnis.«

Veröffentlichungen (Auswahl)
Dreizehn Sommer. Roman, 2005 ◇ *Der weiße Strich. Vorge-schichte und Folgen einer Kunstaktion an der Berliner Mauer,* 2011 *(Hg., mit Frank Willmann)* ◇ *DreiTagebuch.* Roman, 2014 ◇ *Gegenüber von China.* Roman, 2014 ◇ *Das Herz des Aals.* Novelle, 2017

HAUPTMANN, ELISABETH
* 1897 Peckelsheim, † 1973 Ost-Berlin

Der Dramatiker Bertolt Brecht hatte im Verlauf seines Lebens zahlreiche Mitarbeiter. In den Druckausgaben seiner Stücke werden manche von ihnen genannt. Häufig waren darunter Frauen, und mit jeder unterhielt er auch eine Liebesbeziehung. Sieht man ab von Marieluise Fleißer, die bald ihre eigene Schriftstellerkarriere antrat, ist die älteste jener Mitarbeiterinnen Elisabeth Hauptmann.

1897 geboren, kam sie aus einer kleinen Stadt in Westfalen. Ihre Mutter war US-Amerikanerin und sprach mit ihr Englisch. Sie absolvierte eine Ausbildung zur Lehrerin und arbeitete auch in diesem Beruf. 1922 zog sie nach Berlin.

Kennengelernt hat sie den Dichter eher zufällig, auf einer Party. Die Zusammenarbeit begann mit dem Theaterstück *Mann ist Mann.* Sie übersetzte für Brecht Gedichte Rudyard Kiplings sowie die *Beggar's Opera* von John Gay, woraus dann die *Dreigroschenope*r wurde. Ihr Anteil an der fertigen Fassung soll bei achtzig Prozent liegen, Brecht räumte ihr einen kleinen Anteil an den Tantiemen ein. Das Stück *Happy End,* in unmittelbarer Nachfolge der *Dreigroschenoper* entstanden, sollte deren Erfolg wiederholen, was aber nicht gelang. Diesmal war sie, unter dem Pseudonym Dorothy Lane, die alleinige Autorin, lediglich die Songtexte stammten von Brecht. *Happy End* erzählt eine Geschichte aus dem Milieu der Heilsarmee. Darauf griff später Brecht zurück, für sein Theaterstück *Die heilige Johanna der Schlachthöfe*. Elisabeth Hauptmann war mitbeteiligt an Brechts *Mahagonny*, und es war ihre Kenntnis des japanischen Nō-Theaters, woher Brecht die Idee zu seinen Lehrstücken bezog. Nebenher übersetzte sie auch anderes, schrieb Texte für Zeitschriften und war eine Weile Verlagslektorin. Als sie von Brechts Heirat mit der Schauspielerin Helene Weigel erfuhr, unternahm sie einen Suizidversuch.

Ihrerseits ging sie dann eine kurze Ehe ein, ihre erste. 1934 siedelte sie in die USA über und war dort Hausgehilfin und Lehrerin. Als Brecht in Kalifornien lebte, wurde sie erneut für ihn tätig. »Wer für Brecht arbeitet«, sagte sie, »arbeitet nicht unter 24 Stunden am Tag!« Sie schloss eine zweite Ehe mit dem Brecht-Komponisten Paul Dessau, die nach drei Jahren geschieden wurde. 1949 kehrte sie aus der Emigration zurück. Sie lebte in Ost-Berlin, war Dramaturgin an Brechts Berliner Ensemble und trat der SED bei. Nach dem Tod des Dichters kümmerte sie sich um die Gesamtausgabe seiner Werke. 1973 ist Elisabeth Hauptmann gestorben.

Ihre literarische Existenz ist ohne Brecht nicht denkbar. Inwieweit das umgekehrt gilt, stehe dahin. Die Faszination, die der Dichter auf andere ausübte, war beträchtlich, und der Kreis seiner Schüler, Bewunderer und Nachahmer wie auch seiner Geliebten war groß. Elisabeth Hauptmann hat ihre Situation in einem frühen Brief an den Dichter einmal so formuliert: »Unsere Beziehung war etwas karg und unzärtlich und ungeschickt, aber es war die größte Arbeitsfreundschaft, die Sie je haben werden und die ich je haben werde.«

Veröffentlichungen
Happy End (Theaterstück), 1929 ◇ *Julia ohne Romeo. Geschich-*
ten, Stücke, Aufsätze, Erinnerungen, 1977

HAUSER, FRANZISKA
* 1975 Ost-Berlin

»Während ich beobachtet werde
von den Leuten hinter den Gardi-
nen, die sich fragen, wer ich bin und
was ich hier mache, frage ich mich
das auch. Ich bin hergekommen,
um Fotos zu machen. Die Kamera
habe ich am Hals, wie immer.«

Das Buch, in dem dies steht,
heißt *Sommerdreieck*. Es geht um
einen Bildhauer, der in einem
uckermärkischen Dorf lebt und
um sich Frauen versammelt, mit denen er erotische Beziehungen hatte oder hat. Die Icherzählerin ist gekommen, um
Fotoaufnahmen zu machen. Der Künstler fasziniert sie seit
Längerem.

Fotografin ist auch die Autorin des Romans, die 1975 geborene Franziska Hauser. Ihrer Heldin hat sie auch sonst etli-
ches aus der eigenen Biografie mitgegeben: Studium an einer
Kunsthochschule, Bühnenarbeiten, Verkaufsjob, schließlich
Fotografie. Franziska Hauser hat für Zeitschriften gearbeitet
und einen Bildband veröffentlicht.

Ihr zweiter Roman *Gewitterschwimmerin* erzählt eine Familiengeschichte, deren Vorlage die eigene ist. Ihr Großvater

war Harald Hauser, Altkommunist, Frankreich-Emigrant, Résistance-Kämpfer, später hoher DDR-Funktionär, Schriftsteller und fleißiger Informant der Staatssicherheit. Befragt, was der Lieblingssatz aus diesem, ihrem jüngsten Buch sei, entgegnete sie: »Was du nicht verstehst, lässt du halt bleiben!«

Veröffentlichungen
Sieben Jahre Luxus (Bildband), 2015 ◇ *Sommerdreieck. Roman, 2015* ◇ *Die Gewitterschwimmerin. Roman, 2018*

HEGEMANN, HELENE
* 1992 Freiburg im Breisgau

Der Axolotl ist ein in Mexiko beheimateter, im Wasser lebender Schwanzlurch, dessen Eigenheit darin besteht, dass er seine Larvengestalt beibehält, auch wenn er geschlechtsreif ist. Als Symbolfigur für Dauerpubertät bietet er sich sozusagen an. Helene Hegemann wählte ihn – ergänzt um das angelsächsische »Roadkill« – als Titel für ihren Debütroman und als Haustier der Hauptfigur.

Die Autorin war, als das Buch 2010 erschien, gerade 17 Jahre alt. Schon deswegen galt sie als literarische Sensation, vor allem aber auch wegen des Inhalts, der Beschreibung des wüsten Party-, Sexual- und Drogenlebens einer wohlstandsverwahrlosten Minderjährigen. Dann wurde offenbar, dass Teile des Textes fast wörtlich übernommen wurden. Der Urheber meldete sich und erhob Ansprüche. Plötzlich galt das Buch als abzulehnendes Plagiat. Die Autorin sagt dazu: »Wir sprechen von Sätzen, die ich aus anderen Zusammenhängen übernommen und modifiziert habe. Zusammengenommen ergeben die eine einzige Seite von 205.« Inzwischen scheint die Sache beigelegt.

Dass es sich bei Helene Hegemann um ein frühreifes Talent handelte, ist unbestritten. Die Tochter eines bekannten Theatermannes schrieb ihr erstes Drehbuch im Alter von 14 Jahren, zwei Jahre später hat sie es selbst realisiert. Auch ihr Debütroman wurde verfilmt, mit leicht verändertem Titel, auch hier schrieb sie das Drehbuch und führte Regie. Derweil gibt es von ihr zwei weitere Romane. Der eine handelt von einem halbwüchsigen Jungen, der einen Autounfall überlebt, der andere von einer jungen Frau, die sich ihrer Adoleszenz unter asozialen Bedingungen und ihrer erotischen Hingebung an ein wohlhabendes Künstlerehepaar erinnert.

Verwahrlosung und Dysfunktionales sind Helene Hegemanns bevorzugte Motive, Vulgarismen ein gerne benutztes Stilmittel. Dass es sich bei ihr um eine ernst zu nehmende Schriftstellerin handle, ist die vorherrschende Meinung.

Veröffentlichungen
Ariel 15 (Theaterstück), 2007 ◇ *Ariel 15 – oder die Grundlagen der Verlorenheit (Hörspiel)*, 2008 ◇ *Axolotl Roadkill. Roman*, 2010 ◇ *Jage zwei Tiger. Roman*, 2013 ◇ *Bungalow. Roman*, 2018

HENSEL, JANA
* 1976 Borna

»Die Wende traf uns wie ins Mark. Wir waren gerade zwölf, dreizehn, vierzehn oder fünfzehn Jahre alt. Sie fuhr uns in die Knochen und machte, dass sich alles um uns drehte. Wir waren zu jung, um zu verstehen, was vor sich ging, und zu alt, um wegzusehen, und wurden unserer Kindheitswelt entrissen, bevor wir wussten, dass es so etwas überhaupt gab.«

Die Sätze stammen aus einem der vielen Selbstzeugnisse, die Bewohner der untergegangenen DDR in den letzten drei Jahrzehnten verfassten. Dieses heißt *Zonenkinder* und machte seine Autorin, die 1976 in Borna bei Leipzig geborene Jana Hensel, so bekannt, dass sie bis heute ständig zu den deutsch-deutschen Verhältnissen befragt wird. Ihr Streitgespräch mit einem Soziologen kam 2018 unter dem Titel *Wer wir sind* als Buch heraus.

Sonst ist sie vornehmlich journalistisch tätig. Ostdeutsche Thematik findet sich auch in ihrem Roman *Keinland*, den sie 2017 herausbrachte, er erzählt die Liebesgeschichte zwischen einem jüdischen Unternehmer aus Frankfurt am Main, der mittlerweile in Tel Aviv lebt, und einer der vormaligen DDR entstammenden Intellektuellen. Beide sind geprägt durch ihre unterschiedliche Herkunft, beide mögen und missverstehen einander. Die weibliche Figur trägt, wie eine Romanheldin des Surrealisten André Breton, den Namen Nadja.

Veröffentlichungen (Auswahl)
Zonenkinder (Roman), 2002 ◇ *Keinland. Ein Liebesroman*, 2017 ◇ *Wer wir sind. Die Erfahrung, ostdeutsch zu sein*, 2018 (mit Wolfgang Engler)

HERMANN, JUDITH
* 1970 West-Berlin

Sie hat keinen Namen. Ihre Geschichte erzählt sie in der ersten Person. Auch ihre genaue Adresse wird nicht näher benannt, wir dürfen uns vorstellen, dass sie im Bezirk Prenzlauer Berg wohnt. Sie ist eine junge Frau wohl um die dreißig, ungebunden, mit wechselnden Liebschaften. Sie hat eine geräumige Wohnung, in der sie lange Zeit nicht allein lebte, sondern gemeinsam mit ihrer Freundin Ruth, an der sie hängt, deren Schicksal sie beschäftigt und deren nun nicht mehr genutztes Zimmer für sie so etwas wie ein Heiligtum ist. »Ich kenne Ruth schon mein Leben lang«, sagt sie. »Als wir die erste Wohnung miteinander geteilt hatten – vor wie vielen Jahren, vor fünf, vor zehn? –, schliefen wir in einem Bett.« Ruth, von Beruf Schauspielerin, ist ausgezogen, da sie ein Engagement an einem Stadttheater in der westdeutschen Provinz erhielt. Außerdem ist sie leidenschaftlich in einen Kollegen verliebt. Die Erzählerin reist der Freundin nach, um sie wiederzusehen, um eine ihrer Vorstellungen zu besuchen.

Danach will sie weiterfahren, nach Frankreich. Sie lernt Ruths Partner kennen. Die beiden reden kaum miteinander, aber zwischen ihnen entsteht eine erotische Spannung. Die Erzählerin verlässt die Stadt. Sie verbringt einige Zeit in Paris. Sie kehrt heim nach Berlin. Die Wohnung ist immer noch sehr leer. Sie erfährt von ihrer Freundin Ruth, dass die Beziehung mit dem Schauspielerfreund gescheitert ist. Sie erhält von diesem Freund einen Brief mit der Aufforderung, nach Würzburg zu kommen. Sie reist dorthin. Sie verbringt eine lustlose Liebesnacht mit dem Mann. Sie kehrt sofort wieder heim nach Berlin. Hat sie ihre Freundin Ruth verraten? Wieso ist sie überhaupt gefahren? Der einzige Antrieb für die meisten ihrer Handlungen ist der Ennui, der auch daher rührt, dass ihre Freundin Ruth nicht mehr bei ihr lebt. Sie wollte tun, was ihre Freundin Ruth nicht tun konnte, gleichsam als Stellvertreterin, und hat sie wohl eben dadurch verloren. Ihr bleibt der Ennui. Ihr bleibt die leere Wohnung in Berlin.

Dies ist der Inhalt von Judith Hermanns Erzählung *Ruth (Freundinnen)*. Er steht im zweiten Geschichtenband der Autorin mit dem Titel *Nichts als Gespenster*, erschienen 2003. Der erste, *Sommerhaus, später*, kam fünf Jahre zuvor heraus und machte die Autorin bekannt. In beiden Büchern wird überwiegend von jungen Leuten erzählt, die zur Intellektuellenboheme im wiedervereinigten Berlin gehören, die Geschichten sind eher handlungsarm, es geht um die Wiedergabe eines von Ziellosigkeit und Melancholie bestimmten Lebensgefühls. Die Sprache ist einfach und einfühlsam, man sagt, die Autorin treffe damit den Sound ihrer Generation, was den für Erzählungen ungewöhnlichen Erfolg beim deutschen Publikum erklärt.

Judith Hermann wurde 1970 in Berlin geboren. Sie brachte ein Germanistikstudium hinter sich und wollte eigentlich Journalistin werden. Bei einem längeren Aufenthalt in New York entdeckte sie für sich den neben Ernest Hemingway wichtigsten Short-Story-Autor der USA: Raymond Carver. Unter diesem Eindruck begann sie zu schreiben. 2004 erschien ihr erster Roman, *Aller Liebe Anfang*, eine Art Psychothriller, in dem es um eine bedrohte Vorstadtidylle und um Stalking geht.

Judith Hermann schätzt gelegentliches Kellnern, auch weil sie dabei literarisch Verwertbares erfährt. Sie lebt in Berlin-Prenzlauer Berg.

Veröffentlichungen (Auswahl)
Sommerhaus, später. Erzählungen, 1998 ◇ *Nichts als Gespenster. Erzählungen, 2003* ◇ *Alice (Erzählungen), 2009* ◇ *Aller Liebe Anfang. Roman, 2014* ◇ *Lettipark. Erzählungen, 2016*

HERZ, HENRIETTE
* 1764 Berlin, † 1847 Berlin

Der Salon als Treffpunkt bedeutender Intellektueller ist, schon der Name legt es nahe, eine Erfindung Frankreichs. Dort kam er im 17. Jahrhundert auf. Geführt wurde er stets von Frauen, meist Aristokratinnen. Beispiele sind Madeleine de Scudéry und Catherine de Vivonne. Dies setzte sich in den darauffolgenden Jahrhunderten fort.

Pariser Salons förderten die Aufklärung. In anderen Ländern, wie dem Königreich Preußen, wurden die Pariser Einrichtungen zum Vorbild genommen. In dessen Hauptstadt Berlin erfuhr der literarische Salon ab dem Jahr 1780 eine Blütezeit. Viele Salonnièren Berlins waren Jüdinnen. Sie waren es schon zu Zeiten, als die städtischen Juden noch nicht die vollen Bürgerrechte besaßen. Der Salon hat sowohl die weibliche als auch die jüdische Emanzipation deutlich befördert. Erster und für einige Zeit wichtigster Salon in Berlin war der von Henriette Herz.

Sie kam aus einer sephardischen Familie. Ihre Vorfahren waren vor der Inquisition geflüchtete Juden von der iberischen Halbinsel. Ihr Vater arbeitete als Arzt und Direktor des Berliner Jüdischen Krankenhauses, seiner Tochter vermittelte er eine umfassende Bildung: Sie beherrschte neun Sprachen, kannte sich in der Physik aus und hatte ein leidenschaftliches Interesse an der schönen Literatur. Nach jüdischer Sitte wurde sie bereits im Alter von zwölf Jahren verlobt, mit dem Mediziner Markus Herz, den sie zwei Jahre später ehelichte. Es war ihr Mann, der, als Kantianer, das gemeinsame Haus für intellektuelle Begegnungen öffnete. Henriette Herz tat es ihm bald gleich. Eine Weile unterhielten die beiden eine Art Doppelsalon.

Sie war groß gewachsen und schön. »Man drehte sich nach ihr um, überhäufte sie mit Komplimenten«, sagt ihre Biografin Johanna Sailer. »Manchmal stand sie gar selbst vor dem Spiegel und wunderte sich über ihr makelloses Äußeres.« Dieses Äußere dürfte ihren Erfolg als Salonnière mitbestimmt haben.

Ort des Geschehens war zunächst das Haus Spandauer Straße 53, später eines in der Neuen Friedrichstraße. Empfangen wurden Literaten, Politiker, Philosophen, Bildkünstler und Wissenschaftler, darunter die Gebrüder Humboldt, Clemens Brentano, Jean Paul, Ludwig Börne, Gottfried Schadow, Friedrich Schlegel. »Ich [fürchte nicht] zu übertreiben, wenn ich ausspreche, daß der diesen Kreisen entsprossene Geist in die Gesellschaft selbst der höchsten Sphären Berlins eindrang, denn schon die äußere Stellung Vieler, welche ihm angehörten, macht dies erklärlich. « So hat sie es selbst gesehen. Auch Rahel Levin war zu Gast in Henriette Herz' Salon und unterhielt bald schon den nach diesem wichtigsten Salon Berlins. Markus Herz starb 1803. Die gesellschaftlichen Aktivitäten in seinem Haus gingen zurück, Henriette Herz verarmte, der protestantische Theologe Friedrich Schleiermacher nahm sich ihrer an, wohl um seinetwillen konvertierte sie 1817 zum evangelischen Christentum. Bis zu ihrem Tod 1847 war sie karitativ tätig. Zusammen mit einem Schriftsteller namens Joseph Fürst verfasste sie ihre Erinnerungen, die erst drei Jahre nach ihrem Tod erschienen. Beigesetzt wurde sie in einem Grab, dessen Schmuck Karl Friedrich Schinkel entwarf.

Veröffentlichungen
Henriette Herz. Ihr Leben und ihre Erinnerungen, 1850 ◇ *Henriette Herz in Erinnerungen, Briefen und Zeugnissen, 1984*

HONIGMANN, BARBARA
* 1949 Ost-Berlin

»Meine poetische Quelle ist meine eigene Geschichte. Nicht weil ich die so interessant finde, sondern weil ich die kenne, und andere kenn ich eben nicht. Und dann hab ich vielleicht nicht genug Phantasie, um mir irgendwas auszudenken.«

Dies sagte Barbara Honigmann. Tatsächlich ist ihre eigene Biografie ebenso wie die ihrer Eltern abwechslungsreich und aufregend genug, um davon zu erzählen. Daher gibt es von ihr die Geschichte des Vaters, die der Mutter, und es gibt, in mehrfachen Brechungen, die eigene Geschichte. Geboren wurde sie 1949 in Berlin in eine Familie jüdischer Remigranten. Ihr Vater war Journalist, ihre Mutter eine Wienerin, die einst mit dem britisch-sowjetischen Topspion Kim Philby liiert gewesen war. Die Tochter studierte Theaterwissenschaften, bewegte sich in der – eher bescheidenen – Ost-Berliner Boheme, arbeitete an Berliner Bühnen und an einem Theater in der ostdeutschen Provinz. Sie begann zu schreiben. Den vom Vater ererbten Glauben an die sozialistische Utopie verlor sie mehr und mehr, dafür begann sie ihrer jüdischen Herkunft innezuwerden, trat der Ost-Berliner jüdischen Gemeinde bei und heiratete 1981 nach jüdischem Ritus. 1984 verließ sie die DDR. Sie zog mit ihrer Familie nach Straßburg, in jenes jüdische Quartier, von dem sie in Chronik meiner Straße erzählt.

Sie hat Theaterstücke geschrieben und Reisebücher. In dem Briefroman Alles, alles Liebe! schildert sie die deprimierenden Erlebnisse der jüdischen Regisseurin an einem DDR-Provinztheater. Roman von einem Kinde beschreibt die Bemühungen um eine neue Identität. Bilder von A. erzählt die Liebesbeziehung mit einem berühmten Ost-Berliner Theatermann. Die Autorin ist außerdem Malerin und zeigt ihre Bilder in Ausstellungen.

»Wer sich der doppelten Bindung verschreibt«, sagte Barbara Honigmann in einer Rede, »bleibt immer ein Grenzgänger, und ich bin es oft leid, mich auf beiden Seiten der Grenze einem fassungslosen Unverständnis ausgesetzt zu sehen, mich immer von neuem jeweils als Künstlerin und gleichzeitig als halbwegs praktizierende Jüdin erklären zu müssen, mit Begründungen, die allesamt inkohärent sind, weil ein Widerspruch ein Widerspruch ist und auch bleibt. «

Veröffentlichungen (Auswahl)
Roman von einem Kinde. Sechs Erzählungen, 1986 ◇ Damals, dann und danach (Autobiografie), 1999 ◇ Alles, alles Liebe! Roman, 2000 ◇ Ein Kapitel aus meinem Leben, 2004 ◇ Das überirdische Licht. Rückkehr nach New York (Reisebericht), 2008 ◇ Bilder von A., 2011 ◇ Chronik meiner Straße, 2015

HOPPE, FELICITAS
* 1960 Hameln

»Weltweit, egal welcher Zeitung, hat Hoppe immer dieselbe Geschichte erzählt: wie sie als Ratte mit Schnurrbart und Schwanz versehen, Wurst in der Linken, Brot in der Rechten, den Marktplatz ihrer Heimatstadt Hameln betritt, um sich im Freilichttheater unter der Führung des Rattenfängers vor Touristen aus aller Welt ein Taschengeld zu verdienen. «

Mit diesen Worten beginnt der Roman *Hoppe* von Felicitas Hoppe, die hier zugleich Autorin und Heldin ist, aber keine gewöhnliche Autobiografie schreibt, sondern etwas, das man einen erträumten Lebenslauf nennen könnte. Als Autorin bringt sich Felicitas Hoppe in Erinnerung, indem sie wiederholt Anmerkungen unter dem Kürzel fh einfügt. Auch mögliche Literaturkritiken und germanistische Interpretationen werden zitiert. Der Wirklichkeit entspricht in dieser Einführung zumindest der Geburtsort Hameln. Die Assoziation zu der Stadtlegende vom Rattenfänger liegt nahe, die Kostümierung als eines von dessen Plagetieren könnte es gegeben haben. Wenn die Romanfigur Hoppe als Kind in Kanada und später in Australien lebt, wenn sie Sportlerin und Dirigentin ist, ehe sie Schriftstellerin wird, ist mehr noch als Wunschdenken fantasievolle Spielerei zugange.

»Die niedersächsische Welt der Felicitas Hoppe, ihre Kindheit in der katholischen Diaspora als drittes von fünf Kindern kleinbürgerlicher, aus Schlesien vertriebener Eltern, die sie immer wieder beharrlich gegen jene andere, unberechenbare Welt ihrer wirklichen Kindheit aufruft, entpuppt sich als Kulisse unaufhörlich neuorganisierter Fluchten nach innen ...« So der Roman. Auch diese Angaben entsprechen der Realität. Die 1960 geborene Autorin hat mehrere geisteswissenschaftliche Fächer studiert, ehe sie Sprachlehrerin wurde und auf einem Containerschiff um die Welt reiste. Ins Ausland begab sie sich immer wieder. Zur Musik hat sie eine enge Beziehung. fh lässt sie sagen, ihr Lieblingsbuch sei Carlo Collodis *Pinocchio*. Der ist bekanntlich der Lügner mit der langen Nase. Kann schöne Literatur Lüge sein? Oder, besser, ist sie das nicht immer?

Felicitas Hoppe ist, wie ihre Texte beweisen, reisefreudig wie Ryszard Kapuściński und komisch-fantastisch wie Fritz von Herzmanovsky-Orlando. Von Anhängern des magischen Realismus trennt sie die europäisch-romantische Tradition, in der sie sich bewegt. Ähnlich radikal wie in *Hoppe* zeigt sie sich nicht durchweg, doch auch *Johanna* ist kein gewöhnliches Buch über die Jungfrau von Orléans, sondern erzählt von jemandem, der ein Buch über die Jungfrau von Orléans schreibt.

Getreu ihrer Neigung zu Collodi hat sie eine Reihe von Kinderbüchern verfasst. *Prawda* schildert eine Amerikareise auf den Spuren der beiden Sowjetsatirikern Ilf und Petrow, die einst für das gleichnamige Parteiorgan unterwegs waren, weswegen häufig die Beziehungen zwischen den USA und Russland vorkommen. Und sonst?

»Nicht dass wir das wollen, wir können nicht anders, Amerika ist nun mal das Land unserer Träume: Ein freies Land mit sehr freien Menschen, jeder sein eigener Sheriff, einsam rauchend, ohne Manieren, mit einem eigenen Stern auf der Brust und einem Hut auf dem Kopf, den er auch beim Essen nicht abnimmt.«

Veröffentlichungen (Auswahl)
Pigafetta. Roman, 1999 ◇ *Johanna. Roman, 2006* ◇ *Iwein Löwenritter. Erzählt nach dem Roman von Hartmann von Aue (Jugendbuch), 2008* ◇ *Hoppe. Roman, 2012* ◇ *Prawda. Eine amerikanische Reise, 2018*

K

KALÉKO, MASCHA
* 1907 Chrzanów, Polen, † 1975 Zürich

»Gehöre keiner Schule an / Und keiner neuen Richtung, / Bin nur ein armer Großstadtspatz, / Im Wald der deutschen Dichtung.« Die das schrieb, wurde gleichwohl einer literarischen Schule zugerechnet, nämlich der Neuen Sachlichkeit. Sie galt als deren einzige bekannte Lyrikerin. Die Großstadt, in der sie sich als Sperling sah, ist Berlin. Hierher kam sie 1918.

Geboren wurde Mascha Kaléko 1907 als Golda Malka Aufen in Galizien. Zu Beginn des Ersten Weltkriegs floh die Familie vor antijüdischer Verfolgung. Ihr Wohnort wurde schließlich die Berliner Grenadierstadt in der damals überwiegend von ostjüdischen Immigranten bewohnten Spandauer Vorstadt. In diesem Quartier fand Mascha Kaléko dann auch ihre erste Arbeit, bei einer jüdischen Hilfsorganisation. Nebenher belegte sie Abendkurse in geisteswissenschaftlichen Fächern. 1928 heiratete sie den Hebräischlehrer Saul Aaron Kaléko, dessen Namen sie nach der Scheidung behielt. Sie kam in Kontakt mit der literarischen Szene und veröffentlichte erste Gedichte. Ihr Sammelband *Das lyrische Stenogrammheft* machte sie endgültig bekannt.

Ihre Strophen erzählen von Alltag, von der Stadt und von deren Bewohnern. Der Tonfall ist eine Mischung aus verspielter Zärtlichkeit und, manchmal, sanftem Spott. Die Kleinbürgerseligkeit und Sentimentalität in der Metropole hat außer Tucholsky keiner so in Verse gebracht wie sie. Der Feuilletonist Horst Krüger sah in ihrem Berlin eine »Stadt wie ein Roman, eine nicht enden wollende Kitsch- und Schmerz- und Glücksgeschichte«. Ihren Tonfall hat sie ihr Leben hindurch beibehalten, auch wenn sie über andere Städte schrieb, über ihre Emigration, über den Verlust ihres Sohnes.

Ihre Biografie beschrieb sie rückblickend so: »Das erste Leben: Mascha allein. / Das zweite Leben: Mascha und ihr erster Mann S. Kaléko. / Das dritte Leben: Mascha und ihr zweiter Mann, Chemjo Vinaver. / Das vierte Leben: Mascha, Chemjo Vinaver und Steven, der Sohn. / Das fünfte Leben: Mascha und Chemjo ohne Steven. / Das sechste Leben: Mascha allein.«

Im Berlin der Nationalsozialisten konnte sie bis 1938 bleiben. Dann emigrierte sie mit Mann und Kind in die USA, wo Chemjo Vinaver, ein Musiker, keinen beruflichen Erfolg hatte, Mascha musste die Familie mit dem Verfassen von Reklametexten ernähren. Nach dem Krieg wurden ihre Gedichtbände sowohl in West- als auch in Ostdeutschland neu aufgelegt und fanden erneut ein großes Publikum. Sie kam auch wieder, jedoch nur zu Besuch. Sie mochte nicht endgültig bleiben und machte deutlich, dass sie »das Schreckliche nicht vergessen kann, und dass wenn die Deutschen es wollen, dass man es vergesse, sie in allem zeigen müssen, dass sie es nicht vergessen haben«. Seit 1960 lebte sie in Jerusalem. Bei der Rückkehr von einer Auslandsreise ist Mascha Kaléko 1975 in Zürich gestorben.

Einmal hat sie Folgendes gedichtet: »Mein schönstes Gedicht? / Ich schrieb es nicht. / Aus tiefsten Tiefen stieg es. / Ich schwieg es.«

Veröffentlichungen (Auswahl)
Das lyrische Stenogrammheft. Verse vom Alltag, 1933 ◇ *Kleines Lesebuch für Große. Gereimtes und Ungereimtes, 1935* ◇ *Verse für Zeitgenossen, 1945* ◇ *Verse in Dur und Moll, 1967* ◇ *Hat alles seine zwei Schattenseiten. Sinn- & Unsinngedichte, 1973*

KARSCH, ANNA LOUISA
* 1722 Schwiebus, † Oktober 1791 Berlin

»O, mein Weisheit redender Freund, heißen Sie mich immer auf meiner Hut sein; immer müsse mein Herz rückblicken auf die Tage meiner Noth, und jede Erinnerung müsse ein Lobgesang sein für den Gott, der das ungestumme Meer mit Ufern und das menschliche Elend mit Grenzen umschloss. Er verschaffte mir die Zuneigung der edelsten unter seinen besten Geschöpfen; mein Leben wird nicht aufhören glücklich zu sein, wenn es ihm gefällt, mir dieses größte Geschenk zu erhalten, und wenn ich meine letzte Rolle beschließe mit dem Gefühle, daß ich bin Ihre Freundin.«

Mit diesen Worten schließt der letzte von vier Briefen, in denen Anna Louisa Karsch ausführlich von ihrem Leben erzählt. Geboren wurde sie 1722 im schlesischen Schwiebus. Ihr Vater, ein Gastwirt, starb, als das Mädchen sechs Jahre alt war. Sie kam zu Verwandten, die ihr Lesen und Schreiben und sogar etwas Latein beibrachten. 1738 schloss sie die erste von zwei unglücklichen Ehen, die beide in Trennungen endeten.

Sie begann mit Gelegenheitsversen. Ihre Begabung sprach sich herum. Sie verfasste Lobgedichte auf den Preußenkönig Friedrich II., die auf Flugblätter gedruckt wurden. Ein schlesischer Aristokrat holte sie 1761 nach Berlin, wo sie in dortigen Literaten- und Intellektuellenkreisen verkehrte, so bei Lessing, bei Ramler, bei Mendelssohn. Nachhaltig gefördert, finanziell wie verlegerisch, hat sie der Halberstädter Dichter und Theologe Johann Wilhelm Ludwig Gleim, der wie sie dem Preußenkönig huldigte. Dieser – sonst Verächter der Dichtkunst in deutscher Sprache – verschaffte ihr ein Haus und eine kleine Pension. Sie korrespondierte mit Goethe, der sie auch besuchte. 1791 ist sie in Berlin gestorben.

Ihre Dichtungen zählen, wie die von Gleim, wie die des jungen Klopstock und die des jungen Schiller, zur deutschen Anakreontik, deren Name sich von dem altgriechischen Lyriker Anakreon ableitet. Bevorzugt werden antike Versmaße, gern treten antike Gottheiten auf, die Themen sind Liebe, Geselligkeit, Freundschaft, Genuss und Lobpreis der Natur. Bei Anna Louise Karsch klingt das so: »Die reife Traube hört ich jüngst zur Rose sprechen: / Wo kommst du her? wo willst du hin? / Sie sprach: Mich gab der Herbst. Ein Dichter soll mich brechen, / Für eine Dichterin. «

Der Rang dieser ersten bedeutenden Autorin Berlins wird erst heute wahrgenommen, obwohl bereits Herder urteilte: »Wenn man die Gedichte der Madam Karschin auch nur als Gemälde der Einbildungskraft betrachtet, so haben sie wegen ihrer vielen originalen Züge mehr Verdienst um die Erweckung deutschen Genies als viele Oden nach regelmäßigem Schnitt. «

Veröffentlichungen (Auswahl)
Auserlesene Gedichte, 1764 ◇ *Herzgedanken. Das Leben der*
»deutschen Sappho« von ihr selbst erzählt, 1981 ◇ *»Mein Bruder in Apoll«. Briefwechsel zwischen Anna Louisa Karsch und Johann Wilhelm Ludwig Gleim, 1996*

KERR, JUDITH
* 1923 Berlin, † 2019 London, England

Im März 1933 ist das Mädchen Anna neun Jahre alt. Die jüdische Familie lebt in Berlin, der Vater ist ein renommierter Schriftsteller. Durch einen Polizisten rechtzeitig gewarnt, flieht die Familie ins Ausland. Bei dem überhasteten Aufbruch lässt Anna versehentlich ihr Lieblingsspielzeug zurück, ein rosa Stoffkaninchen. Zunächst hält sich die Familie in der Schweiz auf, Anna erlebt zum ersten Mal unmittelbare antisemitische Reaktionen. Der Vater hat Schwierigkeiten, seine Texte unterzubringen, die wirtschaftliche Lage der Familie wird prekär. Sie ziehen daher weiter nach Paris. Auch dort bessert sich die Situation nicht, sodass sie schließlich auf Drängen der Mutter nach England gehen. Eine britische Filmfirma hat vom Vater für sehr viel Geld ein Manuskript gekauft. Sie fahren gemeinsam nach London, wo sie an der Victoria Station von Verwandten empfangen werden.

Dies erzählt der Roman *Als Hitler das rosa Kaninchen stahl*.

Der Inhalt ist eine fast unverschlüsselte Autobiografie Judith Kerrs. Vater der 1923 geborenen Autorin war der zu seiner Zeit hochberühmte und gefürchtete Theaterkritiker Alfred Kerr, dessen Rezensionen zu kleinen sprachlichen Kunstwerken gerieten. Der Londoner Filmmogul, der ihm für tausend Pfund einen Drehbuchentwurf über Napoleons Mutter abkaufte, um ihn nie zu realisieren, war Alexander Korda. Die Kerrs lebten in London recht ärmlich. Hauptverdienerin war die Mutter. Der ältere Bruder konnte immerhin in Cambridge studieren, und Judith Kerr konnte eine Kunsthochschule besuchen. Während des Zweiten Weltkriegs arbeitete sie für das Rote Kreuz, danach war sie für die BBC tätig, wo sie ihren späteren Mann kennenlernte. Sie begann Geschichten für Kinder zu schreiben und zu illustrieren, eine davon, *Ein Tiger kommt zum Tee*, machte sie in England berühmt. Ebenso erfolgreich wurden die 17 Bände über den Kater Mog. Judith Kerr hatte da schon längst die englische Staatsbürgerschaft. Ihre zwei Kinder sind erwachsen und ihrerseits Künstler. Sie selbst schrieb und illustrierte bis ins hohe Alter weiter. Ihr letztes Kinderbuch handelt erneut von einer Katze, diesmal einer weiblichen mit Namen Katinka.

Als Hitler das rosa Kaninchen stahl schrieb sie 1971. Noch mehr beachtet als in Großbritannien wurde das Buch in Deutschland, wo es inzwischen zur Schullektüre gehört. Die Übersetzung stammt von Annemarie Böll, der Frau von Heinrich Böll.

Judith Kerr hat noch weitere zwei Romane über ihr Schicksal und das ihrer Familie geschrieben, die bis zum Jahre 1956 reichen. Da war der Vater schon seit acht Jahren tot. In einem Interview hat Judith Kern von dessen Deutschlandbesuch im Jahre 1948 erzählt. Alfred Kerr war nach Hamburg gefahren und hatte eine Theateraufführung besucht. »In der Nacht hatte mein Vater dann im Hotel einen schlimmen Schlaganfall und lag auf dem Boden in seinem Zimmer. Am Morgen kam ein Journalist und fand ihn da. Mein Vater wusste, was passiert war, er konnte auch noch sprechen, und er sagte dem Journalisten: ›Das Stück war schlecht, aber so schlecht war es doch nicht!‹« Auch der letzte Band der autobiografischen Romantrilogie schildert einen Deutschlandbesuch, den von Anna. Sie fährt nach Berlin und sucht dort nach der Welt ihrer Kindheit. »Als sie klein war, war ihr die Straße immer sehr dunkel vorgekommen. Die Bürgersteige waren von einer dichten Baumreihe gesäumt, und als Mama und Papa ihr gesagt hatten, dass sie hier wohnen würden statt in ihrer alten Etagenwohnung in der hellen Straße, in der es überhaupt keine Bäume gab, da hatte sie gedacht, sie sind verrückt.«

2019 ist Judith Kerr in London gestorben.

Veröffentlichungen (Auswahl)
Ein Tiger kommt zum Tee (Kinderbuch), 1968 ◇ *Als Hitler das rosa Kaninchen stahl (Roman), 1971 (dt. Übersetzung 1973)* ◇ *Warten bis der Frieden kommt (Roman), 1975* ◇ *Eine Art Familientreffen (Roman), 1978 (dt. Übersetzung 1979)* ◇ *Mein Kater Mog und ich (Bilderbuch), 2016*

KEUN, IRMGARD
* 1905 Charlottenburg, † 1982 Köln

Sie kauft sich ein Schreibheft mit schwarzem Umschlag und notiert ihre täglichen Erlebnisse, in zuweilen abenteuerlichem Deutsch. Sie ist 18 Jahre alt. Sie lebt in einer westdeut-

schen Provinzstadt, sie ist Schreibkraft bei einem Rechts-
anwalt, der sie feuert, weil sie nicht mit ihm ins Bett geht.
Sie stiehlt einen Pelz, und da sie befürchten muss, dass man
sie deswegen verfolgt, flieht sie in die Hauptstadt. »Berlin ist
so schön, Berlin ist ein lieber Gott, ich möchte ein Berliner
sein.«
Es ist das Jahr 1931. In Deutschland herrscht Arbeitslosig-
keit. Doris – ihren Nachnamen erfahren wir nicht – treibt
sich in Restaurants und Tanzdielen herum. Ihre Erkenntnis:
»Wenn eine junge Frau mit Geld einen alten Mann heiratet
wegen Geld und sonst nichts und schläft mit ihm stundenlang
und guckt fromm, dann ist sie eine deutsche Mutter von Kindern und eine anständige Frau. Wenn eine junge Frau ohne
Geld mit einem schläft ohne Geld, weil er glatte Haut hat und
ihr gefällt, dann ist sie eine Hure und ein Schwein.« Da Doris
hübsch ist, fliegen ihr die Männer zu. Sie übernachtet hier
und dort. Sie wird Zeugin, wie ein Zuhälter sein Mädchen in
den Tod prügelt. Zuletzt wohnt sie bei einem Reklamemaler,
der einer Frau nachtrauert, die ihn verlassen hat. Sie will den
gestohlenen Pelz zurückgeben, vielleicht fährt sie wieder in
ihre Heimatstadt. Sie ist allein, traurig und voller Sehnsucht.
»Ich hab Korke in meinem Bauch, die lassen mich nicht
untergehn.«
Dies ist der Inhalt des 1932 erschienen Romans *Das kunstseidene Mädchen* von Irmgard Keun. Die Figur der schnodd-
rigen jungen Frau proletarischer Herkunft gab es in der
schönen Literatur bis dahin nicht. Der Buchtitel wurde zu
einem festen Begriff und die Autorin berühmt.
Geboren 1905 im damals noch eigenständigen Charlottenburg, besuchte sie ein Lyzeum, war eine Weile Stenotypistin,
absolvierte eine Schauspielausbildung und hatte ein paar
Theaterengagements. 1929 begann sie, ermutigt von Alfred

Döblin, eine literarische Karriere. 1931 erschien als ihr erster Roman *Gilgi, eine von uns*. Die Hauptfigur hat manche Ähnlichkeit mit dem kunstseidenen Mädchen.

Von den Nationalsozialisten erhielt Irmgard Keun Schreibverbot. Sie emigrierte. Zwei Jahre lang hatte sie, obschon noch verheiratet, eine Affäre mit dem österreichischen Romancier Joseph Roth. Exilverlage veröffentlichten ihre nächsten Bücher. 1940 kehrte sie, ihrer Eltern wegen, mit falschen Papieren nach Deutschland zurück.

Ihr früher Erfolg stellte sich nach dem Kriegende nicht wieder ein. Ihre Bücher verkauften sich nicht mehr. 1951 gebar sie eine Tochter. Sie verfiel dem Alkohol, lebte eine Weile unter ärmlichsten Umständen, wurde entmündigt und befand sich sechs Jahre lang in stationärer psychiatrischer Behandlung. Erst 1979 begann man sich wieder an sie zu erinnern. Ihre wirtschaftliche Lage wurde besser. Ihre immer wieder angekündigte Autobiografie schrieb sie nie. 1982 ist Irmgard Keun in Köln gestorben.

»Den Beginn ihrer damals gerade einsetzenden Wiederentdeckung im Zeichen eines neuen Begriffs von Frauenliteratur hat sie noch miterlebt und sich leise, aber entschieden gegen eine allzu militante Vereinnahmung verwahrt.« So der Literarhistoriker Thomas Karlauf. »Die Zeit ist reif für eine abermalige Beschäftigung mit der wohl originellsten und produktivsten deutschen Schriftstellerin der dreißiger Jahre.«

Veröffentlichungen (Auswahl)
Gilgi, eine von uns. Roman, 1931 ◇ *Das kunstseidene Mädchen. Roman, 1932* ◇ *Nach Mitternacht. Roman, 1937* ◇ *Kind aller Länder. Roman, 1938* ◇ *Ferdinand, der Mann mit dem freundlichen Herzen. Roman, 1950*

KIRSCH, SARAH
* 1935 Limlingerode, † 2013 Heide

»Eine Bannmeile schöner frischer Wald / Mit Kuckucken Holztauben und Rotbrüstchen / Habe ich um mich gelegt: unempfindlich / Geh ich im Wind, und der trägt / Nicht einen Seufzer mir zu.«

Der Dramatiker Peter Hacks sprach anerkennend von »Sarah-Sound«. Tatsächlich ist der Ton dieser Lyrikerin ebenso verführerisch wie unverwechselbar. Man kann Vorbilder wie Annette von Droste-Hülshoff oder wie Else Lasker-Schüler nennen, aber übernommen wird deren Haltung und Thematik, nicht deren Sprache. Die ihre hat Sarah Kirsch für sich allein.

Kritiker sagen ihr nach, sie habe ein erotisches Verhältnis zur Natur. Dem lässt sich zustimmen, sofern hinzugefügt wird, dass Natur bei ihr nicht das Ziel romantischer Großstadtflucht ist, sondern mit naturwissenschaftlicher Bildung zu tun hat: Sie war eine studierte Biologin.

Geboren wurde sie 1935 in einer kleinen thüringischen Ortschaft als Ingrid Bernstein. Den neuen Nachnamen übernahm sie nach ihrer Eheschließung mit dem Lyriker Rainer Kirsch, den neuen Vornamen verstand sie als Verneigung vor den Opfern der Shoah. Sie studierte am Leipziger Literaturinstitut, wurde in ostdeutschen Zeitschriften gedruckt, Bücher von ihr erschienen, und ab 1973 wurde sie auch in Westdeutschland bekannt. 1968 zog Sarah Kirsch nach Ost-Berlin. Ihre letzte Wohnung befand sich in einem jener schrecklichen Wohntürme der DDR-Betonplatten-Architektur. Sie hatte ein paar schmerzliche Liebschaften, ihr Sohn stammt aus einer von diesen. 1977 war ihr Verhältnis zu dem ostdeutschen Staat so zerrüttet, dass sie ihn verlassen wollte, was ihr auch gelang. Sie brachte einen längeren Aufenthalt in Rom hinter sich, danach lebte sie zurückgezogen erst in einem kleinen niedersächsischen Ort, später in einem winzigen Dorf in Dithmarschen. Neben Lyrik gibt es erzählende Prosa und Kinderbücher von ihr. Ihre Liebesverse sind von trauriger Schönheit. Ihre Vorliebe für knappe, spruchartige Gedichte hat sich mit den Jahren verstärkt. Ihre späten Verse sind tiefernst, oft düster, manchmal fast apokalyptisch. Dithmarschen ist keine fröhliche Landschaft.

In einem kleinen Aufsatz erzählt sie, wie sie ihre »Bröcklein doch in einem Gebilde mit irdischen Weiten« findet, und am Ende habe sie »ein gewisses zärtliches Schielen«.

2013 ist Sarah Kirsch gestorben.

Veröffentlichungen (Auswahl)
Caroline im Wassertropfen (Kinderbuch), 1975 ◇ Rückenwind.
Gedichte, 1976 ◇ Erdreich. Gedichte, 1982 ◇ Allerlei-Rauh.
Eine Chronik, 1988 ◇ Regenkatze, 2007 ◇ Gedichte und Prosa.
Werke in fünf Bänden, 2000

KIWUS, KARIN
* 1942 Berlin

Mit dem 1976 veröffentlichten Gedicht *Im ersten Licht* wurde sie sehr bekannt. Bis heute blieb dies ihre vielleicht populärste Arbeit. Es beginnt mit den Worten: »Wenn wir uns gedankenlos getrunken haben«. Die Rede ist von einem Sommerabend, der darauf folgenden »heiße[n] Nacht« und dem nächsten Morgen mit seinem »hellen tönenden frisch-gespannten Himmel« und den davonjagenden Vögeln. Es gibt das Erwachen neben einem anderen Körper, der sich regt, der sich erhebt und zur Tür bewegt: »und wenn ich dann im ers-ten Licht / deinen fetten Arsch sehe / deinen Arsch / verstehst du / deinen trüben verstimmten ausgeleierten Arsch / dann weiß ich wieder / daß ich dich nicht liebe / wirklich / daß ich dich einfach nicht liebe.«

Geschrieben hat dies die 1942 in Berlin geborene Karin Kiwus. Gedruckt wurde es erstmals in dem Band *Von beiden Seiten der Gegenwart*, der, ungewöhnlich für Lyrikbände, mehrere Nachauflagen erfuhr.

Kiwus' Verse sind, was man die Poesie einer Neuen Subjek-tivität genannt hat, dann auch Alltagslyrik: unpathetische, oft pointierte, manchmal düstere Erzählungen. Eines der Gedichte, »ein unberechenbar variables Puzzle«, beschreibt ausführlich einen Autoschrottplatz. Kurze, spruchartige Ver-se stehen neben Langzeilen, der Monolog *Grabfigur eines mit Lorbeer bekränzten Mannes* geht über mehrere Druckseiten. Wiederholt kommt es zu Annäherungen an die bildende Kunst. Die Liebesgedichte sind zahlreich, von Erfüllung ist darin kaum die Rede, eher von Unsicherheit und Zweifel. Karin Kiwus stemme sich, hat man gesagt, gegen eine Welt, in der kein Platz ist zum Leben. Ihr Stil war ein vorherrschen-der lyrischer Sound in den westdeutschen 1970er-Jahren. Er stellte sich in die Tradition früher Gedichte Gottfried Benns und Bertolt Brechts. Hans Magnus Enzensberger, Rolf Dieter Brinkmann und Nicolas Born formulierten ähnlich.

Karin Kiwus hat, von Herausgeberschaften abgesehen, ausschließlich Lyrik veröffentlicht. Sie studierte Publizistik,

Germanistik und Politikwissenschaften und arbeitete als Lektorin und Dozentin. Lange war sie bei der Berliner Akademie der Künste beschäftigt, deren Mitglied sie ist.

Wolfgang Hildesheimer sagte: »Es gelingt Karin Kiwus, in einem einzigen Gedicht mehr Wirklichkeit einzufangen, als andere in seitenlanger Prosa.«

Veröffentlichungen (Auswahl)
Von beiden Seiten der Gegenwart. Gedichte, 1976 ◇ Angenommen später. Gedichte, 1979 ◇ Das chinesische Examen. Gedichte, 1992 ◇ Nach dem Leben. Gedichte, 2006 ◇ Das Gesicht der Welt. Gedichte, 2014

KLIER, FREYA
* 1950 Dresden

Im November 1987 richteten Freya Klier und ihr Mann, der Liedermacher Stephan Krawczyk, einen offenen Brief an den SED-Kulturverantwortlichen Kurt Hager, in dem sie die gesellschaftlichen Zustände in der DDR kritisierten und umfassende Reformen forderten. Die politisch Verantwortlichen mussten dies als Provokation empfinden. Auch sonst gab es im Land allerlei oppositionelle Bestrebungen, worauf zu Beginn des Jahres 1988 eine Welle von Festnahmen einsetzte, von der auch Freya Klier und Stephan Krawczyk betroffen waren. In der Staatssicherheitshaft wurden die beiden, wie andere ihresgleichen, zur Ausreise aus der DDR genötigt.

Freya Klier, 1950 geboren, war Schauspielerin, hatte zusätzlich eine Regieausbildung absolviert und war an mehreren DDR-Theatern beschäftigt. Mitte der 1980er-Jahre schloss sie sich einem unangepassten Friedenskreis an, woraufhin sie faktisch Beschäftigungsverbot hatte.

Auch nach ihrer Ankunft in Westdeutschland blieb sie der DDR-Bürgerrechtsbewegung verbunden. Nach dem Zusammenbruch des ostdeutschen Staats und der Wiedervereinigung setzte sie sich beharrlich für eine gründliche Aufarbeitung der DDR-Diktatur ein. Sie drehte Dokumentarfilme zum Thema, sie schrieb und schreibt darüber, sie ist Mitglied in einschlägigen Gremien und tritt regelmäßig in Schulen auf.

Freya Klier hat über den Fluchthelfer Michael Gartenschläger publiziert, der von DDR-Grenztruppen erschossen wurde, und über den DDR-Pfarrer Oskar Brüsewitz, der sich öffentlich selbst verbrannte. Sie hat ein Buch über Zustände im Konzentrationslager Ravensbrück herausgebracht und eines über die Revolution von 1919 in ihrer Heimatstadt Dresden. Ihre Motivation formuliert sie so: »Mein elftes Gebot sagt, dass es wichtig ist, alle Phasen, die hinter uns liegen, also mindestens ein Jahrhundert lang, so zu erinnern, dass man daraus lernt.«

Veröffentlichungen (Auswahl)
Lüg Vaterland. Erziehung in der DDR, 1990 ◇ *Verschleppt ans Ende der Welt. Schicksale deutscher Frauen in sowjetischen Arbeitslagern, 1996* ◇ *Oskar Brüsewitz. Leben und Tod eines mutigen DDR-Pfarrers, 2004* ◇ *Michael Gartenschläger – Kampf gegen Mauer und Stacheldraht, 2009* ◇ *Dresden 1919. Die Geburt einer neuen Epoche, 2018*

KOLMAR, GERTRUD (EIGTL. GERTRUD KÄTHE CHODZIESNER)
* 1894 Berlin, † 1943 Auschwitz, Polen

Geboren wurde sie als Gertrud Käthe Chodziesner. Ihr Pseudonym zitiert die osteuropäische Herkunftsstadt ihrer Familie. Geboren wurde sie 1894 in eine großbürgerliche jüdische Familie, ihr Vater war ein konservativer Jurist. Sie wuchs materiell behütet auf und erhielt eine umfassende Bildung, dessen ungeachtet fühlte sie sich ständig als Außenseiterin. Im Alter von 23 Jahren hatte sie eine Liebesbeziehung mit einem Offizier, von dem sie schwanger wurde. Um ihrer Familie willen trieb sie das Kind ab, die Beziehung zerbrach. Dies alles belastete sie schwer.

Sie übte verschiedene soziale und pädagogische Berufe aus. Nach 1933 war sie eingeschränkt auf die Möglichkeiten der im Land verbliebenen Juden. 1938 musste sie in ein sogenanntes Judenhaus ziehen, ab 1941 war sie Zwangsarbeiterin in der deutschen Rüstungsindustrie. 1943 wurde sie verhaftet und in das Vernichtungslager Auschwitz deportiert, wo sie unmittelbar nach ihrer Ankunft in der Gaskammer starb.

Ihr literarisches Werk ist vergleichsweise schmal. Ein erster Gedichtband erschien 1917, in Zeitschriften und Anthologien wurden weitere Texte von ihr gedruckt. Walter Benjamin, ihr Cousin, hat sie geschätzt und gefördert, andere Kontakte zum Berliner Literaturbetrieb hatte sie nicht. Ihr zweiter Gedichtband, *Preußische Wappen*, erschien erst 1934 in einem Kleinverlag, so wie später auch *Die Frau und die Tiere*. Nach dem Novemberpogrom 1938 wurden ihre Bücher verbrannt. Ohne Aussicht auf Publikation schrieb sie weiter. Dass vieles von ihren Arbeiten erhalten blieb, ist unter anderem Hilde Benjamin zu danken, der Frau von Walter Benja-

mins Bruder, später in der DDR eine gefürchtete Justizminis-
terin.

Ihre jüdischen Wurzeln wurden ihr erst allmählich wichtig. »Ich kannte das Judentum nicht, meinen Glauben, und
hielt das für eine ländliche Redensart«, gestand sie. Je mehr
an Feindseligkeit und Heimsuchung sie erlebte, desto stärker
wurde ihr jüdisches Bewusstsein: »Ich liebe dich, ich liebe
dich, mein Volk, / Und will dich ganz mit Armen umschlin-
gen heiß und fest«, heißt es in dem Gedicht *Wir Juden*. Die
beiden Prosatexte, die sie verfasste, erzählen von jüdischen
Frauen. Sie lernte Hebräisch und schrieb hebräische Verse,
die freilich verloren gingen. Man hat sie häufig mit Else Lasker-Schüler, Nelly Sachs und Rose Ausländer verglichen, völlig zu Recht. Gertrud Kolmar war eine der großen jüdischen
Autorinnen des 20. Jahrhunderts.

Sie dichtete: »Ich werde sterben, wie die Vielen sterben, /
Durch dieses Leben wird die Harke gehen / Und meinen Namen in die Scholle kerben. / Ich werde leicht und still und
ohne Erben / Mit müden Augen kahle Wolken sehn«.

Veröffentlichungen
Das lyrische Werk, 1955 ◇ *Eine jüdische Mutter. Erzählung*,
1965 ◇ *Susanna*, 1993 ◇ *Briefe*, 1997

KRAFT, GISELA
* 1936 Berlin, † 2010 Bad Berka

»Ich wollte ein regal bauen / aber ich baute einen vers / darin
viele bücher platz hatten«.

Dies schrieb Gisela Kraft. 1936 in Berlin geboren, durchlief

sie zunächst eine Schauspielausbildung und studierte dann
an der Freien Universität in Berlin-Dahlem Islamwissen-
schaften. Sie sprach Türkisch und hat viel aus dieser Sprache
übersetzt, etwa Dichtungen Nâzım Hikmets. Ihre eigenen
Gedichte erschienen in Kleinverlagen, später dann auch bei
Aufbau, dem größten Verlagsunternehmen Ost-Berlins.
Leben konnte sie von ihren Veröffentlichungen lange
Zeit nicht. Sie musste als Postbotin, Putzkraft und Pralinen-
formerin arbeiten. 1984 siedelte sie, begleitet von sehr viel
öffentlicher Aufmerksamkeit, von West-Berlin in die Hauptstadt der DDR über.

Einer der Gründe für diesen Schritt war erkennbar politisch: In West-Berlin hatte sie sich in linkspolitischen Initiativen engagiert. Sie selbst gab zwei Begründungen an. »In
der DDR konnte ich zum ersten Mal freischaffend sein. Ich
konnte einfach vom Schreiben leben und sogar kleine Reisen machen und ins Theater gehen.« Sie sagte noch: »Ich
konnte nur in der DDR so über Novalis schreiben, wie ich das
gern wollte. Ich wollte aus der Landschaft heraus sein Leben
rekonstruieren. Doch er hatte nur in Mitteldeutschland
gelebt, und deswegen musste ich dort sein ...« Novalis war
jener Dichter, dem ihr langjähriges Interesse galt und über
den sie eine Romantrilogie verfasste, deren letzter Band 2006
erschien. Inzwischen war die DDR untergegangen, es gab
das wiedervereinigte Deutschland. Sie kommentierte das so:
»Jetzt bin ich wo ich war.«

Vor den explodierenden Preisen der Hauptstadt floh sie in
das kostengünstigere Thüringen. Sie schrieb, übersetzte und
bestritt Lesungen. Für ihre Hikmet-Nachdichtungen erhielt
sie 2009 einen Literaturpreis. 2010 starb sie. Ihre Autobiografie konnte sie nicht mehr abschließen, der Text erschien
postum.

Gisela Kraft war eine begabte Lyrikerin. Entfernt erinnern ihre Verse an die von Sarah Kirsch, die sie sehr bewundert hat und mit der sie sich persönlich zerstritt, was angesichts der gegenläufigen Übersiedlungen beider Frauen verständlich ist.

Eines ihrer Gedichte, *heraklion*, lässt sich auch als metaphorisches Selbstporträt lesen und beginnt so: »morgengrauen / die bettler gehen vor anker / die schiffe liegen schon da / ein einbeiniger verwartet sein leben / bis der tod ihm auch das andere nimmt«.

Veröffentlichungen (Auswahl)
Keilschrift. Gedichte 1984–1990, 1992 ◇ *Prolog zu Novalis, 1990* ◇ *Madonnensuite. Romantiker-Roman, 1998* ◇ *Planet Novalis. Roman in 7 Stationen, 2006* ◇ *Mein Land, ein anderes. Deutsch-deutsche Erinnerungen, 2013*

KRECHEL, URSULA
* 1947 Trier

»Als hätte jemand gerufen, zog es mich / zum Fenster der früheren Wohnung. Auf der Straße / winkten vier Typen aus einem zerbeulten VW / einer drückte dabei auf die Hupe. So ungefähr / sahen die Berliner Freunde vor fünf Jahren aus.«

Dies sind Verse aus einem längeren Gedicht des Titels *Meine Mut-*

ter, sie beschreiben einen Traum, die Mutter kommt noch in anderen Gedichten der Autorin vor. Die Schönheit ihrer Verse sei »utopisch und zugleich archaisch, anmutig und düster, ungeheuer in beiden Bedeutungen des Wortes«, so die Laudatorin Silke Scheuermann anlässlich einer Preisverleihung.

Ursula Krechel, 1947 geboren, stammt aus Trier. Sie hat Germanistik und Theaterwissenschaften studiert, sie war Dramaturgin, ehe sie 1972 freiberufliche Autorin wurde. Begonnen hat sie mit Lyrik, ein gutes Dutzend Gedichtbände von ihr sind erschienen. In ihrem Essayband *Selbsterfahrung und Fremdbestimmung* geht es um die Frauenbewegung. Sie hat auch Dramatisches verfasst, für die Bühne und für das Radio, aus einem ihrer Hörspiele entwickelte sie einen Roman, der ihr den Durchbruch als Prosaautorin verschaffte.

Shanghai fern von wo handelt von deutschen Emigranten, meist Juden, die vor den Nationalsozialisten in die ostchinesische Hafenstadt geflohen sind. Das Buch basiert auf ausführlichen Recherchen. Gleichfalls von Flucht und Remigration erzählt der Roman *Landgericht*, Fluchtort ist diesmal Havanna. Der Held, ein jüdischer Jurist, kehrt im Jahre 1947 zu seiner Familie zurück. In Mainz, wo er als Richter arbeitet, stößt er auf vornehmlich politisch begründete Schwierigkeiten. Die Figur hat ein reales Vorbild.

Genaue Recherche ist einer der Vorzüge von Ursula Krechels Romanen. Die politische Verlogenheit der westdeutschen Nachkriegsgesellschaft bleibt ein vorherrschendes Thema. Dies gilt auch für den 2018 erschienenen Roman *Geisterbahn*, in dem es um die Schicksale einer Romafamilie geht.

Ursula Krechel erhielt 2012 für *Landgericht* den Deutschen Buchpreis. Mehrfach nahm sie Lehrtätigkeiten an Hochschulen wahr. Sie lebt in Berlin.

Veröffentlichungen (Auswahl)
Shanghai fern von wo. Roman, 2008 ◇ Jäh erhellte Dunkelheit.
Gedichte, 2010 ◇ Landgericht. Roman, 2012 ◇ Die da. Ausge-
wählte Gedichte, 2013 ◇ Geisterbahn. Roman, 2018

KREIPE, BIRGIT
* 1964 Hildesheim

Die Schneekönigin in dem Märchen
von Hans Christian Andersen ist
eine majestätische Frau, die einen
kleinen Jungen, der sich ihr nähert,
mit sich nimmt und ihm das Herz zu
Eis gefrieren lässt. Bei Birgit Kreipe
ist sie ziemlich unscheinbar, »ihre
scherbenkrone grünlich wie die
freiheitsstatue«, um sie herum tobt
ein heftiger, sehr schneereicher,
nicht enden wollender Winter.
Die Autorin, 1964 geboren, hat an mehreren Universitäten
Psychologie und Germanistik studiert. Sie schreibt Lyrik und
Kurzprosa. Ihr Werk ist vergleichsweise schmal. Die durchweg reimlosen Verse liefern surreale Bilder, zusammenge-
setzt aus Realien und Spirituellem. Ein Vorzugsthema ist
Italien. Der aus zehn Gedichten bestehende Zyklus *Kinder-
heim* verknüpft Interieurs, Gewohnheiten, Utensilien, Personen, Episoden und Träume, wie sie in solchen Einrichtungen
vorkommen, zu einer verstörenden Bilderwelt.
Man hat Birgit Kreipes Lyrik mit der von Sarah Kirsch verglichen. Wahr daran ist, dass es auch hier um Hexen geht:

»hier wohnt frau kreipe, klapperte die tür / eine hexe, träume an den zähnen / so warm wie zungen und blut. / die tür lästerte weiter.«

Veröffentlichungen
wenn ich wind sage seid ihr weg. Gedichte, 2010 ◇ *Schönheitsfarm. Gedichte,* 2012 ◇ *Soma. Gedichte,* 2016

KUTTNER, SARAH
* 1979 Ost-Berlin

Der Roman *Mängelexemplar* erschien 2009 und war ein Bestseller. Die Icherzählerin schildert darin die Geschichte ihrer Depressionen. »Die Psyche ist so viel komplizierter als eine schöne glatte Fraktur des Schädels«, meint sie und konsultiert daher Seelenärzte und schluckt verordnete Tabletten. »Ich war brav. Ich habe während der letzten zwölf Monate Antidepressiva genommen, mein Leben geordnet, war gut zu mir selbst, habe versucht, mich ›mehr zu spüren‹, und verdammt, ich bin das erste Mal seit ziemlich langer Zeit richtig zufrieden, gar glücklich.« Doch dauerhaft ist das nicht. Immer wieder erlebt sie Panikattacken. Immer wieder geht sie Männerbeziehungen ein, mal kürzer, mal länger und immer ziemlich leidenschaftlich. Das letzte Verhältnis scheint immerhin zu halten.

Die Autorin des Romans heißt Sarah Kuttner. 1979 geboren als Kind eines im Berliner Raum populären Radiomanns und Regisseurs, ist sie Schriftstellerin nur unter anderem. Ihr Hauptinteresse galt lange dem Fernsehen, für das sie seit 2001 bei verschiedenen Sendern tätig war. Nebenher schrieb sie Kolumnen, die gesammelt als Buch erschienen. Sie schrieb noch weitere Romane, die von den komplizierten Liebes- und Familienkonflikten meist junger Leute erzählen. In einem heißt es: »Ich bin nicht greifbar. Wie ein winziger Schauer, der einem über das Rückgrat fährt, ein Wort, das einem nicht einfällt, das ungute Bauchgefühl, wenn doch eigentlich alles glattgelaufen ist. So bin ich.«

Veröffentlichungen
Das oblatendünne Eis des halben Zweidrittelwissens. Kolumnen, 2006 ◇ *Die anstrengende Daueranwesenheit der Gegenwart. Kolumnen, 2007* ◇ *Mängelexemplar. Roman, 2009* ◇ *Wachstumsschmerz. Roman, 2011* ◇ *180° Meer. Roman, 2015* ◇ *Kurt. Roman, 2019*

L

LANGE-MÜLLER, KATJA
* 1951 Ost-Berlin

 In der DDR konnte es geschehen, dass Kinder aus Familien der politischen Elite sich von dem Milieu ihrer Herkunft entfernten und zu dissidenten Haltungen fanden. Auch die allerhöchste Ebene blieb davon nicht verschont. Ein Beispiel ist Monika Maron, deren Stiefvater das mächtige Amt des DDR-Innenministers innehatte. Ein anderes Beispiel ist Katja Lange-Müller.

Ihre Mutter gehörte, als Alibifrau, dem SED-Politbüro an, dem höchsten Machtgremium im Land. Die 1951 geborene Tochter Katja trennte sich von der Mutter im Alter von 15 Jahren. Sie trat einen verschlungenen Berufsweg an, der von der Lehre als Schriftsetzerin über den Beruf der Bildredakteurin bis zu dem einer Hilfsschwester in der Psychiatrie führte. Ein Jahr lang lebte sie in der mongolischen Hauptstadt Ulan-Bator, einer der ungemütlichsten Adressen im ehemaligen Ostblock. Danach besuchte sie das Leipziger Literaturinstitut und war eine Weile Kinderbuchlektorin, ehe sie 1984 nach West-Berlin ausreiste. Ihre Karriere als Schriftstellerin begann erst hier.

Ihr bekanntestes Buch ist der Roman *Böse Schafe*. »Darin geht's um ein Greenhorn aus dem Osten«, erläuterte sie 2007, »und einen Junkie aus dem Westen – und es geht um West-Berlin, ein untergegangenes Vineta, mit dem sich bisher noch keiner so richtig beschäftigt hat. Sozusagen die Eroberung des Westens aus der Kellerasselperspektive.« Das Greenhorn aus dem Osten hat den Beruf einer Psychiatriekrankenschwester, der autobiografische Bezug ist unverkennbar. Auf eigene Lebenserfahrungen greift die Autorin auch später gerne zurück, und ebenso findet man die Unterschichtenperspektive nicht nur in diesem Buch. Die Verwendung von Berlinischem, von Jargon, Schnodderigkeit, Unernst und Satire in einer kunstvollen Prosa wurde gleichsam zu Katja Lange-Müllers Markenzeichen.

Es gibt Romane und Erzählungen von ihr. Die familiäre Herkunft war, aus welchen Gründen auch immer, bislang kein literarisches Thema für sie, das Land ihrer Herkunft schon. In ihrem Roman *Drehtür*, worin es um die Erinnerungen einer unfreiwillig aus dem Ausland heimgekehrten Krankenschwester geht, kommen das alte Ost-Berlin und Leipzig vor. Viel mehr als zufälliger Hintergrund ist dies jedoch nicht. Zur Historiografin des gescheiterten ostdeutschen Staats fühlt sich die Autorin nicht berufen: »Aufarbeitung sollte man den Änderungsschneidern überlassen. Man kann die Geschichte sowieso nicht aufarbeiten, und außerdem glaube ich, wenn es überhaupt so etwas geben kann, dann ist das ein Surrogat aus ganz vielen Büchern und Geschichten, von allen möglichen Autoren zusammengetragen.«

Veröffentlichungen (Auswahl)
Kaspar Mauser – Die Feigheit vorm Freund. Erzählung, 1988 ◇ *Die Letzten. Aufzeichnungen aus Udo Posbichs Drucke-*

rei *(Roman)*, 2000 ◇ *Die Enten, die Frauen und die Wahrheit.* *Erzählungen*, 2003 ◇ *Böse Schafe. Roman*, 2007 ◇ *Drehtür. Roman*, 2016

LASKER-SCHÜLER, ELSE
* 1869 Elberfeld, † 1945 Jerusalem

Sie hatte eine große Anzahl bedeutender Freunde und Partner, darunter Peter Hille, Herwarth Walden, Franz Marc, Karl Kraus, Alfred Döblin, Gottfried Benn und Martin Buber. Mit einigen hatte sie eine Liebesbeziehung. Verheiratet war sie zweimal, ihr erster Ehemann hieß Berthold Lasker und hatte den berühmten Schachweltmeister zum Bruder.

Ihr Geburtsjahr war 1869. Ihr Vater arbeitete als Bankier. Else Lasker-Schüler selbst hat in einem Lebenslauf geschrieben: »In Elberfeld an der Wupper geboren, in Gedanken im Himmel, betreue ich die Stadt Theben und bin ihr Prinz Jussuf. Ich bin weder siebzehn noch siebzig Jahre, habe keine Uhr und keine Zeit. Meine Bücher laufen so herum und werden einmal im Meer ertrinken. Geld habe ich einmal sehr viel und einmal gar keines.« Dies wurde 1930 veröffentlicht. Prinz Jussuf von Theben war eine Identität, die sie sich zugelegt hatte. Literarisch war sie zu jener Zeit überaus präsent, als Lyrikerin wie als Dramatikerin. Sie war auffällig gekleidet und legte ein exzentrisches Verhalten an den Tag. Manchmal war sie so mittellos, dass sie auf Berliner Parkbänken nächtigen musste. »In die Schule«, schrieb sie noch, »ging ich sehr ungern; wenn ich auch immer irgendwo anders war im Gedanken, so rettete mich das doch nicht vor den vielen Strafarbeiten und dem Nachsitzen im Schulzimmer in Elberfeld an der Wupper, darin die Arbeiter und Arbeiterinnen die gefärbte Baumwolle auf ihre Echtheit ausprobierten.« Dabei war sie ein frühreifes Kind, mit vier Jahren konnte sie lesen, literarisch wie bildkünstlerisch war sie hochbegabt. Nach ihrer ersten Heirat lebte sie in Berlin. 1899 gebar sie ihren Sohn Paul. Im gleichen Jahr erschien ihr erster Gedichtband.

Ihrem zweiten Mann Georg Lewin erfand sie das Pseudonym Herwarth Walden, unter dem er als Schriftsteller, Herausgeber und Galerist bekannt wurde. Auch diese Ehe hielt nicht und wurde 1912 geschieden. Es war das Jahr, in dem sie ein Liebesverhältnis mit dem Arzt und Dichter Gottfried Benn begann, das in beider Werk erhebliche Spuren hinterließ. Zur gleichen Zeit begann ihre Freundschaft mit dem Maler Franz Marc. Zwischen beiden entwickelte sich ein intensiver Briefwechsel, den sie, nachdem Marc als Soldat im Ersten Weltkrieg gefallen war, in ihrem Roman *Der Malik* übernahm, einer Geschichte mit vielerlei alttestamentarischen, orientalischen und mythologischen Anspielungen. Auch Gottfried Benn tritt dort auf, als Nibelunge Giselher.

1927 starb ihr Sohn, was sie zutiefst erschütterte. 1932 erhielt sie den renommierten Kleist-Preis. 1933 emigrierte sie in die Schweiz und unternahm mehrere Reisen nach Palästina, wo sie dann ab 1939 ihren ständigen Aufenthalt hatte. Zu ihrem Judentum bekannte sie sich immer, ohne besonders religiös zu sein. Nunmehr lebte sie in Jerusalem, von einer kleinen Rente. Sie fand viele Freunde und verliebte sich wieder, wovon ihr letzter Gedichtband *Mein blaues Klavier* erzählt. Else Lasker-Schüler starb 1945 und wurde am Ölberg beigesetzt.

Gottfried Benn nannte sie die »größte Lyrikerin, die Deutschland je hatte«. Mit diesem Urteil steht er nicht allein. Franz Kafka sah in ihr »das wahllos zuckende Gehirn einer sich überspannenden Großstädterin«. Auch solchen Eindruck hatte er nicht als Einziger.

Ihr Theaterstück *Die Wupper*, 1919 uraufgeführt und auch später viel gespielt, zeigt ein eindringliches Familienporträt. Ihre Verse gehören unbestreitbar zu den schönsten in der deutschsprachigen Lyrik im 20. Jahrhundert.

In einem späten Gedicht stehen diese Verse: »Es kommt der Abend und ich tauche in die Sterne / Daß ich den Weg zur Heimat im Gemüte nicht verlerne / Umflorte sich auch längst mein armes Land. // Es ruhen unsere Herzen liebverwandt, / Gepaart in einer Schale: Weiße Mandelkerne«.

Veröffentlichungen (Auswahl)
Die Wupper. Schauspiel in fünf Aufzügen, 1909 ◇ *Mein Herz. Ein Liebesroman mit Bildern und wirklich lebenden Menschen, 1912* ◇ *Hebräische Balladen (Gedichte), 1913* ◇ *Der Malik. Eine Kaisergeschichte mit Bildern und Zeichnungen. Roman, 1919* ◇ *Arthur Aronymus. Die Geschichte meines Vaters (Theaterstück), 1932* ◇ *Mein blaues Klavier (Gedichte), 1943* ◇ *Werke und Briefe. Kritische Ausgabe (Gesamtausgabe in 11 Bänden), 1996–2010*

LEIBER, SVENJA
* 1975 Hamburg

 Die Autorin, Jahrgang 1975, hat als Kind einige Zeit in Saudi-Arabien zugebracht. Diese nicht ganz alltägliche Vergangenheit kommt im bisher letzten ihrer Bücher vor, das von einem Arzt erzählt, den mit dem erdölreichen Wüstenstaat eine traumatische Kindheitserinnerung verbindet und der in die Region zurückkehrt. »Genug Zeit, sich die bedächtig schreitenden Kamele und Dromedare vorzustellen, benebelt vom Geruch ihrer Last und von der Hitze. Zeit, alle inneren Bilder und alles Angelesene mit diesem Namen zusammenzufügen, der sich, wie das Land selbst, den Fluss entlangschlängelt: Jordanien.«

Svenja Leiber hat Literaturwissenschaft studiert und verschiedene Auslandsreisen unternommen, unter anderem ins slawische Osteuropa. Auch das kommt in einem ihrer Bücher vor. Ein anderes Buch referiert die Lebensgeschichte eines aus einer dörflichen Umgebung stammenden Norddeutschen, der eine ungewöhnliche musikalische Begabung besitzt.

Die Autorin beteiligt sich an der Initiative »Weiter Schreiben«, die renommierte deutsche Literaten mit geflüchteten Schriftstellern zusammenbringt, um sie zu fördern und zu vermitteln.

Veröffentlichungen
Büchsenlicht. Erzählungen, 2005 ◇ *Schipino. Roman, 2010* ◇
Das letzte Land. Roman, 2014 ◇ *Staub. Roman, 2018*

LEKY, MARIANA
* 1973 Köln

Das Okapi ist ein giraffenartiger, kontrastreich gefärbter Paarhufer, der in den Regenwäldern Zentralafrikas lebt. Entdeckt und beschrieben wurde er erst Anfang des 20. Jahrhunderts. Dass ein exotisches Tier solcher Art in einem entlegenen Dorf des Westerwalds vorkommt, ist mehr als ungewöhnlich, und noch ungewöhnlicher ist seine Funktion: Es erscheint einer alten Frau im Traum. »Das Okapi wirkt alles andere als unheilvoll. Es kann überhaupt nicht unheilvoll wirken, selbst wenn es sich anstrengen würde, was es, soweit man weiß, selten tut.« Wie auch immer: Wenn das Okapi im Traume auftritt, ereignet sich anderntags in der Nachbarschaft ein Todesfall. Die alte Frau besitzt äußerliche Ähnlichkeit mit dem verstorbenen niederländischen TV-Entertainer Rudi Carrell. Und sie hat einen beharrlichen Verehrer, in Gestalt eines etwa gleichalten Optikers. Beobachtet und aufgeschrieben wird dies alles von ihrer Enkelin, um deren Biografie es im Folgenden geht. Erzählt wird vom Leben im Dorf, von Liebeswirrnis und Übersinnlichem. Der Ton ist mild ironisch und liebevoll. Das Buch, dritte Romanveröffentlichung der Autorin, trägt den Titel *Was man von hier aus sehen kann* und war, als es erschien, ein beträchtlicher Verkaufserfolg.

Mariana Leky wurde 1973 in eine Arztfamilie geboren. Zunächst wollte sie Buchhändlerin werden, brach die Lehre aber ab. Sie studierte dann in Hildesheim unter anderem Kulturjournalismus und begann während ihrer Universitätszeit zu schreiben, Erzählungen zunächst, die in Zeitschriften erschienen. Ein Band mit Geschichten, *Liebesperlen*, war auch das erste Buch, das sie herausbrachte. Es folgten zwei Romane. Stets ging es darin um junge Frauen, die sich mit der Liebe und mit dem Leben schwertaten. Auffällig war eine Neigung zu skurrilen Figuren, zu skurrilen Geschehnissen und zum Übersinnlichen. In der jüngeren deutschen Belletristik hat sich der magische Realismus dauerhaft eingenistet.

Der Prolog von *Was man von hier aus sehen kann* beginnt mit Sätzen, die sich auch als erzählerisches Prinzip verstehen lassen: »Wenn man etwas gut Beleuchtetes lange anschaut und dann die Augen schließt, sieht man dasselbe vor dem inneren Auge noch mal, als unbewegtes Nachbild, in dem das, was eigentlich hell war, dunkel ist, und das, was eigentlich dunkel war, hell erscheint.«

Veröffentlichungen
Liebesperlen. Erzählungen, 2001 ◇ *Erste Hilfe. Roman, 2004* ◇ *Schwindel (Hörspiel), 2005* ◇ *Die Herrenausstatterin. Roman, 2010* ◇ *Was man von hier aus sehen kann. Roman, 2017*

LEONHARD, SUSANNE
* 1895 Oschatz, † 1984 Stuttgart

»In einem mittelgroßen Raum lebten meisten zwei Familien, oft waren das zehn oder elf Personen. In manchen Hütten gab es nicht ein einziges Bett. Daß Kinder von zwei, drei Jahren auf der Erde schliefen, war überall gang und gäbe, auch bei den wohlhabenden Russen. Wir hatten im Lager geglaubt, schon das Minimum an Behausungskultur kennengelernt zu haben, und nun stellte sich heraus, dass hier Menschen seit Generationen noch dürftiger nächtigten, als wir es im Lager gewöhnt gewesen waren.«

Das Zitat entstammt den Erinnerungen von Susanne Leonhard. Geschildert wird der Zwangsaufenthalt in der sibirischen Sowchose Kubanka. Dorthin wurde sie 1945 – nach neun Jahren Straflager am Polarkreis – verbannt. 1936, während der stalinistischen Säuberungen, hatte man sie in Moskau wegen angeblicher konterrevolutionärer Tätigkeit verhaftet.

In die Sowjetunion geflohen war sie 1935. Sie kam aus einer sächsischen Bürgerfamilie, schloss sich bereits als Studentin linksrevolutionären Gruppierungen an und arbeitete nach ihrer Berliner Universitätszeit als Publizistin. Verheiratet war sie für kurze Zeit mit dem kommunistischen Schriftsteller Rudolf Leonhard.

Sie war eine emsige Publizistin. 1920 veröffentlichte sie eine Untersuchung über linkssozialistische Untergrundliteratur. Sie wurde Mitglied der KPD, verließ die Partei jedoch 1925 wieder. Sie schrieb weiter für linkssozialistische Blätter. 1933 erhielt sie Berufsverbot und brachte sich zunächst mit verschiedenen Berufen durch, ehe sie mit ihrem Sohn emigrierte.

1948 kam Susanne Leonhard vorzeitig aus der Verbannung frei – dank Initiativen aus Ost-Berlin. Sie kehrte nach Berlin zurück und lebte zunächst in die Hauptstadt der DDR, die sie bald darauf Richtung West-Berlin verließ. Dort wurde sie für sechs Monate inhaftiert, da der amerikanische Geheimdienst sie für eine sowjetische Spionin hielt. Schließlich zog sie nach Stuttgart, wo sie ihre Erinnerungen aufschrieb. *Gestohlenes Leben* ist einer jener zahlreichen Berichte über Aufenthalte in Stalins Gulags, zu denen neben dem Werk Alexander Solschenizyns auch das Buch *Als Gefangene bei Stalin und Hitler* von Margarete Buber-Neumann gehört. Sie und Susanne Leonhard teilten dieses Schicksal mit anderen berühmten deutschen Frauen wie Zenzl Mühsam und Carola Neher. 1984 ist Susanne Leonhard in Stuttgart gestorben.

Veröffentlichungen
Unterirdische Literatur im revolutionären Deutschland während des Weltkrieges, 1920 ◇ *Gestohlenes Leben. Schicksal einer politischen Emigrantin in der Sowjetunion, 1956*

LEWALD, FANNY
* 1811 Königsberg, † 1889 Dresden

Seit 1812 besaßen Preußens Juden formal die Bürgerrechte, wirklich gleichberechtigt waren sie nicht. Etwas mehr Anerkennung konnte ihnen der Übertritt zum Christentum bringen. Heinrich Heine nannte ihn das »Entréebillet« in die europäische Kultur.

Eine Konversion steht auch Jenny Meier bevor, der Tochter eines jüdischen Kaufmanns. Sie bereitet sich darauf vor, muss sich dann jedoch eingestehen: »Ich glaube nicht, dass Christus der Sohn Gottes ist; daß er auferstanden ist, nachdem er gestorben. Ich glaube nicht, daß es seines Todes bedurfte, um uns Gottes Vergebung und Nachsicht zu erwerben.« So zerbricht ihre Verbindung zu einem Theologen. Später verlobt sie sich mit einem aufgeklärten Mann, der sich ihretwegen duelliert und tödlich getroffen wird. Jennys nicht konvertierter Bruder darf, seiner Herkunft wegen, weder das christliche Mädchen heiraten, das er liebt, noch eine Universitätskarriere antreten.

Der Roman *Jenny* erschien 1843. Geschrieben hatte ihn Fanny Lewald, Kind eines wohlhabenden jüdischen Kaufmanns, der ihr aus Fürsorglichkeit den Übertritt zum protestantischen Christentum gestattete. Was das Mädchen alsbald bereute. Die Romanfigur Jenny trägt deutlich autobiografische Züge.

Geboren wurde Fanny Lewald 1811 in Königsberg. Sie erwies sich als lernbegierig, ehrgeizig und hochbegabt. Entschieden widersetzte sie sich damals üblichen Konventionen: »Ich ging aus meinem Vaterhause fort, beladen mit dem Tadel aller meiner Onkel, Tanten, Cousinen; ich mußte es über mich ergehen lassen, dass man mir den Vorwurf machte, mit meinem Leben außer dem Hause mehr Geld aufzuwenden, als von meinem Vater zu fordern mir zustehe.«

Sie ging nach Berlin. Sie begann zu schreiben und zu publizieren, ihre Essays und Romane handeln von Problemen der jüdischen wie der weiblichen Emanzipation, beides gehörte für sie zusammen. Sie trat gegen die Zwangsverheiratung von jungen Frauen auf, sie kämpfte gegen das Scheidungsverbot. Nach der Revolution von 1848 unterhielt sie in Berlin einen einflussreichen Salon. Sie hatte eine Liebesbeziehung mit einem verheirateten Mann, den sie erst spät, nach dessen Scheidung, heiraten konnte.

»Ich darf mir sagen, daß ich zu denen gehöre, die in Deutschland vielleicht am frühesten auf die unerläßliche Emancipation der Frauen zur Arbeit hingewiesen haben, und zwar zuerst aus sittlichen Gründen.« So steht es im ersten von vierzehn an den britischen Liberalen John Stuart Mill adressierten Briefen, die sie unter dem Titel *Für und wider die*

Frauen 1870 publizierte. Sie schildert die Schwierigkeiten, der Arbeit von Frauen die erforderlichen Bedingungen und die allgemeine Anerkennung zuzugestehen: »Wie geht es zu, daß die Familien sich nicht sagen: wenn unsere Töchter wie die Söhne arbeiten, werden sie froh, gesund, kräftig wie die Söhne, und wir Alle werden sorgenfreier, also glücklicher sein!«

Sie schrieb Erzählungen, Autobiografisches und Reisebilder. Ihre Sprache ist unpathetisch und genau. Ihre Romane werden gerne mit denen der Brontë-Schwestern verglichen. 1889 ist Fanny Lewald in Dresden gestorben.

Veröffentlichungen (Auswahl)
Clementine (Roman), 1843 ◇ Jenny (Roman), 1843 ◇ Wandlungen. Roman, 1853 ◇ Adele. Roman, 1855 ◇ Meine Lebensgeschichte (Autobiografie), 1862 ◇ Für und wider die Frauen. Vierzehn Briefe, 1870

LEWITSCHAROFF, SIBYLLE
* 1954 Stuttgart

»Blumenberg hatte gerade eine neue Kassette zur Hand genommen, um sie in das Aufnahmegerät zu stecken, da blickte er von seinem Schreibtisch auf und sah ihn. Groß, gelb, atmend; unzweifelhaft ein Löwe. Der Löwe sah zu ihm her, ruhig sah er zu ihm her, ruhig sah er zu ihm her aus dem Liegen, denn der Löwe lag auf dem Bucharateppich, in geringem Abstand zur Wand.« Mit diesen Sätzen beginnt der Roman *Blumenberg* von Sibylle Lewitscharoff. Die Exposition verlangt nach Erklärungen.

Blumenberg, Vorname Hans, ist eine reale Figur. Er war Philosoph und Hochschullehrer, zuletzt an der Universität Münster. Ursprünglich gewillt, katholischer Priester zu werden, wandte er sich dem kritischen Denken zu und hatte, auch da er ein vorzüglicher Stilist war, einigen Einfluss. *Löwen* heißt eine seiner Veröffentlichungen. Dass ein Denker mit diesem auch in der christlichen Überlieferung vielfach vorkommendem Symboltier direkten Umgang pflegt, spielt unter anderem auf den Kirchenvater Hieronymus an, Verfasser der lateinischen Bibelübersetzung Vulgata. Die heilige Maria von Ägypten wurde von einem Löwen begraben. Den Blumenberg in Sibylle Lewitscharoffs Roman bringt sein – außer von ihm nur von einer alten Nonne wahrnehmbarer – Löwe dahin, dass er eine längere Ägyptenreise antritt.

Man erkennt: Das Buch ist eine hochmanieristische Angelegenheit, voller Anspielungen und Hinweise auf Philosophie, Theologie, Mythologie, auf schöne Literatur, bildende Kunst und Musik. Die Autorin handhabt dergleichen mit spielerischer Eleganz, und damit es nicht bloß bei der Bildungsfracht bleibt, werden noch die Geschichten von vier Blumenberg-Schülern erzählt, von denen drei eines nicht ganz natürlichen Todes sterben.

Sibylle Lewitscharoff, 1954 geboren, ist die Tochter eines Exilbulgaren, dessen sie in einem ihrer Romane gedenkt. Als junges Mädchen war sie bekennende Trotzkistin, später studierte sie in Berlin Religionswissenschaften. Ihre literarische Tätigkeit begann sie mit Arbeiten für das Radio. 1998 erschien ihre Erzählung *Pong*, die so anhebt: »Einem Verrückten gefällt die Welt wie sie ist, weil er in ihrer Mitte wohnt.« Die

Titelfigur wird später nochmals aufgenommen. Ungewöhnliche, seelisch oder intellektuell verschrobene Existenzen kommen gern bei ihr vor, gleichermaßen liebt sie das Implementieren von Bildungssplittern. Sie gefällt sich als ironische Poeta docta. Nebenher hegt sie ein deutliches Interesse am Kriminalroman.

Mit einer Rede, in der sie auf drastische Art ihren Widerwillen gegen künstliche Insemination bei Menschen bekundete, hat sie viel öffentliche Empörung erregt. Später entschuldigte sie sich für ihre Wortwahl, ihre Überzeugung von der Unantastbarkeit des Humanum wollte sie jedoch nicht aufgeben. Erlösung dürfe es nicht zu leicht haben. Böse müssten bestraft werden.

In *Blumenberg* findet sich dieser Satz: »Die Anstrengungen, die von Menschen unternommen werden, Menschen zu trösten, sind immens, aber selten erfolgreich.«

Veröffentlichungen (Auswahl)
Pong (Erzählung), 1998 ◇ *Montgomery. Roman*, 2003 ◇ *Consummatus. Roman*, 2006 ◇ *Apostoloff. Roman*, 2009 ◇ *Blumenberg. Roman*, 2011 ◇ *Pong redivivus (Erzählung)*, 2013

LIEBMANN, IRINA
* 1943 Moskau, Russland

Rudolf Herrnstadt war in den Anfängen der DDR eine wichtige Figur. Der aus bürgerlich-jüdischen Kreisen stammende Kommunist, Militärspion und Moskau-Emigrant kehrte 1945 nach Berlin zurück und war hier zunächst für das Pressewesen verantwortlich. Er stieg auf zum Kandidaten

des höchsten Führungsgremiums der SED, des Politbüros.
1953, nach Stalins Tod, dachte er über eine Demokratisierung
der ostdeutschen Zustände nach und forderte den stalinistischen Diktator Walter Ulbricht zum Rücktritt auf. Die
Reaktion waren politische Entmachtung, Ausschluss aus der
Partei und Versetzung nach Merseburg, wo Herrnstadt für
das Deutsche Zentralarchiv arbeitete. Er war da schon schwer
krank.

Über vierzig Jahre nach seinem Tod legte seine Tochter,
die 1943 in Moskau geborene Irina Liebmann, ein Buch über
ihn vor, das sowohl Biografie als auch persönliches Zeugnis
ist. Vieles erfuhr sie erst durch ausführliche Recherchen.
Der Buchtitel *Wäre es schön? Es wäre schön!* ist ein wörtliches
Zitat des Vaters.

Sie selbst wuchs nach der Rückkehr der Familie aus der
Sowjetunion in Berlin und Merseburg auf. Sie studierte Sinologie und war danach Redakteurin einer außenpolitischen
Zeitschrift. Sie begann Reportagen, Kinderbücher und Hörspiele zu schreiben. 1988 verließ sie die DDR mit ihrer Familie.

Irina Liebmanns erstes, 1982 erschienenes Buch hieß *Berliner Mietshaus* und versammelte Texte, die aus Interviews
mit Bewohnern eines Hauses in Prenzlauer Berg entstanden
waren. Berlin blieb eines ihrer wichtigen Themen. Die ver-
einsamte Heldin ihres Romans *Die freien Frauen* lebt hier,
über den Hackeschen Markt hat sie drei mit der russischen
Genrebezeichnung »Poem« benannte lyrische Prosastücke
verfasst und eigene Fotos dazugestellt. Später ist sie zudem
mehrfach in das Land ihrer Geburt gereist, um dessen heutige
Zustände zu erleben und zu schildern.

Ihre eigenen Texte sieht sie so: »Vergangene und bestehende, öffentliche und private, erlebte und erzählte Wirklichkeit
übersetzen sich ständig ineinander.«

Veröffentlichungen (Auswahl)
Berliner Mietshaus. Begegnungen und Gespräche, 1982 ◇ *Mitten im Krieg (Erzählung), 1989* ◇ *Die freien Frauen. Roman, 2004* ◇ *Wäre es schön? Es wäre schön! Mein Vater Rudolf Herrnstadt, 2008* ◇ *Drei Schritte nach Russland. Erzählung, 2013*

LOHER, DEA
*1964 Traunstein

In einer europäischen Hafenstadt beobachten zwei illegale Einwanderer schwarzer Hautfarbe, wie, ohne dass sie zu Hilfe eilen, eine Frau im Meer ertrinkt. Einer der beiden kann daraufhin nicht mehr schlafen. Der andere findet eine Tüte voller Geld, mit dem er einer Gogo-Tänzerin die Augenoperation bezahlt. Die aber misslingt, das Mädchen bleibt blind. Eine Frau sucht die Hinterbliebenen von Gewaltopfern auf und entschuldigt sich für Taten, die sie nicht begangen hat. Eine andere Frau muss wegen Diabetes immerfort amputiert werden. Eine Philosophin hat ihre Bücher vernichtet und glaubt bloß noch an die Unberechenbarkeit.

19 Theaterszenen stellen Figuren vom Rand der Gesellschaft vor, ihre Schicksale sind nur lose miteinander verknüpft. Das Stück heißt *Unschuld* und handelt von fehlender Verantwortung und Schuld. Verfasst hat es die 1964 geborene Dea

Loher, die zu den derzeit meistgespielten deutschsprachigen Theaterautoren gehört. Sie kommt aus Bayern, hat in München studiert und ein Jahr lang in Brasilien gelebt, ehe sie nach Berlin ging, wo sie an der Hochschule der Künste einen Kurs über szenisches Schreiben besuchte. Mit Brasilien befasst sie sich in zwei ihrer Stücke, eines handelt von der in einer nationalsozialistischen Nervenklinik umgebrachten Olga Benario, Gefährtin des Kommunistenführers Luís Carlos Prestes. In *Tätowierung* geht es um Inzest, ein Vater missbraucht seine Töchter. Die alte Ritter-Blaubart-Saga wird heruntergebrochen auf einen Schuhverkäufer, den Frauen heimsuchen, bis sie seinetwegen sterben. In anderen Stücken geht es um Diebe, um RAF-Terror, um den Balkankrieg.

Fast durchweg treten gesellschaftliche Randexistenzen auf. Die Haltung der Autorin ist erklärtermaßen antikapitalistisch. Ihre Dialoge sind knapp, häufig erinnern sie an den Stil absurder Dramatiker, immer wieder finden sich ausführliche Monologe. Lose Szenenfolgen wie in *Unschuld* sind häufig. Ihre Bühnentexte, sagte die Autorin, würden »lieber organisch wachsen, mit angelagerten schichten und allen möglichen sedimenten, als konstruiert zu sein; und das ist schwer genug. man muss die nerven spüren«.

Dea Loher hat außerdem zwei Prosabücher veröffentlicht, einen Band mit Erzählungen und einen Roman, der, ähnlich manchen ihrer Stücke, unterschiedliche Handlungsstränge verbindet, dies auch in wechselndem Erzählgestus. Wieder gibt es Tod, Verbrechen und Schuld. Die Autorin hat diese Präferenz autobiografisch erklärt: »Katholische Sozialisation, was soll man machen. Schuld, Erlösung, Reinigung, Läuterung, das verfolgt einen das Leben lang.«

Veröffentlichungen (Auswahl)
Hundskopf. Erzählungen, 2005 ◇ *Unschuld (Theaterstück),*
2003 ◇ *Diebe (Theaterstück),* 2010 ◇ *Am Schwarzen See*
(Theaterstück), 2012 ◇ *Bugatti taucht auf. Roman,* 2012

LUXEMBURG, ROSA
* 1871 Zamość, Polen, † 1919 Berlin

Soll man sie zu den Berliner Autorinnen zählen? Die Antwort lautet:
Ja. Ihre Veröffentlichungen lassen
sich als Sachbücher einordnen,
manche ihrer Briefe, voran die aus
dem Gefängnis, haben literarischen
Rang. Als sie 1919 festgenommen
wurde, was zu ihrer Ermordung
führte, hatte sie als Lektüre keinen
Band Marx bei sich, sondern einen
Band Goethe.

Geboren wurde sie 1871 als Rozalia Luksenburg im rus-
sisch-polnischen Zamość. Die spätere Schreibung des Fa-
miliennamens geht auf einen Behördenfehler zurück. Ihr
Interesse für Politik setzte früh ein: Bereits als Schülerin las
Rosa Luxemburg marxistische Schriften und engagierte sich
in sozialistischen Gruppen. Sie sprach Polnisch, Deutsch und
Russisch. Von ihrer Mutter erhielt sie eine umfassende literarische Bildung. Sie war klein gewachsen und hatte ein Hüft-
leiden, das ihr Gehen beeinträchtigte. Zu jener Zeit war ein
Studium für Frauen ausschließlich in der Schweiz möglich.
Sie ging nach Zürich und ließ sich an der dortigen Universität

einschreiben. Mit einer Arbeit über die industrielle Entwicklung Polens promovierte sie summa cum laude.

Gemeinsam mit Freunden gründete sie eine polnische sozialistische Partei. Bei internationalen Kongressen, an denen sie teilnahm, hatte sie Kontakt mit der deutschen Sozialdemokratie. Schließlich ging sie nach Berlin. Mithilfe einer Scheinehe erhielt sie die deutsche Staatsbürgerschaft. Bald gehörte sie zu den bekanntesten Persönlichkeiten der politischen Linken im Land. Sie war eine begnadete Rednerin. Rechtskonservative hassten und verleumdeten sie, allein weil sie Jüdin war. Bei der programmatischen Auseinandersetzung innerhalb der SPD beharrte sie auf dem Prinzip der Revolution.

Mit dem polnischen Sozialisten Leo Jogiches hatte sie eine leidenschaftliche Affäre. Der jüngere Sohn ihrer Freundin Clara Zetkin war danach ihr Liebhaber. Ihr letzter Gefährte wurde der Anwalt Paul Levi, der sich später ihres Nachlasses annahm.

Als die SPD, früheren Beschlüssen zum Trotz, 1914 für den Krieg und die entsprechenden Kredite stimmte, gehörte sie neben Karl Liebknecht zu jener Minderheit, die sich vehement dagegen wehrte. Sie tat dies öffentlich und publizistisch, was ihr eine mehrjährige Festungshaft eintrug. Gemeinsam mit Liebknecht gründete sie den Spartakusbund, Keimzelle der späteren Kommunistischen Partei Deutschlands.

Bei Kriegsende wurde sie aus der Haft entlassen. Der Kaiser war abgetreten, im Land und zumal in der Hauptstadt herrschte Aufruhr. Um den Aufstand niederzuschlagen, rief die von Sozialdemokraten geführte Reichsregierung Freikorps zu Hilfe. Eines von ihnen nahm Rosa Luxemburg wie auch Karl Liebknecht fest. Beide wurden erschossen. Ihre toten Körper trieben im Landwehrkanal. Der Leichnam Rosa Luxemburgs wurde niemals gefunden.

Sie war klug, tapfer, liebevoll und charismatisch. Ihre unbedingte Parteinahme für die Revolution erscheint im Nachhinein, vor allem im Licht der Ereignisse in Russland, einigermaßen obsolet. Sie selbst könnte dies geahnt haben, was ihre Einwände gegen Lenins totalitäres Vorgehen nahelegen. Hierbei fiel auch ihr vielleicht bekanntester Ausspruch, der meist verkürzt und nicht ganz korrekt wiedergegeben wird. Der volle Wortlaut ist: »Freiheit nur für die Anhänger der Regierung, nur für Mitglieder einer Partei – mögen sie noch so zahlreich sein – ist keine Freiheit. Freiheit ist immer Freiheit der Andersdenkenden. Nicht wegen des Fanatismus der ›Gerechtigkeit‹, sondern weil all das Belebende, Heilsame und Reinigende der politischen Freiheit an diesem Wesen hängt und seine Wirkung versagt, wenn die ›Freiheit‹ zum Privilegium wird.«

Veröffentlichungen
Gesammelte Werke (sieben Bände), 1970–1975, 2014, 2017 ◇
Gesammelte Briefe (sechs Bände), 1982–1984, 1993

M

MAHLKE, INGER-MARIA
* 1977 Hamburg

»Die Deckenlampe brennt, Rosas Fenster steht einen Spalt offen, durch den sie ins Zimmer gelangen. Sie lassen sich vom Luftzug hineintragen, krabbeln über den abplatzenden Lack des Fensterrahmens, taumeln, Hormigas voladoras, fliegende Ameisen, kleine dunkle Striche. Die um die Lampen kreisen, an der Decke sitzen, winzige dunkle Striche, am dichtesten am Fenster, auf dem cremefarbenen Stoff des sich blähenden Vorhangs.«

Die Szene spielt in einem Zimmer in La Laguna auf Teneriffa, der alten Hauptstadt des kanarischen Archipels, es ist das Jahr 2015. Die Rückkehrerin Rosa erlebt die nicht unproblematische Gegenwart des spanischen Touristenortes. Sie trifft auf den Pförtner eines Altenheims, dessen fast hundertjährige Biografie die politische und soziale Vergangenheit der Inseln erschließt. Die Nacherzählung erfolgt nicht, wie gewohnt, nacheinander, sondern rückläufig: Für jede Etappe werden die Voraussetzungen im Anschluss geliefert. Es geht um die Schicksale von drei Familien und zwanzig Personen, es geht um fast vier Jahrzehnte Diktatur unter General Franco, der seinen faschistischen Putsch auf Teneriffa begann, es geht um das Danach und Davor.

Autorin dieser eigenwilligen Gegenchronologie ist die 1977 geborene Inger-Maria Mahlke. Sie kennt die Insel gut, ihre Mutter wurde auf Teneriffa geboren, sie selbst hat sich immer wieder dort aufgehalten. Für *Archipel*, ihren vierten Roman, erhielt sie 2018 den Deutschen Buchpreis.

Von Hause aus ist sie Juristin. Sie studierte an der Freien Universität Berlin und war dort auch eine Weile angestellt. Zur schönen Literatur kam sie über mehrere Kurse, und gleich ihr erstes Buch, *Silberfischchen*, die problematische Beziehungsgeschichte zwischen einem pensionierten Polizisten und einer polnischen Putzfrau, wurde sehr beachtet. Der zweite Roman spielt, wie der erste, in Berlin und erzählt von Bewohnern eines Mietshauses. Der dritte hat als Hauptfigur eine kleinwüchsige Aristokratin aus der Tudor-Zeit.

Inger-Maria Mahlkes Stil ist schmucklos-realistisch, man hat ihn spartanisch genannt.

Veröffentlichungen
Silberfischchen. Roman, 2010 ◇ *Rechnung offen. Roman,* 2013 ◇ *Wie ihr wollt. Roman,* 2015 ◇ *Archipel. Roman,* 2018

MALTZAHN, SOPHIE VON
* 1984 Frankfurt am Main

Lourdes ist eine Kleinstadt im französischen Südwesten, nahe der spanischen Grenze. Hier, an einer Grotte, hatte 1858 die 14-jährige Bernadette Soubirous eine Erscheinung der Muttergottes und erhielt von ihr den Auftrag, dass an ebendieser Stelle eine Kirche zu errichten sei. Genau dies geschah. Ein reger Pilgertourismus setzte ein, der hier entspringenden Quelle werden Heilkräfte nachgesagt, siebzig medizinische Wunder sind inzwischen kirchlich bestätigt. Bernadette wurde 1933 heiliggesprochen.

Bernadette und Lourdes haben die Belletristik inspiriert. Egon Erwin Kisch schrieb eine ausführliche Reportage, die Begebenheit kommt in Romanen von Émile Zola, Paulo Coelho und Franz Werfel vor. Das jüngste Beispiel trägt den Titel *Liebe in Lourdes*, verfasst hat es Sophie von Maltzahn – nach Hape Kerkelings *Ich bin dann mal weg* ein weiteres deutschsprachiges Erzählbuch über eine Pilgerfahrt.

Die 1984 in Hessen geborene Autorin studierte Betriebswirtschaft, Kunstgeschichte sowie Ägyptologie und lebt mittlerweile in Berlin. Zunächst war sie journalistisch tätig. Ihr erster Roman *Grenzwerte/1928* spielt in jenem Milieu, dem sie selber entstammt, der norddeutschen Aristokratie. Wer will, mag Parallelen zu *Mitteilung an den Adel* entdecken, dessen Autorin Elisabeth Plessen eine vergleichbare Herkunft aufweist.

Aristokratisch geht es auch in Lourdes zu, unter anderem nämlich deshalb, weil es zum guten Ton von Adeligen gehört, diesen Wallfahrtsort aufzusuchen, sich dort der tätigen Barmherzigkeit zu widmen und nebenher nach geeigneten – also ebenfalls adeligen – Heiratskandidaten Ausschau zu halten. Sophie von Maltzahns autobiografisch inspirierte Romanheldin mit Namen Kassandra begleitet eine Gruppe schwerbehinderter Kinder von Berlin nach Lourdes. Sie erlebt das Grotesk-Absurde des frommen Massenbetriebs und lässt sich am Ende doch von ihm überwältigen.

Sophie von Maltzahn, evangelisch getauft, hat bereits mehr als ein halbes Dutzend Lourdes-Reisen absolviert. Ihr leichtfüßig erzähltes Buch lässt die Romanfigur die Annäherung an den Katholizismus wie folgt vollziehen: »Als Kassandra den Finger ins Weihwasser tauchen will, zögert sie kurz, aber dann denkt sie: Dafür bin ich schließlich extra hergekommen. Zurück auf Los und alles noch mal von vorn, im Namen des Vaters, des Sohnes und des Heiligen Geistes – pars pro toto für die Madonna mia Maria: den Finger ins Becken tauchen, Knie zum Boden, Blick senken und ein Kreuz vorm Herz schlagen.«

Veröffentlichungen
Grenzwerte/1928. Roman, 2014 ◇ Liebe in Lourdes. Roman, 2019

MARON, MONIKA
* 1941 Berlin

Pawel Iglarz ist ein konvertierter Jude aus der Umgebung der polnischen Industriemetropole Lodz. Anfang des 20. Jahrhunderts geht er, wie viele polnische Juden jener Jahre, zusammen mit seiner Frau Josefa nach Deutschland. Er lässt sich in Berlin-Neukölln nieder, dem einstigen Rixdorf, das eine ehrwürdige Tradition in der Aufnahme geflüchteter Fremder hat. So lebten hier einst die verjagten Böhmischen Brüder. Pawel Iglarz ist von Beruf Schneider und betreibt eine kleine Werkstatt. Er hat sein Auskommen. Seine Frau gebiert eine Tochter, Hella. Dann gelangt Adolf Hitler an die Macht, und im Zuge des immer radikaler praktizierten staatlichen Antisemitismus werden Pawel und Josefa nach Polen deportiert. Ihrer Tochter Hella gelingt es, in Berlin zu bleiben. Nach Kriegsausbruch werden die Eheleute getrennt. Pawel gerät 1942 ins Ghetto der polnischen Stadt Belchatow, wo sich seine Spur verliert, entweder wurde er in den Wäldern erschossen, oder er kam im Konzentrationslager Kulmhof um. Was von ihm blieb, ist ein Karton mit Briefen, Fotografien und anderen Erinnerungsstücken.

Pawel Iglarz ist keine literarische Erfindung. Es hat ihn gegeben, unter diesem Namen und mit diesem Schicksal. Dass wir von ihm wissen, verdanken wir seiner Enkelin, der 1961 geborenen Schriftstellerin Monika Maron, die der anrührenden Geschichte ihres Großvaters nachgegangen ist, alle seine Aufenthaltsorte besucht und alle noch lebenden Zeugen befragt hat. *Pawels Briefe* erschien 1999.

18 Jahre zuvor hatte sie ihr erstes Buch herausgebracht. *Flugasche* erzählt von Umweltverschmutzungen, verursacht durch die DDR-Industrie und dargetan am Beispiel des Chemiekombinats Bitterfeld. Das Buch entstand in der DDR, konnte dort aber nicht gedruckt werden, weshalb es die Autorin nach zwei Jahren vergeblichen Verhandelns einem Verlag in Frankfurt am Main überließ. Damit hatte sie sich von ihrer früheren politischen Umgebung, voran ihrem Elternhaus, deutlich entfernt. Ihre Mutter war seit 1955 mit einem hohen SED-Funktionär verheiratet, dem späteren DDR-Innenminister Karl Maron. Tochter Monika hatte, nach einem Studium der Theaterwissenschaften und der Kunstgeschichte, eine Weile als Regieassistentin gearbeitet, ehe sie journalistisch für Ost-Berliner Zeitschriften tätig wurde.

Nach ihrem Romandebüt lebte sie zunächst weiter in der DDR. Ihr Roman *Die Überläuferin* von 1986 reflektierte ihre damalige Situation.

1988 übersiedelte sie nach Hamburg. Sie habe Angst vor dem Bruch gehabt, sagte sie später, es sei aber viel leichter gewesen als befürchtet: »Nachdem ich es hinter mir hatte, war es ganz in Ordnung.«

Die DDR als Thema beschäftigte sie weiterhin. Ihr Roman *Stille Zeile Sechs* lieferte eine gnadenlose literarische Abrechnung mit der politischen Welt ihres Stiefvaters. Von ihren späteren Romanen seien zwei erwähnt: *Animal triste*, die Geschichte der erotischen Obsession einer alternden Frau, und *Munin oder Chaos im Kopf*, das unter Rückgriffen auf die altgermanische Mythologie, von den askustischen, intellektuellen und zivilisatorischen Heimsuchungen einer Großstädterin unserer Tage erzählt.

Ihren journalistischen Anfängen bleibt Monika Maron weiterhin treu, indem sie sich immer wieder publizistisch zu Tagesthemen äußert. Sie hat dafür nicht nur Beifall erhalten. »Ich dachte immer, ich sei liberal«, schreibt sie, »aber im Fernsehen und in der Zeitung sagen sie, ich sei rechts. Und nun zermartere ich mir den Kopf, wie das passieren konnte.«

Veröffentlichungen (Auswahl)
Flugasche. Roman, 1981 ◇ *Stille Zeile Sechs. Roman, 1991* ◇ *Animal triste. Roman, 1996* ◇ *Pawels Briefe. Eine Familiengeschichte, 1999* ◇ *Munin oder Chaos im Kopf. Roman, 2018*

MENASSE, EVA
* 1970 Wien

Wiederholt haben österreichische Autoren in Berlin gelebt, auf Zeit oder auf Dauer. Die Reihe beginnt mit Robert Musil, Hermann Broch, Joseph Roth und Alfred Polgar, sie führt weiter bis zu Oswald Wiener, der sich in der deutschen Hauptstadt dann weniger als avantgardistischer Prosaautor betätigt hat denn als erfolgreicher Gastronom. Eine der Jüngeren in dieser Reihe ist Eva Menasse.

Sie wurde 1970 in Wien geboren, als Tochter eines jüdischen Remigranten und einst berühmten Fußballprofis. Sie hat Germanistik und Geschichte studiert, war einige Jahre Journalistin und schrieb ihre ersten zwei Bücher zusammen mit ihrem Halbbruder Robert Menasse und dessen Ehefrau Elisabeth. Die erste Veröffentlichung als alleinige Autorin war ein Buch über den Strafprozess gegen den britischen Sachbuchautor und Holocaustleugner David Irving. Ihr erster Roman hieß *Vienna* und erzählte, in leicht fiktionaler Aufbereitung, die Geschichte der eigenen Familie: »In der Erinnerung ist am Schneuzl-Platz immer Sommer. Meine Mutter, die es wieder eilig hat, zerrt ihre beiden Kinder den weiß gekiesten Weg entlang, auf das quadratische Clubhaus zu. Links und rechts starren Rosenbüsche, Flieder und gepflegte Ziertannen. Jede herabgefallene Blüte, jedes vergilbte Blatt wird sofort von einem der beiden Platzarbeiter entfernt, die Dusan und Dragan heißen, einem niemals direkt ins Gesicht schauen und die mit ihren unsichtbaren Familien in einem heruntergekommenen Bungalow im Gebüsch hinter der Tennishalle wohnen.« Der Schneuzl-Platz ist also ein Wiener Tennisgelände, das hier nach seinem Betreiber benannt wird. Man erkennt: Die Autorin ist liebenswürdig und manchmal etwas boshaft, sie hüpft von einer Erinnerung zur anderen, liefert reichlich Porträts und Anekdoten, man hat ihr Buch mit Friedrich Torbergs Sammlung *Die Tante Jolesch* verglichen, was als Geste des Respekts zu verstehen ist.

Seit 2003 lebt sie in Berlin. Sie hat inzwischen einen weiteren Roman und zwei Erzählbände veröffentlicht. Ihr Vorzugsschauplatz ist Wien geblieben, ob sie, wie in *Quasikristalle*, die Biografie einer Frau aus mehreren Perspektiven erzählt oder, wie in *Lässliche Todsünden*, die sieben »peccata mortifera« des Katholizismus zum Thema von Erzählungen macht. Die in *Tiere für Fortgeschrittene* versammelten Geschichten werden eingeleitet mit Notizen über Tierisches, um dann von menschlichen Schicksalen zu handeln.

Geradezu trotzig beharrt Eva Menasse darauf, Schriftsteller sollten sich gesellschaftlich engagieren. Sie selbst war an politischen Initiativen in Deutschland beteiligt. Über zwei Literaten ihrer österreichischen Heimat hat sie sich monografisch geäußert, Heimito von Doderer und Georg Kreisler: »Denn wie jeder, über dessen Kunst man mehr als zweimal lachen kann, ist Georg Kreisler in Wahrheit kein lustiger, sondern ein tieftrauriger Künstler. Der echte Witz dient in der Kunst ja ausschließlich dazu, die Menschen weich und offen zu machen, damit sie sich überhaupt von irgendeinem Gedanken berühren lassen.« Dies ist wohl auch in eigener Sache gesprochen.

Veröffentlichungen (Auswahl)
Der Holocaust vor Gericht. Der Prozess um David Irving, *2000* ◇ *Vienna. Roman, 2005* ◇ *Lässliche Todsünden (Erzählungen), 2009* ◇ *Quasikristalle. Roman, 2013* ◇ *Tiere für Fortgeschrittene (Erzählungen), 2017*

MEVISSEN, KATHARINA
* 1991 Aachen

»Ich schwitze unter dem schwarzen Hemd, unter den Achseln, am Rücken und zwischen den Fingern, schon als ich nachstimme. Auch an der Musik kann man hören, dass es zu warm ist. Man hört sie schwitzen. Die Töne sind dann schmierig und feucht, die Finger sitzen nicht fest auf den Saiten, und das Holz des Instruments wird großporig und quillt auf.«
Das Instrument, das hier gespielt wird, ist ein Cello, und der es spielt, ist ein verträumter Musikstudent mit Namen Oman, Sohn eines türkischen Vaters. Er verliebt sich in eine Nachbarin, und er findet zufällig ein Diktiergerät, auf dem er von zwei Frauen erfährt, von denen eine gehörlos ist. Es geht in dem Buch ums Hören, ums Zuhören, um Verständigung, um Stille. Geschrieben hat den Roman *Ich kann dich hören* die 1991 geborene Katharina Mevissen.

Sie studierte an der Universität Bremen Kulturwissenschaften und hat zudem einen Kurs über Drehbuchschreiben absolviert.

Ihre Examensarbeit verfasste sie über den Massenmord an den Armeniern im Osmanischen Reich als Thema von schöner Literatur. Darin stehen diese programmatischen Sätze: »Es gilt, Kulturen des Umgangs zu finden, das Schweigen ins Sprechen zu überführen, Formen der Erinnerung und Trauer zu entwickeln, Erklärungsversuche zu formulieren, den Fortbestand von Machtstrukturen und Unterdrückungssystemen in Politik, Gesetz und Denkmustern freizulegen. Es gilt, das Danach zu gestalten.«

Die Welt der Gehörlosen ist ihr vertraut, da sie die gebärdensprachliche Literaturinitiative »handverlesen« leitet. Ebenso sind ihr, spätestens seit ihrer Examensarbeit, die Probleme von Emigration und Einwanderung vertraut. Sie veröffentlichte ein Gedicht, das die lebensbedrohlichen Flüchtlingsüberfahrten auf dem Mittelmeer thematisiert und so beginnt: »vom meeresspiegel stürzen die schiffe / ins tote. vögel ertrinken / im himmel der tränt das meer / die luft ist salzig.«

Veröffentlichungen
Massenvernichtung und Überlebenskunst. Kulturelle Überlebensstrategien in Roman und Dichtung nach dem Genozid an den Armeniern, 2014 ◇ *Ich kann dich hören. Roman, 2019*

MOOSDORF, JOHANNA
* 1911 Leipzig, † 2000 Berlin

Sie wurde 1911 geboren. Ab 1931 lebte sie in Berlin. Sie heiratete den jüdischen Intellektuellen Paul Bernstein, mit dem gemeinsam sie ein Heim für erwerbslose Jugendliche unterhielt. Als sie ihren ersten Gedichtband veröffentlichen wollte, war Adolf Hitler an der Macht, das Buch wurde verboten.

Johanna Moosdorf bekam zwei Kinder. Ihr Mann wurde als Jude festgenommen, deportiert und in Auschwitz ermordet. Mehrere Jahre lebte sie fortan zusammen mit einer Jugendfreundin. Nach dem Krieg wurde sie Zeitungsredakteurin in ihrer Geburtsstadt Leipzig, verließ aus politischen Gründen die DDR und lebte fortan in West-Berlin. Sie publizierte viel, erzählende Texte, Hörspiele, Theaterstücke, Essays, Gedichte. Ein Roman, der zunächst *Sappho* hieß, später *Die Freundinnen* und eine lesbische Liebesgeschichte erzählt, konnte erst sieben Jahre nach der Fertigstellung erscheinen, wurde dann aber, befördert durch die Frauenbewegung, ein beträchtlicher Verkaufserfolg.

Als ihr Hauptwerk gilt der Roman *Jahrhundertträume*, der eine kaum verschlüsselte Autobiografie ist und ein ausführliches Porträt ihres ermordeten Ehemanns. Das Buch sei »eine bestürzende und bewegende Trauerarbeit von großer Glaubwürdigkeit«, heißt es in einer postumen Ehrung. Das Geschehen in den nationalsozialistischen Jahren sowie der Umgang mit Schuld und Schuldigen in der Nachkriegszeit waren mehrfach Gegenstand ihrer Arbeiten.

In ihrer Dankesrede zur Auszeichnung mit dem Nelly-Sachs-Preis sagte sie: »Das Engagiertsein ist für mich eine Gegebenheit, ich engagiere mich nicht, und ich werde nicht engagiert: ich bin engagiert – allerdings in einem weiten Sinne, engagiert für den Menschen.«

Im Alter war sie stark sehbehindert. An ihren letzten Texten konnte sie nur noch mit Hilfe eines Lesegeräts schreiben. Johanna Moosdorf starb im Jahr 2000.

Veröffentlichungen (Auswahl)
Das Bildnis. Roman, 1947 ◇ *Nebenan. Roman, 1961* ◇ *Die Freundinnen. Roman, 1977* ◇ *Jahrhundertträume. Roman, 1989* ◇ *Fahr hinaus in das Nachtmeer. Gedichte, 1990*

MORA, TERÉZIA
* 1971 Sopron, Ungarn

Der renommierte Ingeborg-Bach-mann-Preis wird alljährlich in der Kärntner Landeshauptstadt Klagenfurt verliehen, als Resultat eines Wettlesens vor Jury, Publikum und Fernsehkameras. Jeweils 14 Autoren tragen dort unveröffentlichte Texte vor. Die dreitägige Veranstaltung bietet ein Podium für literarische Debütanten. Preisträgerin des Jahres 1999 wurde die 1971 geborene Terézia Mora. Sie las eine Geschichte mit dem Titel *Der Fall Ophelia*. Es ging darin um eine junge Frau, die, anders als die Shakespeare-Figur, nicht im Wasser umkommt, sondern sich schwimmend von ihrem Milieu emanzipiert, das wie folgt beschrieben wird: »Niedrige, zweiäugige Häuser, grüne Tore, und hinter jedem der Tore ein Bastard an die Kette gelegt. Die Ketten sind unterschiedlich lang. Zehn Monate im Jahr Dauerregen, Wind und Melassegeruch und Fabrikruß, der auf die Weißwäsche fällt. «

Es handelt sich um ein auch von Deutschen bewohntes ungarisches Dorf unmittelbar an der Grenze zu Österreich. Die Geschichte steht in einem Buch, das *Seltsame Materie* heißt und insgesamt elf Erzählungen versammelt. Alle spielen in der gleichen Umgebung, die bäuerlich ist, heruntergekommen, armselig und der Autorin wohlvertraut, da sie hier Kind war. Indem sie darüber schrieb, hat sie sich davon innerlich zu entfernen gewusst.

Fortgegangen ist sie 1990, nach dem politischen Zusammenbruch des ehemaligen Ostblocks. Sie kam nach Berlin und studierte, zunächst an der Humboldt-Universität, später an der Film- und Fernsehakademie. Es gibt drei Drehbücher von ihr. Mit ihrem Erzählband *Seltsame Materie* setzte sie sich als Autorin durch. Sie schrieb ihren ersten Roman, *Alle Tage*. Erzählt wird von einem osteuropäischen Emigranten, der in eine deutsche Großstadt zieht, trotz seiner Begabungen dort nicht heimisch wird und sich am Ende gewaltsam aus dem Leben entfernt. Danach begann sie ihr auf drei Bände geplantes Romanprojekt über einen IT-Spezialisten namens Darius Kopp. Zwei Teile sind erschienen. Der Held ist robust, bemüht, auch genusssüchtig, dabei unbehaust und innerlich zerrissen. »Ein Blick in den Spiegel ließ sich nicht vermeiden. Hier gab es überall welche. Wohin du dich auch drehst: Die Kreuzung zwischen einem blonden, stupsnäsigen Jungen Mitte 40 und einem Reptil. Tränensäcke, Kehllappen. Ich sehe versoffen aus. Was ich auch bin.« Am Ende des zweiten Buches reist Kopp auf den Balkan, bei sich hat er eine Urne mit der Asche seiner geliebten Frau.

Terézias Moras Sprache ist genau, direkt und pathosfern. Ihre Romane wurden von Kritikern als brillante Großstadt-schilderungen gerühmt. Zweisprachig aufgewachsen, hat sie mehrfach aus dem Ungarischen übertragen, so Bücher des 2016 verstorbenen Péter Esterházy.

Veröffentlichungen (Auswahl)
Seltsame Materie. Erzählungen, 1999 ◇ *Alle Tage. Roman, 2004* ◇ *Der einzige Mann auf dem Kontinent. Roman, 2009* ◇ *Das Ungeheuer. Roman, 2013* ◇ *Die Liebe unter Aliens. Erzählungen, 2016*

MORGNER, IRMTRAUD
* 1933 Chemnitz, † 1990 Ost-Berlin

Der hochmittelalterliche Minnesang war eine höfische Angelegenheit. Die Verfasser, sofern Männer, besangen eine meist
unerreichbare, da verheiratete und sozial höhergestellte Frau.
Als Variante gab es den Lobpreis erotischer Vergnügungen
mit Mädchen von niederem Stand. Ursprungsregion dieser
in weiten Teilen Europas verbreiteten Dichtung war Aquita-
nien. Der Künstler hieß französisch Troubadour, okzitanisch
Trobador. Im französischen Südwesten, und nur dort, gab es
auch weibliche Vertreter dieser Kunst, Trobairitz genannt –
die übliche deutsche Übersetzung lautet Spielfrau. Ein halbes
Dutzend dieser Dichterinnen sind bekannt. Eine davon war,
im späten 12. Jahrhundert, die Gräfin Beatriz de Dia. Selbst
verheiratet, verliebte sie sich in einen anderen Mann, wovon
ihre Lieder Zeugnis geben. Vier der Texte sind erhalten.

In dem Roman *Leben und Abenteuer der Trobadora Beatriz
nach Zeugnissen ihrer Spielfrau Laura* liegt Beatriz de Dia acht
Jahrhunderte in tiefem Zauberschlaf und wacht 1968 wieder
auf. Sie gerät in die Pariser Studentenrevolte. Sie hört vom
gelobten Land DDR und geht dorthin. Sie trifft eine junge
Frau, Triebwagenfahrerin und alleinerziehende Mutter, gemeinsam durchstreifen die beiden den ostdeutschen Alltag.
In das Geschehen hinein montiert sind Elemente aus Märchen, Liedern und Mythen, dazu Dokumente. Übergreifend
geht es um die Rolle der Frau in Geschichte und Gegenwart.

Erfunden hat dies die 1933 geborene Schriftstellerin Irmtraud Morgner. Sie kam aus einer sächsischen Proletarier-
familie, hatte studiert und eine Weile bei einer Literatur-
zeitschrift gearbeitet, ehe sie 1958 freischaffende Autorin
wurde. Da lebte sie schon in Berlin. Ihre ersten Texte waren

affirmative Geschichten vom Leben in der DDR und entsprachen völlig den Vorgaben der SED-Kulturpolitik.

Ihr Roman *Hochzeit in Konstantinopel* wurde ihr erster Erfolg. Er schildert die Reise eines DDR-Paars an die jugoslawische Adria, neben touristischen Erlebnissen gibt es die märchenhaften Erzählungen der weiblichen Hauptfigur, die sich ihrer Biografie und ihres weiblichen Selbstgefühls vergewissert. Die feministische Tendenz des Buches ist unübersehbar. Die Einbeziehung des Fantastischen aber war für die DDR-Belletristik unerhört. Sie setzte sich fort im Roman um Beatriz de Dia, die hier Trobadora statt Trobairitz genannt wird. Damals war gerade die Zeit, da der fantastische Realismus vor allem Lateinamerikas in Europa und auch im ostdeutschen Staat sein begeistertes Publikum fand. Inwieweit Irmtraud Morgner sich davon beeinflussen ließ, stehe dahin, ebenso dürfte sich die studierte Germanistin in der deutschen Romantik umgesehen haben. Der Erfolg ihres Buchs war grenzüberschreitend. Alice Schwarzer, damalige Stimme der bundesdeutschen Frauenbewegung, lobte es enthusiastisch. Seit dem Erscheinen des Romans, das zeitgleich erfolgte mit dem ihres eigenen ersten Bestsellers, sagt Schwarzer, seien sie Freundinnen gewesen.

Begonnen hatte Irmtraud Morgner als gehorsame Anhängerin des DDR-Sozialismus. Die Widerstände, gegen die sie dann ankämpfen musste, die persönlichen Enttäuschungen, die sie erlebte, die Konflikte mit Zensur und Geheimpolizei setzten ihr zu. 1990 notierte sie: »Die Freude über den Aufbruch in meinem Land überwältigte mich fast.« Da war sie schon schwer krank. Noch im selben Jahr ist sie gestorben.

Geplant hatte Irmtraud Morgner, um Beatriz und deren Gefährtin noch zwei weitere Romane zu verfassen. Einer,

Amanda, wurde fertig, darin geht es um Hexen, Teufel und eine ziemlich desolate DDR. Der letzte Teil blieb Fragment. Ihr Lebensgefährte hat die Bruchstücke geordnet und 1988 als Buch herausgebracht.

»Literatur braucht Zukunftsgewissheit wie der Mensch selber«, sagte sie. »Wer heute Literatur macht, fördert, liest, ist bemüht, bösen Ahnungen zum Trotz, Optimist zu bleiben, ist einer, der glaubt, dass die Zukunft doch bewahrt wird.«

Veröffentlichungen (Auswahl)
Hochzeit in Konstantinopel. Roman, 1968 ◇ Die wundersamen Reisen Gustavs des Weltfahrers. Lügenhafter Roman mit Kommentaren, 1972 ◇ Leben und Abenteuer der Trobadora Beatriz nach Zeugnissen ihrer Spielfrau Laura. Roman in 13 Büchern und 7 Intermezzos, 1974 ◇ Amanda. Ein Hexenroman, 1983 ◇ Rumba auf einen Herbst. Roman, 1992

MÜLLER, HERTA
* 1953 Niţchidorf, Rumänien

Die deutschen Minderheiten auf dem Gebiet des heutigen Rumänien sind das Ergebnis zweier zeitlich getrennter Immigrationen. Siebenbürgen wurde von Deutschen schon im Hochmittelalter besiedelt, das Banat erst ab dem 17. Jahrhundert. Fast alle deutschen Minoritäten im Ausland, bis hin zu denen in Lateinamerika, hielten politisch und kulturell an konservativen Überzeugungen fest, was sich teilweise auch in der Begrüßung des Nationalsozialismus äußerte.

Die 1953 in dem banatdeutschen Nițchidorf geborene Herta Müller ist die Tochter eines Mannes, der vor 1945 Mitglied der Waffen-SS war. Sie wuchs deutschsprachig auf, Rumänisch erlernte sie erst später. Sie absolvierte ein Gymnasium, studierte an der Universität Timișoara und arbeitete als Übersetzerin in einer Maschinenfabrik. Da sie sich weigerte, mit der rumänischen Geheimpolizei zu kooperieren, wurde sie ausgegrenzt, zu Verhören einbestellt und schließlich entlassen.

Sie fing an zu schreiben. Sie schloss sich den bestehenden Gruppen deutschrumänischer Literaten an, ihre erste größere Publikation war der Band *Niederungen*. Die Geschichten erzählen von Banatdeutschen, manche der Schilderungen sind höchst kritisch, was der Autorin üble Beschimpfungen eintrug.

1987 verließ sie Rumänien. Gemeinsam mit ihrem damaligen Ehemann Richard Wagner konnte sie in die Bundesrepublik ausreisen. Die Umstände ihres Fortgehens und ihrer Ankunft hat sie in ihrem Roman *Reisende auf einem Bein* geschildert, deren Mittelpunktfigur autobiografische Züge trägt. Ihr zweiter Roman, *Herztier*, erzählt von einem jungen Mädchen, das unter den Verfolgungen des rumänischen Geheimdienstes fast zerbricht, dann aber nach Deutschland emigrieren kann. Der dritte Roman, *Atemschaukel*, handelt von dem Häftling eines sowjetisch-ukrainischen Straflagers, hier diente das Schicksal des rumäniendeutschen Lyrikers Oskar Pastior als Vorbild.

Die traumatisierenden Heimsuchungen durch die rumänische Geheimpolizei Securitate sind das alles beherrschende Motiv ihrer erzählenden Prosa. Außerhalb Russlands, neben

Solschenizyn und Schalamow, hat niemand so extensiv und eindringlich über dieses Thema geschrieben wie sie. »Diktaturen«, sagt sie, »sind immer vielseitige Monster. Sie zensieren nicht nur auf dem Papier in alle Richtungen, sondern gleichzeitig auf der Haut des Menschen.«

Herta Müllers Sprache hat erkennbar auslandsdeutsche Prägung: »Die Sprache bleibt nah bei dem, woher man sie hat.« Entfernt ähnelt sie dem Stil Paul Celans, der gleichfalls jener Region entstammte, sein berühmtestes Gedicht *Todesfuge* hatte er zunächst auf Rumänisch verfasst.

Bei Celan lassen sich deutliche Einflüsse des Surrealismus erkennen. Surrealistisch ist, im Bild wie im Wort, die Technik der Collage. Ihrer bedient sich Herta Müller. Seit ihrer Zeit in Rumänien schneidet sie aus Zeitungen Wörter und Bilder aus, sammelt sie und fügt sie zusammen, zu Bild-Collagen und vor allem zu Versen. »Das Kleben der Wörter ist so sinnlich, die Wörter können und dürfen alles. Ich nehme immer nur ganz gewöhnliche, und wenn ich sie zusammenstelle, dann entsteht etwas, was neu ist, es fängt an zu glitzern.« Ihr Band *Vater telefoniert mit den Fliegen* versammelt die poetischen Resultate.

Inzwischen lebt Herta Müller in Berlin-Friedenau. 2009 wurde ihr Gesamtwerk mit dem Nobelpreis für Literatur ausgezeichnet.

Veröffentlichungen (Auswahl)
Niederungen. Prosa, 1982 ◇ *Reisende auf einem Bein (Roman), 1989* ◇ *Herztier. Roman, 1994* ◇ *Hunger und Seide. Essays, 1995* ◇ *Atemschaukel. Roman, 2009* ◇ *Vater telefoniert mit den Fliegen (Gedichte), 2012*

MÜLLER, INGE
* 1925 Berlin, † 1966 Ost-Berlin

»Als ich Wasser holte, fiel ein Haus auf mich / Wir haben das Haus getragen / Der vergessene Hund und ich«. So beginnt ein Gedicht mit dem Titel *Unterm Schutt III*. Die Verse mit den zwei vorausgehenden Ziffern handeln von dem gleichen Vorgang: Jemand wird unter Trümmern begraben und kommt davon. Die Autorin hat es genau so erlebt. Sie hieß, als es geschah, Inge Meyer. Ursache war ein Bombardement am Ende des Zweiten Weltkriegs, erst nach drei Tagen kam sie frei. Sie musste die Leichen ihrer Eltern bergen, einen Finger der Mutter hatte jemand abgeschnitten, des daran steckenden Ringes wegen. Die traumatische Erinnerung an all das haben Inge Müller ihr Leben lang begleitet.

Geboren wurde sie 1925 in Berlin. Sie hatte eine behütete Kindheit, mit Klavier- und Ballettunterricht. Die nationalsozialistische Organisation Reichsarbeitsdienst schickte sie für einige Zeit nach Österreich, 1945 kehrte sie zurück. Sie schloss eine erste Ehe und bekam ein Kind. Sie arbeitete in verschiedenen Berufen und ging ihre zweite Ehe ein mit einem älteren Mann aus dem Zirkusmilieu. Sie zog nach Lehnitz bei Oranienburg, lernte ihren späteren dritten Mann Heiner Müller kennen, mit dem zusammen sie mehrere dramatische Texte schrieb. Nebenher publizierte sie Kinderbücher. Sie hatte eine Affäre mit dem Bruder ihres Mannes. Ihre wirtschaftliche Situation wurde dramatisch, als Heiner Müller aus politischen Gründen ohne Einkünfte blieb. Sie begann zu trinken. Sie litt unter Depressionen, unternahm mehrere Suizidversuche und begab sich in psychiatrische Behandlung. 1966 starb sie an einer Medikamentenüberdosis samt Gasvergiftung.

Dass sie eine eigenständige lyrische Begabung von hohem Rang hatte, ist erst lange nach ihrem Ableben offenbar geworden. Man hat sie mit Sylvia Plath verglichen. Eine knappe Edition ihrer Texte erschien 1976, eine größere Sammlung 1985. Viele der Gedichte sind kurz, der Ton ist lakonisch, die Inhalte sind beklemmend: »Vertane Chancen, zerspellte Gefühle, bröckelnde Ideale«, so der Lyriker Richard Pietraß, einer ihrer Herausgeber. »Das gepeinigte Gemüt ersehnte Ruhe, Befreiung aus dem auch im engeren Kreis aufschießenden Dickicht von Ellenbogen, denen sich die Karriereunwillige nicht gewachsen fühlte.«

Inge Müller selber schrieb: »Was ich gemacht hab? / Fragt irgendeinen / Ich hab gemacht was sie machen / Die gebückt unter Tränen lachen / Und vorm Tod nicht weinen / Sie haben keinen.«

Veröffentlichungen (Auswahl)
Wölfchen Ungestüm (Kinderbuch), 1955 ◇ Zehn Jungen und ein Fischerdorf. Ein abenteuerliches Ferienerlebnis (Kinderbuch), 1958 ◇ Der Lohndrücker (Theaterstück), 1958 (mit Heiner Müller) ◇ Die Korrektur (Theaterstück), 1959 (mit Heiner Müller) ◇ Die Weiberbrigade (Hörspiel), 1960 ◇ Dass ich nicht ersticke am Leisesein. Gesammelte Texte, 2002

N

NDIAYE, MARIE
* 1967 Pithiviers, Frankreich

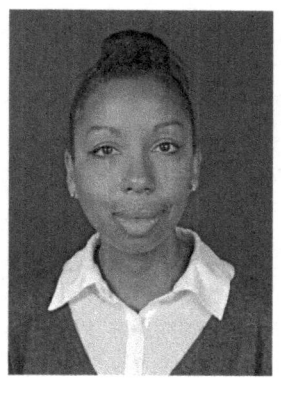 In Berlin wohnen laut Statistischem Bundesamt Angehörige aus mehr als 191 Nationen. Ein Viertel der Gesamtbevölkerung ist ausländischer Herkunft. Darunter sind etliche Literaten, meist Angelsachsen. Lange gehörte dazu auch eine renommierte Französin.

Marie NDiaye, 1967 geboren, ist das Kind eines senegalesischen Vaters und einer französischen Mutter. Sie wuchs nahe Paris auf und veröffentlichte bereits mit 17 Jahren ihren ersten Roman: *Was die reiche Zukunft betrifft*. Ihr Vorbild war Marcel Proust. Damals galt sie als Wunderkind der französischen Literatur. Es folgten weitere Bücher und ein erstes Theaterstück, *Hilda*, die Geschichte eines Dienstmädchens, das an seiner Unterdrückung zerbricht. Sie schrieb noch drei andere Dramen, eines davon gehörte zum Spielplan der »Comédie Française«. Für ihren Roman *Drei starke Frauen* erhielt sie 2009 die höchsten Literaturauszeichnung des Landes, den Prix Goncourt – als erste Frau nach zwölf Jahren und als erste Person mit afrikanischen Wurzeln überhaupt.

Ihre erzählende Prosa, deren stilistische Qualitäten gerühmt werden, handelt von Außenseitern oder von Menschen, die in ausweglose Situationen geraten. Meist geht es um Frauen. Manchmal haben diese einen afrikanischen Migrationshintergrund.

Marie NDiaye ist mit ihrer Familie oft umgezogen, nach Spanien, nach Italien, in die Niederlande. Aus Protest gegen die Präsidentschaft von Nicolas Sarkozy kam sie 2007 nach Berlin, um zehn Jahre lang zu bleiben. Die Stadt kommt flüchtig in einem ihrer Bücher vor. Ihr bisher letzter Roman, *Die Chefin*, handelt vom Aufstieg einer Spitzenköchin, erzählt aus der Perspektive eines männlichen Verehrers. Der Handlungsort ist Bordeaux. Auch Marie NDiaye lebt seit Neuestem in der Nähe dieser Stadt. Sie sagt: »Ich brauche nicht das Gefühl, zu Hause zu sein, um mich an einem Ort wohl zu fühlen.«

Veröffentlichungen (Auswahl)
Die lieben Verwandten. Roman, 1991 (dt. Übersetzung 1993) ◇
Alle meine Freunde. Erzählungen, 2004 (dt. Übersetzung 2006) ◇
Hilda (Theaterstück), 1999 (dt. Übersetzung 2003) ◇ *Selbstporträt in Grün (Autobiografie), 2005 (dt. Übersetzung 2011)* ◇
Drei starke Frauen. Roman, 2009 (dt. Übersetzung 2010) ◇ *Die Chefin. Roman einer Köchin, 2016 (dt. Übersetzung 2017)*

NELKEN, DINAH
* 1900 Berlin, † 1989 West-Berlin

Von 1927 bis 1933 bestand am südlichen Rand des Berliner Bezirks Wilmersdorf, unmittelbar an der Grenze zu Friedenau, eine Wohnsiedlung für Künstler und Intellektuelle, die insgesamt drei Wohnblöcke umfasste. Die Mieter waren politisch links engagierte Leute wie Hedda Zinner, Susanne Leonhard, Ernst Bloch, Arthur Koestler, Peter Huchel, Axel Eggebrecht, Gustav Regler, Karl Otten, Walter Hasenclever und Ernst Busch. Alles in allem lebten dort dreihundert Personen. Die meisten von ihnen sind nach Hitlers Machtantritt emigriert. Die Siedlung blieb jedoch weiterhin bestehen.

Über ebenjenen Wohnkomplex existiert ein belletristisches Dokument, geschrieben 1932. Der Schlüsselroman heißt *Eineinhalb Zimmer Wohnung*, und die Autorin war Dinah Nelken, damals selbst Mieterin in der Künstlerkolonie. Geboren wurde sie 1900 als Tochter eines Berliner Schauspielers, bereits während ihres Lyzeumsbesuchs begann sie zu schreiben, Kurzgeschichten, Feuilletons und Texte fürs Cabaret. *Eineinhalb Zimmer Wohnung* war ihr zweiter Roman.

Sie ist dann ebenfalls emigriert – 1936 zunächst nach Wien, dann auf die dalmatinische Insel Korčula, schließlich 1943 nach Italien, wo der Faschismus nicht ganz so brutal ausgeprägt war wie in Deutschland, weshalb auch ein paar andere Exilanten, beispielsweise Rudolf Borchardt, dort eine Weile Unterschlupf fanden. Zuletzt lebte Dinah Nelken sieben Monate illegal in Rom. 1950 kehrte sie nach Deutschland zurück und ließ sich in West-Berlin nieder, wo sie 1989 starb.

Ihre Bücher sind, was man gehobene Unterhaltungsliteratur nennen darf. Zwei davon haben es zu beträchtlicher Popularität gebracht: *Ich an Dich*, eine Liebesgeschichte in Briefen, handschriftlich reproduziert, mit einmontierten Fotos und Billetts. Das andere ist der Roman *Das angstvolle Heldenleben einer gewissen Fleur Lafontaine*, der ein nicht ganz unproblematisches Frauenschicksal über ein halbes Jahrhundert hinweg verfolgt. Das Buch erschien zuerst in der DDR, wo es auch verfilmt wurde.

Dinah Nelken blieb ihrem linken Engagement aus Zeiten der Wilmersdorfer Künstlerkolonie lebenslang treu. Ihrer literarischen Präsenz im deutschen Westen war das nicht unbedingt förderlich. »Erst seit Anfang der 80er Jahre« so eine Biografin, »setzte in der Bundesrepublik eine breitere Rezeption ihrer Werke durch Neuauflagen ein, in der vor allem ihr unterhaltsamer, humorvoll-ironischer Stil Gefallen fand. Gerade Nelkens späte Texte vermitteln jedoch auch anschaulich die psychisch-soziale Last des Exils und das Ausmaß der politischen und kulturellen Ausgrenzung der Remigranten in der westdeutschen Nachkriegsgesellschaft.«

Veröffentlichungen (Auswahl)
Eineinhalb Zimmer Wohnung (Roman), 1933 ◇ Ich an Dich. Ein Roman in Briefen mit einer Geschichte und ihrer Moral für Liebende und solche, die es werden wollen, 1938 ◇ addio amore (Roman), 1957 ◇ Das angstvolle Heldenleben einer gewissen Fleur Lafontaine. Roman, 1971

O

OSSOWSKI, LEONIE
* 1925 Röhrsdorf, † 2019 Berlin

»Ochsenknecht, hatte Staszak gesagt und kam als solcher 1939 nach Rohrdorf, ohne daß seine Aussage genauer überprüft worden wäre. Was sollte ein Pole schon anderes sein! So lief er winters wie sommers, Jahr für Jahr, zwei Ochsen als dritter hinterdrein. Er pflügte, eggte, fuhr Mist, Steine, Grünfutter und Jauche. Jacek grüßte, schuftete, hungerte, fror und wartete von einem Tag zum anderen auf Gerechtigkeit und Freiheit.«

Die Sätze entstammen dem Roman *Weichselkirschen* von Leonie Ossowski. Erzählt wird von einem westpolnischen Dorf in den 1970er-Jahren, zentrale Figur ist eine deutsche Journalistin, die dorthin geht, um die Region ihrer Kindheit wiederzusehen. Die Frau trägt Züge ihrer Erfinderin Leonie Ossowski, geboren 1925 als Jolanthe von Brandenstein, ihrer Familie gehörte ein Gut in Westpreußen. *Weichselkirschen*, erster Roman einer Trilogie, ist eines ihrer Bücher, in denen sie sich mit der Kriegsschuld Deutschlands auseinandersetzt, Willy Brandts Ostpolitik begleitet und um Verständnis und Zuneigung wirbt für das heutige Polen. Das Land östlich der Oder hat sie dafür geehrt.

Populär wurde sie auch durch Jugendbücher. *Die große Flatter* handelt von der traurigen Geschichte dreier Halbwüchsiger, die aus heruntergekommenem West-Berliner Milieu kommen und ein Verbrechen begehen, bei dem ein Mensch umkommt. Die Autorin konnte hier eigene Erfahrungen einbringen: Unter den vielen Tätigkeiten, die sie in ihrem Leben ausgeübt hat, war die der Sozialarbeiterin. Sie betreute junge Gefängnisinsassen und brachte sie nach der Haftentlassung in einer Wohngemeinschaft unter.

Ihre ersten Arbeiten erschienen in der DDR, wiewohl sie nie dort gewohnt hat. Die Liste ihrer Veröffentlichungen ist lang. Sie umfasst Bücher für junge Leute ebenso wie für Erwachsene, auch Drehbücher hat sie geschrieben. Seit 1980 lebte sie in Berlin.

»Rückwärts zu schauen und zu bedauern, was man alles nicht mehr kann, nützt nicht viel«, hat sie einmal gesagt. Eine ihrer jüngeren Veröffentlichungen mit dem Titel *Die schöne Gegenwart* beherzigt dies. Das Buch erzählt vom Älterwerden und vom Alter.

2019 ist Leonie Ossowski gestorben.

Veröffentlichungen (Auswahl)
Stern ohne Himmel (Roman), 1958 ◇ *Weichselkirschen. Roman, 1976* ◇ *Die große Flatter. Roman, 1977* ◇ *Wolfsbeeren. Roman, 1987* ◇ *Holunderzeit. Roman, 1991* ◇ *Die schöne Gegenwart. Roman, 2001*

P

POSCHMANN, MARION
* 1969 Essen

 Die deutschsprachige Literatur begibt sich gerne ins Ausland. Ihr ältestes Ziel ist Italien, später kamen Frankreich und noch später die USA hinzu sowie, für dichtende Kommunisten und DDR-Autoren, die Sowjetunion. Japan blieb eine Ausnahme. Lediglich Adolf Muschg erzählt von diesem Land, außerdem Doris Dörrie, dies freilich eher als Filmregisseurin.

Der kleine Roman *Die Kieferninseln* von Marion Poschmann spielt überwiegend in Japan. Zentralfigur ist ein Geisteswissenschaftler, »Bartforscher im Rahmen eines Drittmittelprojekts, gesponsert von der nordrhein-westfälischen Filmindustrie sowie zu kleineren Teilen von einer feministischen Organisation in Düsseldorf und der jüdischen Gemeinde der Stadt Köln«. Dieser Mann erwacht eines Morgens mit dem Verdacht, seine Frau betrüge ihn, weswegen er umgehend zum Flugplatz eilt und die nächstbeste Maschine bucht, die ihn nach Tokio bringt. Dort entdeckt er einen Haiku-Dichter namens Bashō für sich und folgt dessen Reisebeschreibungen hin zu einem Kiefernwäldchen. Unterwegs bewahrt er einen japanischen Sonderling vor dem Suizid. Erzählt wird dies sprachlich elegant und mit zarter Ironie. Die Autorin hat Japan und Bashō zuvor bereits in einem Gedichtband behandelt.

Geboren wurde sie 1969 in Essen. Studiert hat sie in Bonn und Berlin, Germanistik, Slawistik und Philosophie, sechs Jahre arbeitete sie als Sprachlehrerin in einem deutsch-polnischen Projekt. Ihre ersten beiden Buchveröffentlichungen erfolgten 2002. Seither erschienen von ihr insgesamt vier Romane, deren Personal, ähnlich dem Helden in *Die Kieferninseln*, gerne skurril und wunderlich sind. Als Handlungsorte gibt es etwa ein als Psychiatrie genutztes Barockschloss in Ostdeutschland und die Industrieruinen der sibirischen Stadt Magnitogorsk.

Bekannt wurde Marion Poschmann auch als Lyrikerin. Ihre hochmanieristischen Verse formen aus unterschiedlichsten Impressionen und Metaphern *künstliche Landschaften*, so der Titel eines kleinen Zyklus. In dem Gedicht *Gnadenanstalt* wird eine Liebesumarmung in Szenen und Begriffen aus Kochsendungen des Fernsehens erzählt. Das endet so: »und du tastest mich ab, bis ich schwer werde, / durchscheinend, glänzend, der Körper kandiert«.

Veröffentlichungen (Auswahl)
Baden bei Gewitter. Roman, 2002 ◇ Grund zu Schafen. Gedichte, 2004 ◇ Die Sonnenposition. Roman, 2013 ◇ Mondbetrachtung in mondloser Nacht. Über Dichtung, 2016 ◇ Die Kieferninseln. Roman, 2017

PRÄKELS, MANJA
* 1974 Zehdenick

»Vielleicht hat mir Hitler das Leben gerettet, damals. Wir hatten gegeneinander gekämpft, ohne uns dabei je direkt gegenübergestanden zu haben. Und als wir uns – Jahre später – trafen, Veteranen nunmehr, Kriegsbeobachter, bekam ich keine Beleidigung, keine Demütigung, keinen Schlag, keine Kugel, nicht seinen Hass – nur seine Nummer. Für den Fall, dass ich etwas Haschisch bräuchte.« So beginnt der Jugendroman *Als ich mit Hitler Schnapskirschen aß* von Manja Präkels.

Hitler heißt eigentlich Oliver, seinen anderen Namen trägt er erst seit dem Ende der DDR, als er sich auf die Neonaziszene einlässt. Die Icherzählerin heißt Mimi und ist, im Gegensatz zu ihrem ehemaligen Freund, eine »Zecke«, also politisch links engagiert. Schauplatz ist ein kleiner Ort nördlich von Berlin, nach dem Vorbild Zehdenick, Herkunftsstadt der 1974 geborenen Autorin. Ihr Buch widmet sie zwei Opfern von rechter Gewalt im Land Brandenburg. Eines von ihnen kommt, kaum verschlüsselt, in dem Buche vor. Die Schilderungen des proletarischen Milieus, dem beide Figuren entstammen, sind überaus genau. Der Stil – bedenkt man, dass es sich hierbei um ein Debüt handelt – beeindruckt durch seine Sicherheit.

Literarisch gänzlich unerfahren war die Autorin jedoch nicht, als der Roman entstand. Sie hat als Lokalreporterin und beim Fernsehen gearbeitet, sie studierte Philosophie und Soziologie, sie betreute ein Erich-Mühsam-Festival. Sie schrieb Stücke und Programme fürs Kindertheater und verfasste Liedtexte für die Band »Der singende Tresen«, deren Sängerin sie ist.

Die ungute politische Stimmung in den ostdeutschen Bundesländern beschäftigt Manja Präkels seit Langem. Die gegenwärtige Situation beurteilt sie so: »Wenn es knallte, wurde hingeschaut – und dann schnell wieder weg. Es braucht aber Kontinuität in Wahrnehmung, Beobachtung und Analyse.«

Veröffentlichungen (Auswahl)
Der Rabe im Schnee (Theaterstück), 2002 ◇ Tresenlieder (Gedichte), 2004 ◇ Gespensterstunde im Rabenwald (Theaterstück), 2005 ◇ Der Piratenschatz (Theaterstück), 2008 ◇ Als ich mit Hitler Schnapskirschen aß. Roman, 2017

R

Reimann, Brigitte
* 1933 Burg, † 1973 Ost-Berlin

Sie war eine schöne Frau mit einem Hang zur Flasche und zu glücklosen Amouren. Dies hat weniger ihre erzählenden Bücher geprägt als ihre Tagebücher und ihre Korrespondenz. Ebendiese sind es, die sie, vornehmlich postum, bekannt und populär gemacht haben.

Brigitte Reimann, 1933 geboren, fasste früh den Entschluss, Schriftstellerin zu werden. Zunächst war sie Lehrerin, 1951 begann sie zu schreiben. Ihre ersten Texte hatten mit der jüngsten Vergangenheit zu tun, mit dem Zweiten Weltkrieg und dessen Folgen. *Die Frau am Pranger*, eine Erzählung, handelt von der Liebesbeziehung einer Bäuerin zu einem sowjetischen Kriegsgefangenen. Eine andere Erzählung, *Die Geschwister*, berichtet von Schicksalen im geteilten Deutschland.

1961 erschien ihr kurzer Roman *Ankunft im Alltag*, er schildert die Erlebnisse von Abiturienten im Arbeitermilieu. Belletristisches über die Industriearbeit sollte Künstler und Arbeiterklasse einander näherbringen und erhielt von der ostdeutschen Kulturpolitik viel Beifall und besondere Förderung. Es gab dafür ein eigenes Signalwort: Bitterfelder Weg. Auf diesem immer weiter voranzuschreiten, hatte sich Brigitte Reimann vorgenommen. Noch in ihrem letzten, Fragment gebliebenen Roman *Franziska Linkerhand* befasste sie sich damit. Er erzählt vom Leben einer ostdeutschen Architektin, von ihren auch berufsbedingten Schwierigkeiten und ihrer Überzeugung: »Es muß, es muß sie geben, die kluge Synthese zwischen Heute und Morgen, zwischen tristem Blockbau und heiter, lebendiger Straße, zwischen dem Notwendigen und dem Schönen, und ich bin ihr auf der Spur, hochmütig und ach, wie oft, zaghaft, und eines Tages werde ich sie finden.« Die Autorin hatte sich für ihr Buch mit dem DDR-Architekten und -Städtebauer Hermann Henselmann ausgetauscht. »Wir Frauen haben eben doch anderes Format. Ab und zu braucht man eine breite Brust, an der man sich ausheulen kann, aber sonst verläßt man sich doch lieber auf den eigenen Kopf und steht nicht gern auf fremden Füßen.« Solche Äußerungen erhoben, zumal nach der deutschen Wiedervereinigung, Brigitte Reimann zu einer Leitfigur der feministischen Bewegung. Sie selbst war da schon lange tot. 1973 ist sie in Berlin einem Krebsleiden erlegen.

Veröffentlichungen (Auswahl)
Die Frau am Pranger. Erzählung, 1956 ◇ *Ankunft im Alltag. Erzählung, 1961* ◇ *Die Geschwister. Erzählung, 1963* ◇ *Sei gegrüßt und lebe. Eine Freundschaft in Briefen 1964–1973, 1993* ◇ *Ich bedaure nichts. Tagebücher 1955–1963, 1997*

REINIG, CHRISTA
* 1926 Berlin, † 2008 München

In einem ihrer Gedichte beschreibt sie, wie es nach 1961 zuging auf jenem Bahnsteig des Bahnhofs Friedrichstraße, von dem die Züge in die Bundesrepublik abgingen. Ostdeutsche

Grenzpolizisten inspizierten jedes Zugabteil. Sie untersuchten Gepäcknetz, Dach und Räder. »Unter meiner Mütze«, heißt es da, »suchten sie nicht.« Die Autorin durfte mit einem solchen Zug den ostdeutschen Staat verlassen.

Es war das Jahr 1964. Christa Reinig hatte einen bundesdeutschen Literaturpreis erhalten und konnte ihn entgegennehmen, obwohl sie sich der ostdeutschen Ordnung gegenüber geradezu provokant verhalten hatte und anderthalb Jahrzehnte lang nichts mehr in der DDR veröffentlichen durfte. Die Auszeichnung, die sie jetzt erhielt, bezog sich auf ihre Publikationen im deutschen Westen.

Dabei hatte sie eine für die DDR geradezu idealtypische Herkunft und Entwicklung. Sie wurde 1926 in Berlin als uneheliches Kind einer Putzfrau geboren, war nach dem Kriegsende Trümmerfrau und erwarb ihre Hochschulreife auf einer Arbeiter- und Bauernfakultät, in der frühen DDR eine Einrichtung für Kinder aus Proletarierfamilien. Sie studierte dann Kunstgeschichte und Archäologie, anschließend arbeitete sie in Berlins Märkischem Museum.

Ab 1964 lebte sie in München. Die folgenden Jahre waren ihre produktivste Zeit. Sie veröffentlichte Romane, Erzählungen und immer wieder Lyrik, vieles davon erschien in dem angesehenen, doch ökonomisch schwachen Kleinverlag Eremitenpresse. Sie übertrug Gedichte der Sowjetrussin Marina Zwetajewa. »Ich bin intellektuell ein böser Mensch und mache schwarze Literatur. Aber ich bin auch Frau Nachbarin und Freundin und Helferin«, sagte sie. Schwarze Literatur hat sie von Beginn an gemacht, Edgar Allan Poe war eines ihrer Vorbilder. Einer ihrer frühen Texte, *Die Ballade vom blutigen Bomme*, ist eine Moritat über einen Raubmörder, der das Fallbeil, unter dem er enden wird, selber aufbaut. Bertolt Brecht bescheinigte ihr ein schnodderiges Talent.

»Aber ich bin lesbische Schriftstellerin«, hat sie noch gesagt, »so gut wie ich weibliche Schriftstellerin bin, das ist eine Entwicklung.«

Geschlechterstreit und Anti-Maskulinismus bestimmen, verdeckt oder offen, eine erhebliche Anzahl ihrer literarischen Arbeiten, ihr Romantitel *Entmannung* versteht sich programmatisch. Der Frauenliebe widmete sie 365 Kurzgedichte. Sie begriff sich als Feministin, doch die westdeutsche Frauenbewegung hat sie nicht annähernd so gewürdigt, wie sie es verdient hätte.

Christa Reinig erhielt noch etliche Literaturpreise. Nach der deutschen Wiedervereinigung ehrte sie auch das Land Brandenburg. Sie erkrankte an Morbus Bechterew, überstand einen Treppensturz und lebte zuletzt in einem Pflegeheim, wo sie 2008 starb.

In ihrem Gedicht *Ausweg* heißt es: »Das, was zu schreiben ist, mit klarer Schrift zu schreiben / Dann Löcher hauchen in gefrorne Fensterscheiben / Dann Bücher und Papiere in ein Schubfach schließen / Dann eine Katze füttern, eine Blume gießen / Und ganz darin vertieft, plötzlich den Sinn erfassen: / Zieh deinen Mantel an, du sollst das Haus verlassen«.

Veröffentlichungen (Auswahl)
Die Steine von Finisterre. Gedichte, 1960 ◇ *Entmannung. Die Geschichte Ottos und seiner vier Frauen, 1976* ◇ *Die Frau im Brunnen. Roman, 1984* ◇ *Sämtliche Gedichte, 1984* ◇ *Gesammelte Erzählungen, 1986*

REINSHAGEN, GERLIND
* 1926 Königsberg, † 2019 Berlin

Doppelkopf ist ein Kartenspiel, das der Buchhalter Heinrich
Hoffmann mit seinen Arbeitskollegen lange und gern gespielt
hat. Bis er in der Betriebshierarchie aufrückte, sich bei den
Firmenoberen einschmeichelte und sich so von den einstigen Gefährten entfernte. Während einer Betriebsfeier, die er
verantwortet, wird seine soziale Situation offenbar: Er reiße
»sich mittendurch und fällt in eine große Lücke zwischen
Arbeitgeber und Arbeitnehmer«, so seine Erfinderin Gerlind
Reinshagen.

Ihr Theaterstück *Doppelkopf* wurde 1968 uraufgeführt und
erregte beträchtliches Aufsehen. Erstmals wurden Vertreter
der modernen Arbeitswelt auf deutsche Bühnen gebracht.
Gerlind Reinshagen hatte sich bis dahin als Hörspielautorin
bewährt, nunmehr wurde sie zu einer viel gespielten Dramatikerin. Zudem veröffentlichte sie Kinderbücher, Erzählungen, Romane und Lyrik. Ihre Themen waren der Umgang der
Deutschen mit ihrer Vergangenheit, Sozialkonflikte, Frauen-
schicksale, Religiöses und das Altern.

1926 in Ostpreußen geboren, wuchs sie in Halberstadt
auf, studierte unter anderem in West-Berlin und war ab 1956
freischaffende Schriftstellerin. Ihre letzte Publikation, den
Gedichtband *Atem anhalten*, brachte sie im erstaunlichen
Alter von 92 Jahren heraus. Darin waren Verse wie diese enthalten: »Macht euch noch einmal auf den Weg! / Zu uns zurück! / Und haltet Kräne, Walzen, Uhren an, / unsere ferng-
esteuerte Zeit. Haltet den Augenblick an! / Denn wir begreifen
schwer!« 2019 ist Gerlind Reinshagen in Berlin gestorben.

In einem ihrer Bücher, *Göttergeschichte*, stehen Sätze, die
sie gerne wiederholt hat und die so etwas wie ihr Credo wa-

ren: »Im übrigen jedoch kommts in der Kunst auf Liebe nicht an. Oder jedenfalls auf keine der bekannten Art. In der Kunst so wenig wie im Leben. Es kommt auf eine neue unbekannte Spezies an, eine, der alten Liebe verschwistert, doch heißer, doch von größerem Ausmaß. Auf die kommt es an. Und nur auf sie. «

Veröffentlichungen (Auswahl)
Was alles so vom Himmel fällt (Jugendbuch), 1954 ◇ *Doppelkopf (Theaterstück), 1968* ◇ *Eisenherz (Theaterstück), 1982* ◇ *Göttergeschichte. Roman, 2000* ◇ *nachts. Roman, 2011* ◇ *Atem anhalten. Gedichte, 2018*

RENNEFANZ, SABINE
* 1974 Beeskow

»Ich suche als Autorin nach guten Erzählstoffen und beim Schreiben nach der richtigen Erzählweise, einer überzeugenden Dramaturgie, einem passenden Ton.«

Dies sagt die 1974 geborene Sabine Rennefanz. Ihr wichtigster Erzählstoff war am Anfang die eigene Biografie. In ihrem Erinnerungsbuch *Eisenkinder* – der Titel erinnert, vermutlich bewusst, an Jana Hensels *Zonenkinder* – beschreibt sie, wie sie in jener ostdeutschen Stadt heranwuchs, die zunächst Stalinstadt hieß und später umbenannt wurde: »In Eisenhüttenstadt endete

meine Kindheit. Ich habe hier gelebt, während der Staat zu-
sammenbrach. Von der Utopie blieben nur die Trümmer.«
Die Orientierungslosigkeit, der sich nach dem Ende der DDR
zahllose Ostdeutsche ausgesetzt sahen, traf auch sie. Zeitweilig schloss sie sich einer radikal evangelikalen Sekte an und
kam wieder davon los. Es war ein Irrweg gewesen. Lässt er
sich vergleichen mit der Radikalisierung der neonazistischen
ostdeutschen Terrorvereinigung NSU? Darüber denkt sie am
Anfang wie am Ende ihres Erinnerungsbuchs nach.

Ihre nächste Veröffentlichung war die romanhaft aufberei-
tete Geschichte einer Frau, die als Kriegsflüchtling nach Ostdeutschland kommt, von einem Soldaten der Sowjetarmee
vergewaltigt und geschwängert wird und am Ende einen
Mann heiratet, mit dem sie eine lieblose Ehe führt. Die Icherzählerin, ihre Enkeltochter, spürt jenem in der Familien-
erinnerung nahezu verschütteten Schicksal nach.

Sabine Rennefanz war nach ihren Universitätsstudien
Journalistin. Eine Zeit lang arbeitete sie als Korrespondentin
in London, seit 2008 lebt sie in der deutschen Hauptstadt und
gehört zur Redaktion einer Tageszeitung. Ihr drittes Buch,
Mutter to go, schildert ihre Erfahrungen mit Schwangerschaft,
Entbindung, Muttersein und gleichzeitiger Berufstätigkeit.

In *Eisenkinder* steht dieser vielsagende Satz: »Deutschland
ist ein Land, das die ganze Zeit das Gefühl hat, dass es etwas
wiedergutmachen will, aber nicht weiß, wie, und es will vor
allem möglichst nicht gestört werden in seiner Unfähigkeit,
etwas gutzumachen.«

Veröffentlichungen
Eisenkinder. Die stille Wut der Wendegeneration, 2013 ◇ *Die
Mutter meiner Mutter, 2015* ◇ *Mutter to go. Zwischen Baby und
Beruf, 2019*

RINCK, MONIKA
* 1969 Zweibrücken

»wenn das schicksal mit ihm fertig ist, / ist das schicksal längst nicht fertig. / dann geht das schicksal einfach weiter. / er, der franz, ist leider, leider gar nicht sein ruin. / das schicksal ist auf ihn nicht angewiesen.«
Der hier zitierte Franz heißt mit Nachnamen Biberkopf. In dem umfangreichen Gedichtzyklus *berlin alexanderplatz – was deine arme halten* von Monika Rinck geht es um Alfred Döblins berühmten Roman. Noch weitere Figuren des Buchs treten auf, vor allem aber geht es um Biberkopfs amputierten Arm, als Motiv und als Metapher. Immer wieder finden sich Rückgriffe auf andere Autoren, allen voran französische, und es geht um die Wirkung des Geschehens auf Leser: »ganz am end verschwindet dann / der franz in seinem stumpf. der leser gibt sich nicht zufrieden.«
Geschrieben hat dies die 1969 geborene Monika Rinck. Sie studierte unter anderem in Berlin, verschiedentlich hat sie Lehraufträge ausgeführt und Literaturfestivals organisiert. Acht Jahre war sie Redakteurin bei einem Berliner Radiosender. Sie ist Lyrikerin, schreibt Essays und übersetzt. Ihre Verse sind meist rhythmisierte, reimlose Langzeilen, angereichert mit überraschenden Bildern und allerlei Bildungssplittern, gelegentlich werden berühmte Namen genannt wie Adorno und Benn. Der Ton ist manchmal sanft sarkastisch.
Ihr bekanntester Lyrikband heißt *Honigprotokolle*. Die 65 Stücke beginnen fast alle mit den Worten: »Hört ihr das, so höhnen Honigprotokolle«. Sie handeln von Natur und Fauna, immer romantikfern und ohne alles Pathos, dafür mit wissenschaftlichen Einsprengseln. »In den Honigprotokollen«, sagt die Autorin, »sind die Gedichte für mich teilweise

so etwas wie eigenartige Lemmata aus einem persönlichen Wörterbuch, die eben so lange bearbeitet worden sind, bis sie eine provisorische Festigkeit hatten, so dass ich weitermachen konnte.«

Veröffentlichungen (Auswahl)
Verzückte Distanzen. Gedichte, 2004 ◇ Ah, das Love-Ding! Ein Essay, 2006 ◇ zum fernbleiben der umarmung. Gedichte, 2007 ◇ Ich bin der Wind. Geschwinde Lieder für Kinder, 2011 ◇ Honigprotokolle (Gedichte), 2012

RÖGGLA, KATHRIN
* 1971 Salzburg, Österreich

Geboren 1971, ein Jahr nach Eva Menasse, ist sie die derzeit jüngste österreichische Literatin mit ständigem Wohnsitz Berlin. Dafür lebt sie in der Stadt schon elf Jahre länger als die Autorin von *Vienna*. Die studierte Germanistin wurde bekannt durch dramatische Texte, solche für den Hörfunk und solche für die Bühne. Meist sind dies Arbeiten, die sich den herkömmlichen Vorstellungen von »well made play« eher entziehen.

Eines ihrer Stücke hat mit Natascha Kampusch zu tun, jener jungen Österreicherin, die jahrelang von ihrem Entführer gefangen gehalten und missbraucht worden war. Nicht die prominente Figur selbst tritt auf, vielmehr eine Gruppe von

Leuten, denen es um die Vermarktungsmöglichkeiten des Falls geht.

Kathrin Röggla ist eine entschiedene Kritikerin des Neoliberalismus. Zu einem ihrer Hörstücke merkte sie an, hier sei ein Text,»in dem die Rede über Märkte andauernd vorhanden ist, auch wenn es scheinbar um anderes geht, in dem die Marktfiktionen ohne banale Offensichtlichkeit ihre Arbeit verrichten« könnten und wo sich »die Psychologie dieser Märkte mit ihren Störungsformen zeigt und wie sie längst in einer unheimlichen Machtstruktur aufgehen«. Dies alles gilt für die Mehrzahl ihrer Arbeiten, auch für die erzählenden.

Sie hat einen Roman geschrieben, der, unter Verwendung von Befragungen, aus Selbstaussagen von sechs Marktteilnehmern komponiert ist, überwiegend Angestellten einer Unternehmensberatung. Sie hat Erzählbände veröffentlicht, die, manchmal nur in Momentaufnahmen, das Klima, die Verödung, die Deformationen unter spätkapitalistischen Verhältnissen wiedergeben. Ihre Sprache ist eindringlich und kühl, manche Leser fühlen sich an den Erzählstil Thomas Bernhards erinnert.

Unter den Preisen, die Kathrin Röggla erhielt, ist einer, der nach Bruno Kreisky heißt, dem früheren Wiener Bundeskanzler und charismatischen Führer von Österreichs Sozialisten. Dessen Zeiten sind lange vorbei.

Veröffentlichungen (Auswahl)
Wir schlafen nicht. Roman, 2004 ◇ *die alarmbereiten. Roman, 2010* ◇ *Der Lärmkrieg (Drama), 2013* ◇»*Besser wäre: keine«. Essays und Theater, 2013* ◇ *Nachtsendung. Unheimliche Geschichten, 2016*

RÖNNE, RONJA VON
* 1992 Berlin

»Die einzige Methode, sich frei von Ängsten zu machen, ist die Konfrontation. Wer unter Klaustrophobie leidet, fährt am besten so lange U-Bahn, bis er jeden Witz der BVG-Kampagne kennt und sein Unbewusstes irgendwie geschnallt hat, dass öffentliche Verkehrsmittel zwar ein scheußliches, aber kein tödliches Umfeld sind.«

Dies ist ein zufällig herausgegriffener Text Ronja von Rönnes. Ähnlich formuliert sie gerne. Die Autorin stammt aus einer alten norddeutschen Adelsfamilie, geboren wurde sie 1992 in Berlin, aufgewachsen ist sie in Oberbayern. Studiert hat sie an verschiedenen Universitäten verschiedene Fächer, darunter in Hildesheim Kreatives Schreiben. Inzwischen wohnt sie in Berlin-Prenzlauer Berg.

Weithin bekannt wurde sie 2015 durch einen Zeitungsartikel mit dem Titel *Brauchen wir den Feminismus überhaupt noch?* Die Antwort auf die selbstgestellte Frage lautete Nein, der Feminismus ekle sie an. Ihr Text wurde heftig diskutiert. Als die Autorin für ihn eine Auszeichnung erhalten sollte, lehnte sie ab und erklärte, dass sie zu den Aussagen jenes Artikels nicht mehr stehe, da er bloß aus vorübergehender Wut entstanden sei.

Seit 2012 hat Ronja von Rönne einen eigenen Blog namens »Sudelheft«. Neuerdings betreibt sie, zusammen mit ihrem Freund, einen Podcast. Regelmäßig tritt sie im Fernsehen auf. Ihr belletristisches Debüt war 2016 der Roman *Wir kommen*, eine in der ersten Person lose erzählte Geschichte über die Handlungen, die Begegnungen, den Ennui und die Depressionen einer jungen TV-Moderatorin.

Veröffentlichungen
Wir kommen. Roman, 2016 ◇ *Heute ist leider schlecht. Beschwerden ans Leben (Kolumne), 2017*

ROSALES, CAROLINE
* 1982 Bonn

»Wenn ich an die 90er Jahre denke, dann denke ich an mich als Mädchen, wie ich bauchfrei auf irgendwelchen Partys auf Boxen tanze und mit dem Arsch wackele und denke, dass es cool aussieht.«

Die Äußerung stammt von Caroline Rosales. Sie hat ein Buch geschrieben, das sich zu den noch immer aktuellen Diskursen um #MeToo äußert und den Titel *Sexuell verfügbar* trägt. Erzählt wird, anhand von Geschehnissen aus der eigenen Biografie, wie junge Frauen dem Sexismus unserer Gesellschaft begegnen.

Der Rückgriff auf das eigene Leben bestimmt auch die anderen Bücher der 1982 geborenen Autorin. Sie studierte Regionalwissenschaften, Klassisches Chinesisch und Archäologie. Seit 2005 arbeitet sie als Journalistin für verschiedene Blätter, unter anderem engagiert sich für den Verbraucherschutz. Sie hat ihre Erfahrungen als junge Mutter, als geschiedene Frau und als Alleinerziehende beschrieben.

Zu ihrem jüngsten Buch sagt sie: »Es geht darum, wie wir als Mädchen aufwachsen, wie wir dazu erzogen wurden brav, hilfsbereit und schön zu sein, wie wir die Frauen geworden sind, die wir nun mal sind. Frauen, die immer in verschiedenen Rollen agieren und mehr auf das Gegenüber achten als auf sich selbst. Es geht um alltäglichen Missbrauch.«

Veröffentlichungen
Ich glaub mich tritt ein Kind! Bekenntnisse einer Schwangeren ... Und schonungslose Wahrheiten einer dreifachen Mutter, 2013 (mit Lisa Harmann) ◇ *Mama muss die Welt retten. Wie Mütter vom Wickeltisch aus Karriere machen, 2013 (mit Isa Grütering)* ◇ *Single Mom. Was es wirklich heißt, alleinerziehend zu sein, 2018* ◇ *Sexuell verfügbar (Sachbuch), 2019*

RUSCH, CLAUDIA
* 1971 Stralsund

Die wohl bekannteste oppositionelle Strömung in der DDR verband sich mit dem Namen Robert Havemann. Aus dem Naturwissenschaftler, Hitler-Gegner und Kommunisten wurde, nach dem Muster des Sowjetrussen Andrej Sacharow, ein Kritiker des Staates, in dem er lebte. Trotz einer über ihn verhängten Isolierung fand er zahlreiche Anhänger, der später ausgebürgerte Liedermachen Wolf Biermann war der prominenteste. Außerdem gehörte dazu die Familie Rusch aus Havemanns Wohnort Grünheide. »Ich habe die Entscheidung meiner Eltern, in der Opposition zu leben, nicht mitgetroffen. Ich war ihr ausgeliefert. Heute bin ich ihnen dankbar. Sie haben mich damit privilegiert. Ich weiß genau, in welchem Land ich großgeworden bin. Niemand kann mir unterstellen, ich wüsste nicht, wovon ich rede. Das erleichtert das Miteinander seit der Wende erheblich. Als Mädchen war ich dagegen zerrissen zwischen dem Wunsch nach Unauffälligkeit und der Würde einer Eingeweihten.« Dies schreibt die 1971 geborene Claudia Rusch in ihrem Erinnerungsbuch *Meine freie deutsche Jugend*. Der Titel spielt an auf den DDR-Jugendverband FDJ. Das Buch, 2003 erschienen, war ein großer Erfolg.

Nach der deutschen Wiedervereinigung hat die Autorin studiert, in Berlin und Bologna. Für ein paar Jahre war sie Rundfunkredakteurin. In einem weiteren Buch stellt sie die Veränderungen in den neuen Bundesländern dar, 15 Reportagen schildern Zustände in den vormals 15 DDR-Verwaltungsbezirken. Seit 2013 schreibt Claudia Rusch Kriminalromane. Der Name ihres Ermittlers erinnert an einen berühmten tschechischen Langstreckenläufer.

Veröffentlichungen
Meine freie deutsche Jugend, 2003 ◇ Aufbau Ost. Unterwegs zwischen Zinnowitz und Zwickau, 2009 ◇ Mein Rügen, 2010 ◇ Zapotek und die strafende Hand. Der erste Fall (Roman), 2013 ◇ Zapotek und die schlafenden Hunde. Der zweite Fall (Roman), 2015

S

SACHS, NELLY
* 1891 Schöneberg, † 1970 Stockholm

»Mit Lippen am Stein des Gebets / küsse ich lebenslang Tod, / bis der singende Samen aus Gold / den Fels der Trennung zerbricht.« Dies sind Verse aus einem Gedicht von Nelly Sachs. Die vier Zeilen spiegeln ihr Schicksal, ihren Glauben, ihre Erschütterung, ihre Kunst.

Die Dichterin, deren Vorname ursprünglich Leonie lautete, wurde 1891 in eine jüdische Berliner Großbürgerfamilie geboren. Sie war ein hochsensibles Kind, oft kränklich, und hatte zunächst den Wunsch, Tänzerin zu werden. Ein literarisches Schlüsselerlebnis war ihre Lektüre des Romans *Gösta Berling* von Selma Lagerlöf. Sie trat mit der Autorin in briefliche Verbindung, was, sehr viel später, für sie von existentieller Bedeutung sein würde.

Früh begann sie zu schreiben, im Stil des Postexpressionismus. Sie erfuhr Förderung durch Stefan Zweig, Berliner Tageszeitungen druckten ihre Verse, sie wurde beachtet. Die Machtübernahme Hitlers änderte alles. Zunächst hatte sie noch die bescheidene künstlerische Möglichkeit, in jüdischen

Zeitungen zu publizieren. Sie ging eine Liebesbeziehung mit einem nicht-jüdischen und offenbar verheirateten Mann ein, der im antifaschistischen Widerstand engagiert war und auch wegen der Verbindung zu ihr, der Jüdin, verhaftet und zu Tode gefoltert wurde. Von alledem trug sie ein Trauma davon. Inzwischen war ihr Vater gestorben, ihr Leben wurde beengter. Sie vertiefte sich in die chassidischen Legenden Martin Bubers. Selbst eher glaubensfern aufgewachsen, wurde sie sich ihrer jüdischen Identität und ihrer mosaischen Religiosität bewusst.

1940 gelang ihr, durch Selma Lagerlöfs Unterstützung, die Emigration nach Schweden. Sie ging zusammen mit ihrer alten Mutter. In Stockholm lebten beide unter ärmlichen Bedingungen, unterstützt lediglich von der dortigen jüdischen Gemeinde. Sie erlernte die Landessprache, ging arbeiten und pflegte ihre schwer kranke Mutter. Später begann sie mit der Übertragung von schwedischer Poesie ins Deutsche. Sie schrieb zudem weiter an ihren eigenen Gedichten, manches hatte sie aus Deutschland mitgebracht. Inhalte waren ihr eigenes Erleben, die Gefühle von Angst, Schmerz, Verzweiflung, Mitleid, Trauer, die Leiden des Volkes Israel, die Shoah. Ihr Ton, ihre manchmal Surrealistisches streifende Metaphorik, ihr Pathos sind von eindringlicher, von tieftrauriger Schönheit.

Ihr erstes Buch wurde in einem Verlagshaus der sowjetischen Besatzungszone veröffentlicht. Der dort einflussreiche Johannes R. Becher hatte den Rang ihrer Verse erkannt. Dass sie sich auch im westdeutschen Literaturbetrieb durchsetzen konnte, war vornehmlich Hans Magnus Enzensberger zu verdanken, der sich als Lektor und Herausgeber nachdrücklich für sie einsetzte. Westdeutsche Radiostationen sendeten ihre Texte. Man sprach ihr Literaturpreise zu. Zweimal kehrte sie zu kurzen Besuchen nach Deutschland zurück. 1966 erhielt sie den Nobelpreis für Literatur. Da war sie schon nicht mehr gesund. Sie hatte den Aufenthalt in einer Nervenklinik hinter sich, später musste sie dorthin zurückkehren. Ihr Nobelpreisgeld verschenkte sie. 1970 starb sie in einem Stockholmer Krankenhaus.

Nelly Sachs gehört zu den ganz großen deutschsprachigen Lyrikern des 20. Jahrhunderts. Thematisch wie formal steht ihr Paul Celan am nächsten, dessen berühmtestes Gedicht *Todesfuge* bei ihr eine Entsprechung findet:»O die Schornsteine / Auf den sinnreich erdachten Wohnungen des Todes, / Als Israels Leib zog aufgelöst in Rauch / Durch die Luft – / Als Essenkehrer ihn ein Stern empfing / Der schwarz wurde / Oder war es ein Sonnenstrahl?« Die vier Strophen des Gedichts tragen den Titel *In den Wohnungen des Todes.*

Mit Celan unterhielt Nelly Sachs eine lange und intensive Verbindung, vornehmlich in Briefen. Jeder erkannte im anderen dessen hohe Begabung und das vergleichbare Schicksal. Dass sie sich ebenso in ihren seelischen Gefährdungen ähnelten, mochten sie ahnen. Selbst die Daten ihres Ablebens liegen nah beieinander: Nelly Sachs starb an jenem Tag, da Paul Celan beerdigt wurde.

Veröffentlichungen (Auswahl)
Sternverdunkelung. Gedichte, 1949 ◇ *Eli. Ein Mysterienspiel vom Leiden Israels, 1951* ◇ *Fahrt ins Staublose. Gedichte, 1961* ◇ *Teile dich Nacht. Die letzten Gedichte, 1971* ◇*»Und Leben hat immer wie Abschied geschmeckt«. Frühe Gedichte und Prosa der Nelly Sachs, 1987*

SALOMÉ (ANDREAS-SALOMÉ), LOU VON
* 1861 St. Petersburg, Russland, † 1937 Göttingen

In der Zeit um und nach 1900 gab es im deutschsprachigen Kulturraum Frauen, die ungeachtet ihrer eigenen literarischen Produktion vor allem berühmt wurden als – um mit Robert Musil zu sprechen – Freundin bedeutender Männer. In Österreich gehörte Alma Schindler, verheiratete Mahler dazu, in Deutschland Lou von Salomé, verheiratete Andreas.

Letztere wurde 1861 in St. Petersburg geboren. Ihr Vater war ein hoher zaristischer Militär, in der Familie sprach man Russisch, Französisch und Deutsch. Das Mädchen emanzipierte sich frühzeitig, las viel, interessierte sich für Theologie, Philosophie und schöne Literatur. Als sie in Zürich lebte, begann sie an der dortigen Universität zu studieren.

Der erste bedeutende Mann, den sie kennenlernte und der sie umwarb, war Friedrich Nietzsche. »Lou ist scharfsinnig wie ein Adler und mutig wie ein Löwe«, schwärmte der Philosoph. Wie intim die Beziehung zu ihm war, ist ungewiss, seinen Heiratsantrag jedenfalls lehnte sie ab. Worauf er sie »diese dürre, schmutzige, übelriechende Äffin mit ihren falschen Brüsten« nannte.

1887 ehelichte sie den Berliner Orientalisten Friedrich Carl Andreas. Ihre Bedingung war, dass es zu keinerlei sexuellem Kontakt käme, was auch durchgehalten wurde. Andreas tröstete sich mit der Haushälterin. Drei Jahre lang lebte Lou von Andreas-Salomé in Berlin zusammen mit einem ihrer Freunde, sie begann zu schreiben und verkehrte im Friedrichshagener Dichterkreis um Wilhelm Bölsche, Bruno Wille und Gerhart Hauptmann.

1897 lernte sie den jungen Lyriker Rainer Maria Rilke

kennen, mit dem sie eine leidenschaftliche Affäre begann. Der Altersunterschied zwischen den beiden betrug 15 Jahre. Ihretwegen lernte Rilke Russisch, zusammen unternahmen sie zwei Russlandreisen, Ergebnis war unter anderem Rilkes *Stundenbuch*. Dann wurde Lou von Andreas-Salomé des Dichters überdrüssig und trennte sich von ihm. »Damit R. fortginge«, notierte sie, »ganz fort, wäre ich einer Brutalität fähig.«

Sie hatte eine neue Affäre, mit einem Nervenarzt, der ihr die Verbindung zum dritten der bedeutenden Männer herstellte: Sigmund Freud. Sie wurde dessen engagierte Schülerin. Er seinerseits nannte sie »Dichterin der Psychoanalyse«. Als sie 1937 starb, hat er ihr einen schönen Nachruf geschrieben.

Eine Dichterin war Lou Andreas-Salomé nun in der Tat. Es gibt von ihr Romane, Erzählungen und einen gereimten Theatertext, ihre Prosa erinnert an den Impressionismus Herman Bangs. In ausführlichen Essays hat sie sich über Nietzsche, Rilke und Freud geäußert und auch über Henrik Ibsen. In ihrem postum erschienenen *Lebensrückblick* kommen alle bedeutenden Männer nochmals vor und am Ende, ebenso ausführlich, der Ehemann Andreas. Das Buch hebt an mit dem pathetischen Satz: »Menschenleben - ach! Leben überhaupt - ist Dichtung.«

Veröffentlichungen (Auswahl)
Ruth (Erzählung), 1895 ◇ *Fenitschka. Eine Ausschweifung. Zwei Erzählungen, 1898* ◇ *Ma. Ein Porträt (Roman), 1901* ◇ *Die Stunde ohne Gott und andere Kindergeschichten, 1922* ◇ *Lebensrückblick – Grundriß einiger Lebenserinnerungen, 1951*

SALZMANN, SASHA MARIANNA
* 1985 Wolgograd, Russland

»Zeit ist für mich eine Drehscheibe. Bilder verschwimmen vor meinen Augen, und immer aufs Neue stelle ich Vermutungen darüber an, wie irgendetwas vielleicht ausgesehen haben könnte, wie die Straßen hießen, in denen ich nie gewesen bin, die Treppen der Städte, die Boote, die leer blieben. Versuche, die auseinanderzuhalten, deren Namen sich über Jahrhunderte immer wiederholten.« Die Sätze stammen aus dem Roman *Außer sich*, dem bisher einzigen Prosabuch von Sasha Marianna Salzmann.

Außer sich erzählt von Grenzüberschreitungen, solchen zwischen Ethnien, zwischen Ländern, zwischen Emotionen, zwischen Geschlechtern. Das jüdische Mädchen Alissa kommt gemeinsam mit Eltern und Zwillingsbruder als Kontingentflüchtling nach Deutschland, wächst dort auf, beginnt eine Geschlechtsangleichung und geht nach Istanbul. Hintergrund ist die Geschichte des 20. Jahrhunderts, bis zurück in die Zeit von Alissas Großeltern, jüngstes Ereignis sind die politischen Wirren in der Türkei. Das alles wird nicht chronologisch erzählt, sondern in hastigen Zeitsprüngen vor und zurück.

Sasha Marianna Salzmann hat in dem Roman ihre eigene Biografie widergespiegelt. 1985 geboren im russischen Wolgograd, dem früheren Stalingrad, wuchs sie in Moskau auf und lebt seit 1995 in Deutschland. Sie studierte in Hildesheim und Berlin, gründete zusammen mit anderen das Magazin »freitext« und begann mit Arbeiten für das Theater, als Regisseurin, als Dramaturgin und als Autorin. Ein halbes Dutzend dramatische Texte stammen von ihr. Seit 2013 schreibt sie für das Berliner Maxim Gorki Theater und leitet dort das Studio Я.

Die Spielstätte in Berlin-Mitte wird von einer gebürtigen Türkin geleitet, hat ein multiethnisches Ensemble und einen Spielplan, der sich bevorzugt Themen wie Exil, Einwanderung und Akkulturation widmet.

Sasha Salzmanns Theaterstücke haben mit alledem zu tun. Das erste abendfüllende hieß *Weißbrotmusik* und handelte von Konflikten unter Immigranten, Weißbrot ist dabei ein Schmähwort für Deutsche. Das Stück sei »inspiriert von den Vorfällen des 20. Dezember 2007, als zwei Jugendliche mit sogenanntem Migrationshintergrund einen deutschen Rentner in der Münchener U-Bahn fast zu Tode prügelten«, sagt die Autorin, »und von der daraus entstandenen Diskussion um den Zusammenhang zwischen Kriminalität und kulturellen Wurzeln«.

Gemeinsam mit dem Autor Max Czollek hat sie sich – mehrfach und ziemlich eigenwillig – zur Situation der Juden im heutigen Deutschland geäußert.

Veröffentlichungen (Auswahl)
Weißbrotmusik (Theaterstück), 2010 ◇ *Massensterben der Möglichkeiten (Theaterstück), 2011* ◇ *Muttermale Fenster Blau (Theaterstück), 2012* ◇ *Muttersprache Mameloschn (Theaterstück), 2012* ◇ *Außer sich. Roman, 2017*

215

SANDIG, ULRIKE ALMUT
* 1979 Großenhain

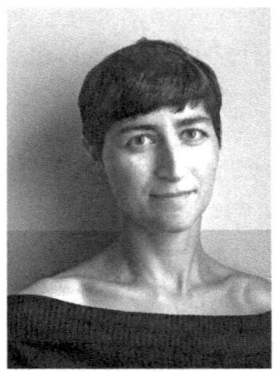

Die Anwesenheit sowjetischer Truppen in Ostdeutschland ist, abgesehen vom Kriegsende und der ersten Nachkriegszeit, nur selten zum Gegenstand von schöner Literatur geworden. Zu den Ausnahmen zählt ein Gedicht von Ulrike Almut Sandig, das so beginnt: »*russenwald* war, worüber wir pfiffen, wohin / wir nicht gingen, wo bündel aus licht in höhe / der fichtkronen aufstiegen, rot, wo die asche / von kippen und verbogener stahl die gräben / bestrich an der grenze zum feld.«

Die Autorin, 1979 geboren, ist das Kind eines evangelischen Pfarrers, der nach 1989 auch als Politiker Karriere machte. Sie selbst belegte an mehreren Universitäten Religionswissenschaften und Indologie, später studierte sie am Leipziger Literaturinstitut. Ihre Verse haben häufig mit Natur zu tun, doch sind sie alles andere als überkommene Stimmungslyrik, vielmehr nüchterne Beschreibung, die das Hässliche nicht ausspart. In ihren Erzählungen zeigt sie sich realistisch und unsentimental, ihr bevorzugtes Stilmittel ist die Parataxe.

Sie sucht nach Gelegenheiten, ihre Poesie nicht nur in gedruckter Form öffentlich zu machen. Dazu gehören Tonaufnahmen und Lesungen mit Musik, nach dem Muster der Beatgeneration, im deutschen Sprachraum erstmals von Peter Rühmkorf praktiziert, nur dass inzwischen statt Jazz eher Rock und Pop zu hören sind. Eines der Foren für neue

Texte sind die nach US-Vorbild ausgerichteten Open-Mike-Wettbewerbe. Autoren treten vor Publikum auf, lesen 15 Minuten und stellen sich einer Jury. Ulrike Almut Sandig hat sich an solchen Aktionen beteiligt und darüber geschrieben: »Dass es nicht einfach ist, seinen Text so vorzulesen, dass in den Pausen genau die Dinge passieren, die man sich wünscht, liegt auf der Hand und war den meisten Wettbewerbsteilnehmern anzusehen. Hände blieben auf Manuskriptseiten kleben, Münder waren ausgetrocknet, mehr als eine Stimme zitterte hörbar.«

Veröffentlichungen (Auswahl)
Zunder. Gedichte, 2005 ◇ *Streumen. Gedichte, 2007* ◇ *Flamingos. Geschichten, 2010* ◇ *Unter Wasser (Hörspiel), 2010* ◇ *ich bin ein Feld voller Raps verstecke die Rehe und leuchte wie dreizehn Ölgemälde übereinandergelegt. Gedichte, 2016*

SCHALANSKY, JUDITH
* 1980 Greifswald

Dass Schriftsteller auch über eine bildkünstlerische Begabung verfügen, ist so ungewöhnlich nicht. Beliebig herausgegriffene Beispiele aus der deutschen Literaturgeschichte sind E. T. A. Hoffmann und Günter Grass, Johann Wolfgang Goethe und Gerhart Hauptmann. Dass beide Talente kombiniert werden, ist eher selten.

Genau hierher gehört Judith Schalansky. Die von ihr verfassten Bücher illustriert und stattet sie selber aus. Dabei ist sie keine explizite Zeichnerin, hat vielmehr Grafikdesign studiert und eine Weile Typografie unterrichtet. Ein Buch ist für sie nicht ein übliches Transportmittel von Texten, das im Idealfall schön sein kann. Sie intendiert das Buch als handhabbares Gesamtkunstwerk.

Dies tut sie in Zeiten, da auch erzählende Prosa zunehmend auf dem Display gelesen wird und das Buch als haptischer Gegenstand verloren zu gehen droht. Verlust ist für sie ein Schlüsselbegriff. Eine ihrer Veröffentlichungen heißt *Verzeichnis einiger Verluste* und versammelt zwölf Erzählungen, die vom alten Rom bis zum Palast der Republik reichen und von der Dichterin Sappho bis zur Schauspielerin Greta Garbo. »Wie eine Hohlform lässt die Erfahrung des Verlusts die Umrisse dessen, was zu beklagen ist, hervortreten, und nicht selten verwandelt es sich im verklärenden Licht der Trauer zu einem Objekt der Begierde«, schreibt die Autorin im Vorwort ihres Buchs.

Eine der Geschichten spielt in Greifswald, wo die Autorin, ein Lehrerkind, 1980 geboren wurde. Als die DDR unterging, war sie knapp zehn Jahre alt. Die Erinnerung an die verlorene Existenz des ostdeutschen Staats beschäftigt sie seit ihren literarischen Anfängen. Das Buch *Blau steht dir nicht. Matrosenroman* schildert eine weibliche Adoleszenz anhand maritimer Erlebnisse und Fantasien, Matrose wird dabei zu einer homoerotischen Chiffre. Gleichgeschlechtlich ist auch das Begehren der Zentralfigur in *Der Hals der Giraffe*. Der Roman erzählt von einer alternden Lehrerin, die in einer vorpommerschen Kleinstadt beruflich, sozial wie familiär vereinsamt ist. Unter anderem unterrichtet sie das Fach Biologie.

Für Naturwissenschaftliches im weitesten Sinne zeigt Judith Schalansky ein starkes Interesse, das sich in ihren Verlust-Erzählungen ebenso zeigt wie in ihrem früher erschienenen *Atlas der abgelegenen Inseln*. Hier konnte sie ihrem Hang zur bildkünstlerischen Ausgestaltung eines Buches besonders ausführlich nachgehen, außerdem verhalf ihr dieses Werk zur Edition der bibliophilen Reihe »Naturkunden«.

Veröffentlichungen (Auswahl)
Fraktur mon Amour (Sachbuch), 2006 ◇ *Blau steht dir nicht. Matrosenroman, 2008* ◇ *Atlas der abgelegenen Inseln. Fünfzig Inseln, auf denen ich nie war und niemals sein werde, 2009* ◇ *Der Hals der Giraffe. Bildungsroman, 2011* ◇ *Verzeichnis einiger Verluste (Erzählungen), 2018*

SCHEER, REGINA
* 1950 Ost-Berlin

Ahawah ist ein hebräisches Wort und bedeutet Liebe. »Ahawah« war der Name eines jüdischen Kinderheims in der Berliner Auguststraße, das seit 1922 bestand und berühmt wurde für seine reformpädagogische Praxis. Ab 1934 konnten manche Kinder und Erzieherinnen nach Palästina emigrieren, die Einrichtung blieb und war ein jüdisches Waisenheim. 1941 wurde es zum Sammellager für Juden, die in die Vernichtungslager deportiert wurden.

Die Geschichte des Hauses und die Lebensläufe einiger Bewohner erzählt das 1992 erschienen Buch *AHAWAH, das vergessene Haus*. Verfasst hat es Regina Scheer. Die gebürtige Berlinerin des Jahrgangs 1950 hat an der Humboldt-Universität Kulturwissenschaften studiert und wurde danach Redakteurin bei DDR-Zeitschriften. Ihre ersten literarischen Texte waren Verse für den staatsergebenen Liedermacherkreis Oktoberclub. Seit der deutschen Wiedervereinigung arbeitet sie als freie Autorin, ihr bevorzugter Inhalt sind jüdische Schicksale. Sie hat über die Familie des Malers Max Liebermann geschrieben, über Moses Mendelssohn, über Kurt Tucholsky. 2014 erschien ihr erster Roman.

Machandel erzählt von einem fiktiven mecklenburgischen Dorf dieses Namens. Machandel ist auch eine Bezeichnung für » Wacholder oder Knirkbusch, Kranewitter oder Quickholder«, das Buch nennt noch weitere Namen. Das Märchen *Von dem Machendelboom* spielt eine Rolle, da eine der handelnden Figuren, eine Berlinerin, darüber eine Arbeit schreibt. Erzählt wird aus wechselnder Perspektive von fünf Figuren, es geht um Vergangenheit und Gegenwart, um Deutsche und Russen, um Widerstand, Opportunismus, Flucht, Deportation und Mord, es geht um das Leben in der DDR, den Untergang des ostdeutschen Staates und das Leben danach. »Das ist alles so verschlungen«, heißt es in dem Buch, »so schwierig, und es ist so lange her und doch nicht vorbei. Verschlungen. Doppeldeutiges Wort. Es ist alles so miteinander verwoben, aber es ist auch verschlungen von der Zeit.«

Veröffentlichungen (Auswahl)
AHAWAH, das vergessene Haus. Spurensuche in der Berliner Auguststraße, 1992 ◇ *»Wir sind die Liebermanns«. Die Geschichte einer Familie, 2006* ◇ *Mausche mi-Dessau Moses Mendelssohn. Sein Weg nach Berlin, 2006* ◇ *Kurt Tucholsky. »Es war ein bisschen laut«, 2008* ◇ *Machandel. Roman, 2014* ◇ *Gott wohnt im Wedding. Roman, 2019*

SCHEFFEL, ANNIKA
* 1983 Hannover

Das Skurril-Fantastische, wie es im Werk des Romantiker E. T. A. Hoffmann vorkommt, spielt in seriöser Belletristik eine vergleichsweise geringe Rolle. Dies blieb das Privileg von Kinderbuch-, Märchen- und Trivialautoren. Letztere haben dann, im Zeitalter der industriellen Revolution und der technischen Utopien, das hochliterarisch wenig genutzte Genre des Science-Fiction-Romans hervorgebracht.

Die 1983 geborene Annika Scheffel studierte Theaterwissenschaft und veröffentlichte bislang drei Bücher. In ihrem bisher jüngsten gibt es am Anfang diese mediale Botschaft: »Aus Tausenden wählen wir zwei Hoffnungsträger, einen Mann, eine Frau. Sie fliegen für uns in eine neue, weit entfernte Welt. Eine Welt, in der noch alles möglich ist. Sie haben die Chance, dort alles richtig zu machen.« Die Heldin tut genau dies. Mit ihrem Gefährten durchstreift sie einen Planeten, der abgestorben, menschenleer, gleichwohl attraktiv und jedenfalls aufregend ist. Das Buch bietet eine Mischung aus zivilisationskritischer Parabel und modernem Märchen.

Die beiden früheren Bücher der Autorin operieren mit ähnlichen Elementen. Eines erzählt die Geschichte vom Widerstand eines Dorfes gegen ein technisches Großprojekt, das andere eine skurrile Liebesgeschichte.

Annika Scheffel hat außerdem für Kinder geschrieben und gehörte einer Drehbuchwerkstatt für Telenovelas an. Sie lebe in Berlin »zusammen mit Leuten, die die Wände großflächig mit Vodoosymbolen verzieren, Lego-Figuren die Köpfe abbeißen und nachts den Grüffelo durch die Wohnung schleichen hören. Und manchmal verschwimmen in dem ganzen Chaos die Grenzen zwischen Realität und Phantastik ... «

Veröffentlichungen
Ben. *Roman, 2010* ◇ *Bevor alles verschwindet. Roman, 2013* ◇
Hier ist es schön. Roman, 2018

SCHLEGEL, DOROTHEA
* 1764 Berlin, † 1839 Frankfurt am Main

Der Berliner Philosoph, Schriftsteller, Fabrikant und Erneuerer
des deutschen Judentums Moses
Mendelssohn hatte mit seiner Frau
Fromet zehn Kinder. Das zweite,
1764 geboren, war eine Tochter und
erhielt den Vornamen Brendel. Sie
wuchs in behüteten Zuständen auf,
mit 14 wurde sie dem zehn Jahre
älteren Kaufmann Simon Veit an-
verlobt, vier Jahre später wurde die
Ehe geschlossen. Es gingen vier Kinder aus ihr hervor, zwei
Söhne, Jonas und Philipp, überlebten. Beide wurden später
Kunstmaler.

Im Salon ihrer Freundin Henriette Herz lernte sie den
hochbegabten Literaten Friedrich Schlegel kennen. »Die
wunderbare Gleichheit zog den Jüngling bald in ihre Nähe,
er bemerkte, daß auch sie diese Gleichheit fühle, und beide
nahmen es gewahr, daß sie sich nicht gleichgültig wären.« So
steht es in Schlegels Roman *Lucinde*, deren Heldin nach dem
Vorbild Brendel gezeichnet ist. »Wie die weibliche Kleidung
vor der männlichen, so hat auch der weibliche Geist vor dem
männlichen den Vorzug, daß man sich da durch eine einzi-

ge kühne Kombination über alle Vorurtheile der Cultur und bürgerlichen Conventionen wegsetzen und mit einemmale mitten im Stande der Unschuld und im Schoß der Natur befinden kann.« Will heißen: Friedrich Schlegel und Brendel Veit hatten sich ineinander verliebt und begannen eine Liaison. Der Roman erzählt davon. Als er erschien, löste er einen Skandal aus. Brendel Veit ließ sich scheiden. Sie behielt das Sorgerecht für einen ihrer Söhne, sollte keine neue Ehe eingehen und sich nicht mehr in Berlin aufhalten. Nunmehr nannte sie sich mit Vornamen Dorothea.

Sie begleitete Schlegel zu seinen verschiedenen Aufenthalten – nach Jena, nach Paris, nach Köln, nach Frankfurt am Main, nach Rom und nach Wien. Sie trat zum Protestantismus über und ehelichte Schlegel. Sie folgte ihm auch in seinen wechselnden Haltungen, vom Libertin und Freund des revolutionären Frankreich bis zum papistischen Frömmler. Ihr eigener Übertritt zum Katholizismus erfolgte 1808.

Geschrieben hat sie viel: Briefe und Literaturkritiken, Letztere für die von Friedrich Schlegel herausgegebenen Zeitschriften. Sie hat aus dem Französischen übersetzt, unter anderem ein Buch von Germaine de Staël. Als sie mit Schlegel in Jena lebte, verfasste sie einen eigenen Roman. Erkennbar darin sind Einflüsse von Goethes *Wilhelm Meister* und von einem damals populären Roman des Frühromantikers Ludwig Tieck. In *Florentin* beschreibt sie die Wanderungen eines freisinnigen Italieners, der auch künstlerischen Neigungen folgt. Es findet sich viel Natur und viel großes Gefühl. »Des Schicksals Schläge stählen und geben Kraft sich aufzurichten, indem sie niederbeugen; aber der Menschen kleinliche Mißverhältnisse und Mißverständnisse zerstören grausam das Gemüt«, heißt es im Text. Das Buch enthält lange Gespräche und etliche Gedichte. Das Unternehmen blieb jedoch Fragment, da der Folgeband nicht veröffentlicht wurde. Dorothea Schlegels andere Buchpublikation galt der ausführlichen Nacherzählung des Sagenkreises um den gälischen Zauberer Merlin.

Ihr Mann starb 1829. Die Witwe zog daraufhin nach Frankfurt am Main, zu ihrem Sohn Philipp Veit, der dort Direktor des Städelschen Kunstinstituts war.

»Ihr Mut, sich von ihrem ungeliebten Ehemann zu trennen«, sagt ihre Biografin Carola Stern, »und entgegen jüdischer Tradition und strenger gesellschaftlicher Normen ihr Recht auf Glück einzufordern, machte sie zu einer Wegbereiterin weiblicher Emanzipation.«

1839 starb Dorothea Schlegel in Frankfurt am Main.

Veröffentlichungen
Florentin. Ein Roman, 1801 ◇ *Geschichte des Zauberers Merlin, 1804*

SCHMIDT, KATHRIN
* 1958 Gotha

»Die linke Hand liegt fest, ein Schlauch steckt darin. Ist sie etwa immer noch am Netz, wird sie etwa immer noch ferngesteuert? Sie möchte die Angst mit der rechten Hand mitteilen, aber die liegt einfach da und lässt sich nicht bewegen. Seltsam. Warum kann sie die Hand nicht bewegen?«

Die Szene spielt in einem Krankenhaus. Die Patientin, von Beruf Schriftstellerin, hat eine Hirnoperation hinter sich. Sie ist aus der Bewusstlosigkeit erwacht, sie versucht, sich ihre Umgebung zu vergegenwärtigen, ihre Situation, ihre Angehörigen, ihre Biografie, dies alles erfolgt in knappen Bewusstseinsschüben. Der Roman, der das beschreibt, hat den Titel *Du stirbst nicht*, Autorin ist die 1958 geborene Kathrin Schmidt. Sie gehört zu den eigenwilligsten Talenten der deutschen Gegenwartsliteratur, als Erzählerin wie als Lyrikerin. Ausgebildet wurde sie zur Psychologin, sie hat in wissenschaftlichen und sozialen Einrichtungen gearbeitet und war Gasthörerin am Leipziger Literaturinstitut. An den politischen Veränderungen nach 1989 hat sie sich maßgeblich beteiligt.

Ihre ersten literarischen Arbeiten waren Gedichte – metaphernsatte, surreale, eindringliche Verse, die eher Stimmungen evozieren als abrufbare Botschaften. Ihre ersten Romane, die vor dem Hintergrund der deutschen Zweistaatlichkeit spielen, wurden gerühmt für ihre barock anmutende Erzählweise. Die Ausgangssituation von *Du stirbst nicht* erlebte die Autorin selbst, die an einem Hirnaneurysma litt und lange Zeit brauchte, um davon zu genesen.

Die Lyrik hat Kathrin Schmidt darüber nicht vernachlässigt. »Ich habe einem lyrischen Text gegenüber ein ganz anderes Gefühl von Sicherheit«, sagt sie. »Bei der Prosa weiß ich nie, wie es ausgeht, wie es ankommt und ob es überhaupt was taugt. Wohingegen ich das beim Gedicht sehr gut abschätzen kann.« Sie sagt noch: »Beim Schreiben von Lyrik kommen mir die einzelnen Worte immer wie Blasen vor, die kleine Türchen haben, in die man reingeht, und wenn man drin steht, dann hat jedes Wort wieder andere Türchen, die in neue Blasen führen. «

Veröffentlichungen (Auswahl)
Flußbild mit Engel. Gedichte, 1995 ◇ *Die Gunnar-Lennefsen-Expedition. Roman, 1998* ◇ *Du stirbst nicht. Roman, 2009* ◇ *Blinde Bienen. Gedichte, 2010* ◇ *Kapoks Schwestern. Roman, 2016*

SCHMIDT, SARAH
* 1965 Dinslaken

Edith Scholz, eine alte Dame, ist in ihrer Wohnung gestürzt und kommt nach einer Weile wieder zu Bewusstsein. »Unglücklicherweise aber konnte sie nicht aufstehen. Seit drei Stunden, schätzungsweise, es könnten auch vier sein, gab es daran nicht mehr den geringsten Zweifel. Ein solch scharfer Schmerz hatte ihren Körper beim letzten Versuch durchfahren, dass sie noch lange danach zitterte.« Ein Briefträger alarmiert die Feuerwehr, die Wohnungstür wird aufgebrochen und die Patientin ins Krankenhaus gebracht, wo man sie operiert.

So beginnt der neueste Roman *Weit weg ist anders* von Sarah Schmidt. Der Ort, auf den der Titel anspielt, ist die Insel Usedom, wohin sich die alte Dame anschließend begibt. In der Rehaklinik freundet sie sich mit einer Frau gleichen Alters an. Der Roman erzählt beider Geschichten, es geht um Alter und Krankheit, um Liebe und Tod.

Die Autorin, 1965 geboren, lebt seit 1976 in Berlin. 1992 begann sie in Zeitschriften und Zeitungen zu veröffentlichen, sie war festes Mitglied bei zwei Berliner Lesebühnen. Sie schrieb ein Theaterstück über die Jazzsängerin Billie Holiday, das in Gelsenkirchen uraufgeführt wurde. Sie verfasste Kolumnen über Fußball, Musik und Architektur. Ihr erster Roman kam 2004 heraus. Eines ihrer späteren Bücher heißt *Eine Tonne für Frau Scholz*. Bei der Tonne geht es um Braunkohlenbriketts, und die Frau Scholz hier ist nicht identisch mit der ihres bisher letzten Buchs, die wirtschaftlich erkennbar besser gestellt ist. Die Autorin steht in der realistischen Tradition Hans Falladas, ihr Personal sind bevorzugt kleine Leute.

Ihre Anfänge hat Sarah Schmidt so beschrieben: »1995 gab es in Berlin-Mitte eine kleine Bühne mit Bar, oder eine Bar mit Bühne – je nach Sichtweise. Der ›Schokoladen‹ beherbergte jeden Sonntagabend die ›Reformbühne Heim und Welt‹. Das waren damals noch relativ junge Männer, sie saßen auf einer Bühne an einem Tisch, tranken Bier, rauchten viele Zigaretten, gingen abwechselnd, mit Zetteln in der Hand zum Mikrofon und lasen Geschichten vor. Auf dieser Bühne wollte ich auch stehen. Also schrieb ich zwei Geschichten und las sie vor. Es gab freundlichen Applaus und hinterher war das Bier umsonst und Geld fürs Taxi lag in meiner Hand.«

Veröffentlichungen (Auswahl)
Dann machen wir's uns eben selber. Roman, 2004 ◇ *Strange Fruit. (Theaterstück), 2006* ◇ *Bad dates. Erzählungen, 2007* ◇ *Eine Tonne für Frau Scholz. Roman, 2014* ◇ *Weit weg ist anders. Roman, 2017*

SCHUBERT, HELGA (EIGTL. HELGA HELM)
* 1940 Berlin

Ihr bekanntestes Buch heißt *Judasfrauen*. Es geht um weibliche Personen, die in den zwölf Jahren der nationalsozialistischen Diktatur politisch andersdenkende Menschen an die staatlichen Behörden verrieten. Helga Schubert sagt: »Ich wollte die Auswirkungen eines totalitären Staates auf das

Alltagsverhalten seiner Bürger am Beispiel der politischen Denunziation durch Frauen verstehen und wählte dazu Denunziationen im nationalsozialistisch regierten Deutschland.«
Das Buch entstand und erschien, als die alte DDR unterging. Vorbereitet wurde es, als die DDR noch existierte. Die Autorin betrieb ihr Vorhaben auch als versteckten Angriff auf das System, in dem sie lebte. Sie wollte Parabeln schreiben, »Parabeln des Verrats«. Das Buch umfasst zehn Geschichten. Verfasst wurden sie als Report, als innerer Monolog und in Montageform. Die Denunziationen treffen manchmal Verwandte. Die Denunziantinnen handeln aus politischem Fanatismus, aus Eitelkeit oder Geldgier. Ihre Namen werden durchweg verfremdet. In sieben Fällen geht es bei den Opfern um Unbekannte, in drei Fällen um Prominente. Befragt, wieso sie sich für weibliche Denunzianten entschieden habe, antwortete sie: »Mich stört die Frauenveredelung. So sensibel, so zart, so kooperativ, so mütterlich, so mitleidig, so kreativ, so authentisch sind wir nicht. Wir sind auch böse und auch gefährlich, auf unsere Weise. Sobald ein Mensch auf einem Sockel steht, möchte ich den Sockel zerschlagen.«
Ihr Name ist ein Pseudonym. Geboren wurde sie 1940, sie hat Psychologie studiert und lange als Psychotherapeutin gearbeitet. 1977 wurde sie freiberufliche Schriftstellerin. Sie schrieb Kinderbücher, Filmszenarien, Erzählungen, Hörspiele und Sachbücher.

Veröffentlichungen (Auswahl)
Das verbotene Zimmer. Geschichten, 1982 ◇ *Bimmi und ihr Nachmittag (Kinderbuch), 1984* ◇ *Judasfrauen. Zehn Fallgeschichten weiblicher Denunziation im Dritten Reich, 1990* ◇ *Die Welt da drinnen. Eine deutsche Nervenklinik und der Wahn vom* »*unwerten Leben*«*, 2003*

SCHULTE, ANNE JELENA
* 1976 West-Berlin

In einer Berliner Tageszeitung erscheinen gelegentlich Artikel von ihr. Es handelt sich um Nachrufe, die nicht, wie sonst üblich, prominenten Toten gelten, sondern unbekannten. Die Texte basieren auf sorgfältiger Recherche, die auch sonst das bevorzugte Verfahren von Anne Jelena Schulte sind. Geboren wurde sie 1976. Sie hat an der Hochschule der Künste szenisches Schreiben studiert und ist Autorin von mehr als einem halben Dutzend Bühnenstücken, aufgeführt an renommierten Häusern wie dem Deutschen Theater und dem Maxim Gorki Theater in Berlin. Meist handeln sie, unter Verwendung dokumentarischen Materials, von wirtschaftlichen Vorgängen und sozialen Konflikten. In einem ihrer jüngeren Stücke geht es um den Baumwollanbau in Argentinien, in einem anderen um drei Etappen aus der Geschichte einer großen Bremerhavener Reederei. Eine Wiederbelebung des Dokumentartheaters der 1970er-Jahre bedeutet dies indessen nicht, dazu ist die literarische Aufarbeitung zu eigenwillig. Die Autorin sagt: »Ich würde nie behaupten, dass meine Stücke dokumentarisch sind, das ist auch nicht mein Anspruch. Ich glaube nicht an einen objektiven Realismus, aber an einen subjektiven.«

Veröffentlichungen (Auswahl)
Worringer Schlachten (Theaterstück), 2013 ◇ Sofja (Theaterstück), 2013 ◇ Sterne schießen. Eine theatrale Recherche zum Norddeutschen Lloyd (Theaterstück), 2018 ◇ Weißes Gold (Theaterstück), 2018

SCHULTENS, KATHARINA
* 1980 Kirchen / Sieg

»ich verrate: ich bin ein gespinst, man kann mir jederzeit /
noch eine silbe wegnehmen und eine bestimmte anhängen /
wie schuld / ... / ich wispere ach / wissen sie – eigentlich bin
ich das innere / des aktenschrankes, wenn er schließt«.
   Dies sind Verse von Katharina Schultens. Die 1980 geborene Autorin publizierte bislang ausschließlich Lyrik und
Essays. Studiert hat sie Kulturwissenschaften, unter anderem
in den USA und in Italien. Im Hauptberuf ist sie Wissenschafts-
managerin einer Einrichtung der Humboldt-Universität zu
Berlin.
   Ihre Lyrik greift gern auf Begriffe aus Fachsprachen zu:
der Linguistik, der Finanzindustrie oder der Kybernetik. Das
Wort *gierstabil*, Titel eines ihrer Bücher, hat nichts mit Emo-
tion und Begehren zu tun, sondern ist ein Fachbegriff
aus der Getriebetechnologie. Der Bärenmarkt – die Bezeichnung für eine Börsensituation – wird auf seine ursprüng-
liche Wortbedeutung zurückgeholt, es treten zwei Tanzbären
auf, mit denen intime Berührungen möglich sind. Das
lyrische Ich sieht sich manchmal als geschundene akade-
mische Hilfskraft. In einem anrührenden Liebesgedicht
kommen Wörter wie Standardeinstellung, Übersetzungspro-
gramm, online und Algorithmus vor. Katharina Schultens
gelingt eine Verschmelzung von Technizistischem und Poe-
tischem, die überraschende und eindringliche Bilder hervor-
bringt.
   In einem der Essays von Katharina Schultens heißt es: »es
geht grade immer um flexible sortierung, um eine bewegung,
die sich entzieht. also diese holzkästen, in die man einsor-
tieren konnte, nur eben sind jetzt die wände durchlässig und

die glitzerdinger beweglich. sowas wie rudel gut erzogener libellen, die keinen krach machen, aber einmal quer durch die struktur fliegen.«

Veröffentlichungen
Aufbrüche. Gedichte, 2004 ◇ *gierstabil. Gedichte, 2011* ◇ *gorgos portfolio. Gedichte, 2014* ◇ *Geld. Eine Abrechnung mit privaten Ressourcen (Essay), 2015* ◇ *untoter schwan. Gedichte, 2017*

SEEL, DANIELA
* 1974 Frankfurt am Main

2002 wurde in Berlin der Verlag kookbooks gegründet, als »labor für poesie als lebensform«. »Kook« ist hier ein Slangausdruck für Spinner. Der Verlag ediert Lyrik und Essays, die Bände sind bibliophil gemacht, die Auflagen klein. Mitgründerin und Miteigentümerin des Unternehmens ist die 1974 geborene Daniela Seel.

Sie hat an verschiedenen Universitäten studiert, unter anderem in Berlin, und eine Ausbildung zur Verlagskauffrau absolviert. Sie arbeitet nebenher als Kritikerin und freie Lektorin, vor allem schreibt sie jedoch Gedichte, die sie im eigenen Verlag herausbringt.

Ihre Sprache ist die jenes unterkühlten Avantgardismus, der sich bei vielen Lyrikern ihrer Generation wiederfindet. In ihren durchweg reimlosen Versen zerschneidet das Enjambement manchmal einzelne Wörter. Angelsächsische Begriffe und angelsächsische Zeilen werden einmontiert. Es gibt Liebesgedichte, die ebenso zurückhaltend wie eindringlich sind: »ich habe mir ihren körper dann einfach / umgebunden wie eine schürze. // distanz gewinnen, eine bewegung, / die nur in der zeit existiert, nicht im raum.«

Veröffentlichungen
ich kann diese stelle nicht wiederfinden. Gedichte, 2011 ◇ was weißt du schon von prärie. Gedichte, 2015

SEGHERS, ANNA (EIGTL. NETTY REILING)
* 1900 Mainz, † 1983 Ost-Berlin

Der Mainzer Kunst- und Antiquitätenhändler und praktizierende Jude Isidor Reiling und seine Frau Hedwig, geborene Fuld, bekamen im Jahre 1900 eine Tochter: Netty. Das Mädchen wuchs behütet heran, besuchte eine höhere Mädchenschule und begann danach Kunstgeschichte und Sinologie zu studieren. 1924 promovierte sie mit einer Arbeit über Rembrandt van Rijn. Im gleichen Jahr druckte die großbürgerliche »Frankfurter Zeitung« einen ersten erzählenden Text von ihr, unter dem Namen Antje Seghers. Das Pseudonym hatte sie sich bei einem Rembrandtschüler geliehen, auch später hielt sie daran fest und änderte lediglich etwas den Vornamen. Ihre nächsten Prosatexte machten sie weithin bekannt, voran die Erzählung *Aufstand der Fischer von St. Barbara*, für die sie den renommierten Kleist-Preis erhielt.

Inzwischen war Anna Seghers verheiratet und hatte zwei Kinder. Ihr Mann war ein aus Ungarn stammender Ökonom und zudem ein eingeschriebener Kommunist. Anna Seghers tat es ihm darin gleich. Sie blieb eine gehorsame Parteisoldatin bis an ihr Lebensende. 1933, nach Hitlers Machtantritt, wurde sie kurzzeitig verhaftet. Dann emigrierte sie über die Schweiz nach Frankreich. In Deutschland waren ihre Bücher verboten und verbrannt worden, fortan schrieb sie für Exilzeitschriften und Exilverlage. 1940 entkam sie aus dem von den Nationalsozialisten okkupierten Paris in das von der deutschen Wehrmacht noch nicht besetzte Südfrankreich. Anschließend gelang es der Familie, von Marseille auf Umwegen bis nach Mexiko zu kommen, wo sie zu der dortigen Kolonie europäischer Antifaschisten stieß. Anna Seghers engagierte sich kulturpolitisch, ihr Mann arbeitete als Universitätslehrer.

1947 kehrten beide nach Deutschland zurück, ihre spätere Wohnung lag im Ost-Berliner Ortsteil Adlershof. Anna Seghers amtierte 26 Jahre lang als Präsidentin des DDR-Schriftstellerverbandes, sie trat öffentlich in Erscheinung, sie erhielt zahlreiche Ehrungen. 1981 wurde ihr, im Kalten Krieg nicht selbstverständlich, die Ehrenbürgerschaft ihrer Geburtsstadt verliehen, den Mainzer Akzent behielt sie lebenslang.

In der DDR hat sie zwei Romane veröffentlicht, in denen die politischen Verhältnisse des ostdeutschen Staates kritiklos affirmiert werden. Beide Bücher sind nicht gut. Anna Seghers drohte damit ihren Ruf als eine der ganz großen Autorinnen deutscher Sprache zu ruinieren. Nun sind diese Arbeiten nicht etwa Zeugnisse einer altersbedingt nachlassenden Schaffenskraft. Zur gleichen Zeit entstand mit *Karibische Geschichten* ein Werk, in dem sich ihr Talent ungebrochen äußert.

Wenigstens vier Bücher von Anna Seghers haben weltliterarisches Format. Nach dem erwähnten *Aufstand der Fischer von St. Barbara* ist dies ihr Roman *Das siebte Kreuz*. Er entstand im Exil und erzählt die Geschichte von sieben Häftlingen, die aus einem nationalsozialistischen Konzentrationslager entkommen. Sechs von ihnen werden gefasst und hingerichtet, dem siebten gelingt die Flucht. Das Buch erschien 1942 in Mexiko. Da plante Anna Seghers bereits den Roman *Transit*, ein beklemmendes Buch, das die dramatische Lage deutscher Flüchtlinge im Marseille des Jahres 1940 schildert.

1943 erlitt Anna Seghers einen Unfall. Sie wurde von einem Auto angefahren und trug schwere Schädelverletzungen davon. Dem Tod nahe, lag sie wochenlang im Krankenhaus. Genau so beginnt die Erzählung *Ausflug der toten Mädchen*, der einzige ihrer belletristischen Texte, der unverstellt autobiografische Züge trägt: Netty liegt im Spital, »krank und besinnungslos«, und vergegenwärtigt sich einen Schulausflug vor dreißig Jahren. Es geht um die Lebensgeschichten der einstigen Klassenkameradinnen, darunter sind gewöhnliche und ungewöhnliche Schicksale, Nationalsozialisten und Verfolgte, zu Letzteren zählt auch Nettys Mutter. Der Ton ist, wie in allen Büchern Seghers, von einer eindringlich schönen, scheinbar leidenschaftslosen Genauigkeit. Die Erzählung endet folgendermaßen: »Ich fragte mich, wie ich die Zeit verbringen sollte, heute und morgen, hier und dort, denn ich spürte jetzt einen unermesslichen Strom von Zeit, unbezwingbar wie die Luft. Man hat uns nun einmal von klein auf angewöhnt, statt uns der Zeit demütig zu ergeben, sie auf irgendeine Weise zu bewältigen.«

Als Anna Seghers 1983 auf dem Dorotheenstädtischen

Friedhof in Berlin beigesetzt wurde, blieb das Gelände von der Geheimpolizei abgesperrt, da zur Trauergemeinde Spitzen der DDR-Staatsführung gehörten. Es wurden Schüsse über ihr Grab abgegeben. Währenddessen stand draußen vor der Friedhofmauer eine lange Reihe von Menschen, die geduldig darauf warteten, der Toten ihren Respekt und ihre Trauer zu bezeugen. Für die zuweilen rätselhafte Existenz der Schriftstellerin Anna Seghers gibt es kein treffenderes Bild.

Veröffentlichungen (Auswahl)
Aufstand der Fischer von St. Barbara (Erzählung), 1928 ◇ Der Prozess der Jeanne d'Arc zu Rouen im Jahr 1431 (Hörspiel), 1937 ◇ Das siebte Kreuz (Roman), 1942 ◇ Transit (Roman), 1944 ◇ Der Ausflug der toten Mädchen und andere Erzählungen, 1946 ◇ Die Toten bleiben jung. Roman, 1949 ◇ Das wirkliche Blau. Eine Geschichte aus Mexiko, 1967

SICHTERMANN, BARBARA
* 1943 Erfurt

»Ich wünsche mir, dass die hiesige Gesellschaft, einschließlich aller Kolumnisten, die Emanzipation der Frauen bei uns, die nämlich sehr viel weiter gediehen ist als in anderen Erdteilen, Weltgegenden, sehr viel offensiver und sehr viel militanter verteidigen, als sie das bisher gemacht haben.«
So Barbara Sichtermann 2016 in

einem Interview. Geboren 1943 in einen Intellektuellenhaushalt, war sie nach Schulbesuch und Abitur zunächst Schauspielerin und begann erst danach Sozialwissenschaften und Volkswirtschaftslehre zu studieren. Seit 1978 arbeitet sie als freie Autorin.

Sie hat sich immer wieder ausführlich zur weiblichen Emanzipation und deren Vertreterinnen geäußert. Sie hat Anthologien veröffentlicht, dazu pädagogische, literatur-, sozial- und kulturgeschichtliche Bücher sowie zwei Romane, deren Helden, erotisch umtriebige Männer, auf eine persönliche Katastrophe zusteuern. Sie verfasste Biografien über so unterschiedliche Frauen wie Mary Shelley, Sophie Scholl, Louise Aston und Margarete Steiff. Seit vielen Jahren schreibt sie zudem TV-Kritiken, zuerst für eine Hamburger Wochenzeitung, nunmehr für ein Berliner Tageblatt.

Zu der gegenwärtigen MeToo-Bewegung merkt Barbara Sichtermann an: »Als Altfeministin reibt frau sich die Augen, wenn sie derzeit aus den Medien erfährt, dass ein Mann, der einer Frau im Büroflur an den Po fasst, dies nicht tut, weil er der Gottheit Eros dienen will, sondern weil er einen Machtanspruch einlöst. Tatsächlich? Leute, diese Einsicht ist in etwa so alt wie die Pyramiden, und es macht einen echt fertig, mitkriegen zu müssen, dass offenbar jede Generation, ja, jede Fünf-Jahres-Kohorte sich auf's Neue zu ihr durchringen muss. «

Veröffentlichungen (Auswahl)
FrauenArbeit. Über wechselnde Tätigkeiten und die Ökonomie der Emanzipation, 1987 ◇ *Vicky Victory. Roman, 1995* ◇ *Fremde in der Nacht. Roman, 1998* ◇ *Wer war Sophie Scholl? (Kinderbuch), 2008* ◇ *Viel zu langsam viel erreicht. Über den Prozess der Emanzipation, 2017*

Simon, Jana
* 1972 Potsdam

Felix S., 1970 geboren, war das Kind einer Familie, die vor der Apartheid aus Südafrika in die DDR flüchtete. Er wuchs in Ost-Berlin auf, wo er aufgrund seiner dunklen Hautfarbe ein Außenseiter blieb. Seinen schwächlichen Körper stärkte er durch Training im Kickboxen. Nach dem Ende der DDR wollte er zu Geld kommen und verdingte sich als Türsteher und Zuhälter. Trotz seiner Herkunft fand er Anschluss zur rechten Szene. Wegen Drogenhandels wurde er zu viereinhalb Jahren Haft verurteilt und beging im Gefängnis Suizid.

Die 1972 geborene Jana Simon kannte Felix S. aus gemeinsamen Schultagen. Sie war eine Weile mit ihm befreundet. Als sie von seinem Tod erfuhr, hat sie, gestützt auf Gespräche, eigene Erinnerungen und Aktenstudium, dieses außergewöhnliche Leben beschrieben. Das Abgleiten des jungen Mannes ins Milieu der Hooligans erklärt sie so: »Irgendetwas musste es geben, wozu er gehören konnte: wenn schon nicht Ost oder West, Schwarz oder Weiß – dann wenigstens deutsch.«

Sie selbst ist das Enkelkind von Christa und Gerhard Wolf. Sie hat studiert, unter anderem in Italien, und begann danach, als Journalistin zu arbeiten. Mit ihren Großeltern führte sie sechs Gespräche, aus denen ein Buch entstand.

Außenseiterexistenzen und Extremschicksale haben Jana Simon immer wieder beschäftigt. Nach den Gründen für ihre zuweilen unentschiedenen Urteile befragt, erwiderte sie, dass sie Wirklichkeit selten als eindeutig erlebe: »Es ist eben nicht mehr schwarz und weiß, bei fast allem gibt es ein Für und Wider.«

Veröffentlichungen
Denn wir sind anders. Die Geschichte des Felix S., 2002 ◇ *All-tägliche Abgründe. Das fremde in unserer Nähe (Sachbuch)*, 2004 ◇ *Sei dennoch unverzagt. Gespräche mit meinen Groß-eltern Christa und Gerhard Wolf*, 2013 ◇ *Das explodierte Ich. Menschen zwischen Abgrund und Aufbruch (Sachbuch)*, 2014

STEINECKERT, GISELA
* 1931 Berlin

Gisela Steineckert wurde 1931 in Berlin geboren. Sie stammt aus kleinen Verhältnissen. In der DDR machte sie Karriere als Redakteu-rin und Verfasserin von Liedtexten. Daneben hat sie Filmdrehbücher geschrieben. Die Vorbereitung des Ausschlusses von neun Autoren aus dem DDR-Schriftstellerverband 1979 wurde von ihr maßgeblich mitbetrieben. Die SED-Kulturpoli-tik vertrat sie bis zum Untergang des ostdeutschen Staates.

Freischaffende Autorin ist Gisela Steineckert seit 1957. Sie hat Hörspiele, dreißig Bücher und etwa 2800 Liedtexte ver-fasst.

Veröffentlichungen (Auswahl)
Vor dem Wind sein. Lieder, 1980 ◇ *Und dennoch geht es uns gut. Briefe 1992–1998*, 1998 ◇ *Eines schönen Tages. Erinnerungen*, 2016

STELLING, ANKE
* 1971 Ulm

»Ich bin gut mit den Händen. Was ich anfasse, wird so, dass die Leute in der Stadt es kaufen wollen: Gemüse, Strickwaren, Marmelade. Ich kann aus zwei Blumen einen Strauß arrangieren, der die Begehrlichkeit weckt, in ein Berliner Wohnzimmer auf die Teakholz-Kommode gestellt zu werden. Weil sich mit ihm dann ein Gesamtbild ergibt, das zugleich von Geschmack und Bodenständigkeit handelt.«

Dies schrieb Anke Stelling. Es sind Sätze aus einer Erzählung mit dem Titel *Der Giftzwerg*, die sie auf ihrer Homepage als Leseprobe anbietet. Um Bioprodukte geht es gleichermaßen in einem ihrer Romane.

Über sich selbst sagt sie: »Ich wurde 1971 in Ulm an der Donau geboren, aber ich komme nicht von dort; es hatte meine Eltern nur kurzzeitig dahin verschlagen. Aufgewachsen bin ich in Stuttgart. Nach dem Abitur 1991 bin ich nach Berlin gezogen und habe dort begonnen, mich mit Freunden und Freundinnen selbst auszubilden.« Sie habe sich dann doch noch einer Hochschule anvertraut, dem Leipziger Literaturinstitut. So wurde sie freischaffende Autorin. Sie verfasste Drehbücher, manche wurden realisiert, andere nicht. Sie schrieb ein Kinderstück. Bekannt wurde sie durch ihre erzählende Prosa. Die ersten zwei Bücher, beide spielen in Leipzig, schrieb sie zusammen mit einem anderen Autor. Ihre erste Alleinveröffentlichung war ein Erzählband.

Anke Stelling hat eine Neigung zu hochemotionalen Situationen und extremen Charakteren. Einer ihrer Romane schildert eine Inzestgeschichte, einer die Obsessionen einer von ökologischen Verpflichtungen heimgesuchten Kindsmutter, einer von Problemen einer alternden Schriftstellerin. Es gibt sexuelle Gier, Lebensekel, religiösen Wahn und Drogensucht. In den 15 Jahren, in denen sie Literatin sei, habe sie sehr unterschiedliche Phasen erlebt, resümiert sie. »Rückblickend kann ich sagen, gut so, ich weiß jetzt, dass ich wirklich schreiben will und es auch unabhängig von Markt und Mechanismus tun kann; aber ich hüte mich, so was wie Dankbarkeit zu empfinden.«

Veröffentlichungen (Auswahl)
Glückliche Fügung. Erzählungen, 2004 ◇ *Horchen. Roman, 2010* ◇ *Bodentiefe Fenster. Roman, 2015* ◇ *Erna und die drei Wahrheiten (Kinderbuch), 2017* ◇ *Schäfchen im Trockenen. Roman, 2018*

STERN, CAROLA (EIGTL. ERIKA ASMUS)
* 1925 Ahlbeck, † 2006 Berlin

Eigentlich hieß sie Erika Asmus. Das Pseudonym Carola Stern war eine Tarnung aus politischem Grund, aber auch eine Art projüdischer Wiedergutmachung, denn als junges Mädchen war sie eine begeisterte Anhängerin Adolf Hitlers gewesen.

Geboren wurde sie 1925 in Ahlbeck auf der Ostseeinsel Usedom, wo ihre verwitwete Mutter eine Pension führte. Nach dem Kriegsende gingen sie zusammen nach Berlin. Dort tat das junge Mädchen etwas Ungewöhnliches: Sie ließ sich mit

dem amerikanischen Geheimdienst CIC ein. In dessen Auftrag trat sie der ostdeutschen Jugendorganisation FDJ bei, bald
auch der Staatspartei SED, in der sie rasch Karriere machte:
Sie wurde Dozentin an der Parteihochschule in Kleinmach-
now nahe Berlin.

Dem CIC erstattete sie, West-Berlin war da noch zugäng-
lich, regelmäßigen Bericht. Als ihre Agententätigkeit 1951
entdeckt zu werden drohte, floh sie mit knapper Not in den
amerikanischen Sektor Berlins. Dort studierte sie acht Jahre
lang an der Hochschule für Politik und an der Freien Universität. Sie überstand zwei Entführungsversuche des DDR-Staatssicherheitsdienstes und begann unter ihrem neuen Namen zu
publizieren. Sie ging nach Köln, wo sie zunächst zehn Jahre
lang als Verlagslektorin arbeitete, ehe sie als politische Redakteurin zum Westdeutschen Rundfunk wechselte. Ihre Sen-
dungen wurden viel gehört. Sie wurde eine gefragte Expertin
für die politischen Verhältnisse in der DDR.

Die Sozialdemokratin engagierte sich für die Ostpolitik von
Willy Brandt, über den sie eine Biografie schrieb. Gemeinsam
mit Heinrich Böll und Günter Grass gab sie die Zeitschrift
»L76« heraus. Verheiratet war sie mit dem WDR-Journalisten
Heinz Zöger, einem ehemaligen politischen Häftling der DDR.
Sie lebten nun in Berlin. Carola Stern schrieb Biografien von
Personen aus dem Kulturbetrieb und der Kulturgeschichte,
vorwiegend weiblichen wie Rahel Varnhagen, Dorothea Schlegel und Fritzi Massary. Während der Arbeit an der Doppel-
biografie von Clara Viebig und Friedrich Cohn ist Carola Stern
2006 in Berlin gestorben.

Sie habe bevorzugt Frauen porträtiert, die aufbegehrten,
sagt ihre Lektorin und Freundin Ingke Brodersen. Dies sei
mehr als ein bloß literarisches Interesse gewesen. »Ihre Suche nach dem Ich, das nie wieder mitläuft, sondern aufsteht,

das sich nicht mehr in Reih und Glied stellt, sondern hervortritt, sich einmischt, protestiert, kritisiert und sich solidarisiert, hat sie als ihre Lebensaufgabe gesehen – persönlich und politisch.«

Veröffentlichungen (Auswahl)
»Ich möchte mir Flügel wünschen«. Das Leben der Dorothea Schlegel, 1990 ◇ *Der Text meines Herzens. Das Leben der Rahel Varnhagen, 1994* ◇ *Isadora Duncan und Sergej Jessenin. Der Dichter und die Tänzerin, 1996* ◇ *Die Sache, die man Liebe nennt. Das Leben der Fritzi Massary, 1998* ◇ *Männer lieben anders. Helene Weigel und Bertolt Brecht, 2000* ◇ *Auf den Wassern des Lebens. Gustaf Gründgens und Marianne Hoppe, 2005*

STRUBEL, ANTJE RÁVIC
* 1974 Potsdam

Als sie anfing zu schreiben, legte sie sich einen Zusatznamen zu. Der kommt teils als Rávic vor, teils als Ravic und neuerdings als Rávik. 1974 in Potsdam geboren, erlebte sie als Jugendliche den Zusammenbruch der DDR. Sie erlernte zunächst den Beruf einer Buchhändlerin, danach begann sie zu studieren, in ihrer Heimatstadt und in New York, wo sie nebenher an einer Off-Broadway-Bühne arbeitete. Mit dem Roman *Tupolew 134*, ihrem dritten Buch, wurde sie weithin bekannt.

Die Geschichte, deren Titel den Namen eines sowjetischen Flugzeugs trägt, erzählt von Leuten, die mittels Hijacking der DDR entfliehen. Der Vorgang hat sich tatsächlich ereignet: Im Jahre 1978 wurde eine polnische Passagiermaschine von Deutschen gekapert, um sie zu zwingen, in West-Berlin zu landen. Der Berliner Volksmund alberte, der Linienname LOT bedeute »Landet och in Tempelhof«. Antje Rávic Strubels Buch stellt die Ereignisse literarisch nach, bis hin zu dem Prozess gegen die Entführer. Es ist nicht die einzige ihrer Arbeiten, in denen die DDR vorkommt.

Antje Rávic Strubel hat insgesamt mehr als ein halbes Dutzend Erzählbücher verfasst. Zwei davon sind Episodenromane. Teilweise haben sie mit Schweden zu tun, das für die Autorin, wie sie selbst erklärt, ein Sehnsuchtsland ist. Mehrfach gibt es eindringlich vorgetragene Liebesgeschichten zwischen Frauen, einmal wird eine Inzestgeschichte erzählt. Antje Rávic Strubel übersetzte einiges aus dem Englischen, von der von ihr offenbar sehr geschätzten und eine Generation älteren US-Amerikanerin Joan Didion allein vier Titel. Der intensive Umgang mit moderner nordamerikanischer Belletristik hat erkennbar ihren eigenen Stil beeinflusst.

Es gibt von ihr ein Buch über ihre Heimatregion, das mit diesen Worten anhebt: »Machen Sie sich keine Illusionen: Ich bin kein Fan von Brandenburg. – Ich wurde hier geboren. Ich lebe hier. Das ist alles.«

Veröffentlichungen (Auswahl)
Tupolew 134. Roman, 2004 ◇ Kältere Schichten der Luft.
Roman, 2007 ◇ Gebrauchsanweisung für Schweden, 2008 ◇
Sturz der Tage in die Nacht. Roman, 2011 ◇ In den Wäldern des
menschlichen Herzens. Episodenroman, 2016

T

TERGIT, GABRIELE
* 1894 Berlin, † 1982 London, England

Das »Berliner Tageblatt« aus dem Verlagshaus Mosse war im 20. Jahrhundert die vermutlich beste Zeitung der Hauptstadt. In Theodor Wolff hatte sie einen begnadeten Journalisten als Chefredakteur, ihr Theaterkritiker Alfred Kerr war eine kulturpolitische Institution. Die viel gelesene und viel gelobte Gerichtsreporterin des Blattes war Gabriele Tergit.

Sie hieß eigentlich Elise Reifenberg. Geboren wurde sie 1894 in eine jüdische Berliner Fabrikantenfamilie, verheiratet war sie mit einem Architekten. Sie studierte Geschichte und schloss mit einer Promotion ab. 1931 veröffentlichte sie jenen Roman, der damals ein Bestseller war und sie berühmt machte: *Käsebier erobert den Kurfürstendamm.*

Erzählt wird von einer abenteuerlichen Konjunktur im Krisenjahr 1929. Der Volkssänger Georg Käsebier – »dick und quibblig, Schnauze, fast schon Fresse zu nennen« – tritt in einer populären Neuköllner Vorortbühne auf. Dort entdeckt ihn ein Journalist. Ein erster Zeitungsartikel schleudert den Sänger in die Prominenz, die Berliner Schickeria reißt sich um ihn: »Alle waren entzückt. Es war ein Bombenerfolg.« Sein Bild erscheint in Illustrierten. Er tritt im Film auf, er wird rundum vermarktet, bis hin zu Käsebier-Puppen und Käsebier-Schuhen. Am Kurfürstendamm soll für ihn ein eigenes Theater gebaut werden. Doch jählings endet die Konjunktur. Man ist der Sache überdrüssig. Unternehmer gehen pleite, Käsebier verschwindet nach Cottbus. Das Tageblatt, mit dem der Hype begann, gerät in Schwierigkeiten und mutiert zur Klatschpostille.

Das alles ist rasant erzählt, satirisch überspitzt, mit viel Dialog und Jargon, mit unterschiedlichen Figuren und in mehreren Handlungssträngen. Das Berlin der Weimarer Republik ist so lebendig wie in Erich Kästners *Fabian*, Alfred Döblins *Berlin Alexanderplatz* und Kurt Tucholskys Feuilletons. Der damalige Zeitungsbetrieb wird präzise abgebildet. Man hat das Buch auch als Schlüsselroman gelesen: Für Käsebier soll der Komiker Erich Carow Modell gestanden haben und für einen der Literaten Heinrich Mann.

Gabriele Tergit entging 1933 der Verhaftung durch die Nationalsozialisten und emigrierte. Ab 1938 lebte sie mit ihrem Mann in London. Sie schrieb für Exilblätter und arbeitete an ihrem zweiten Roman, einer jüdischen Familiengeschichte. Nach dem Zweiten Weltkrieg schrieb sie unter anderem für das amerikanisch lizensierte Blatt »Die Neue Zeitung«. Es gab mehrere Versuche, sie in den bundesdeutschen Literaturbetrieb zu holen, wirklich geglückt ist keiner. Ihr Käsebier-Roman erschien mehrfach neu, manchmal bearbeitet, er bleibt ihr bekanntestes Buch. Über der Arbeit an ihrer Autobiografie ist sie 1982 in London gestorben.

Veröffentlichungen (Auswahl)
Käsebier erobert den Kurfürstendamm. Roman, 1932 ◇ Effingers. Roman, 1951 ◇ Etwas Seltenes überhaupt. Erinnerungen, 1983 ◇ Atem aus einer anderen Welt. Berliner Reportagen, 1994 ◇ Wer schießt aus Liebe? Gerichtsreportagen, 1999

U

URY, ELSE
* 1877 Berlin, † 1943 Auschwitz, Polen

In der Familie wird sie Lotte gerufen, obschon sie Annemarie heißt. Sie ist die Jüngste von drei Geschwistern. Sie hat »ein lustiges Stupsnäschen«, heißt es von ihr, »und zwei winzige Blondzöpfchen mit großen, hellblauen Schleifen«. Die elterliche Wohnung befindet sich in der Nähe des Tiergartens, ihr Vater ist ein erfolgreicher Arzt und der Zuschnitt des elterlichen Haushalts durchaus großbürgerlich: Man beschäftigt eine Köchin, ein Stubenmädchen, eine Erzieherin. Mit ihr, dem Fräulein Lena, muss Annemarie täglich im Tiergarten spazieren gehen, was sie nur ungern tut. Sie besucht einen Kindergarten und wird eingeschult. Sie ist ehrgeizig und strebsam, doch auch undiszipliniert, wird einmal Klassenbeste und dann wieder nicht. Sie infiziert sich mit Scharlach, bringt lange Zeit in einer Klinik zu, und hernach ist ihr »Körper abgemagert und elend«. Man muss sie in Erholung schicken, an die Nordsee. Für ein Jahr ist sie Zögling eines Kinderheims auf der Insel Amrum. Umhegt von freundlichen Menschen, gewöhnt sie sich ein, findet Freunde und erholt sich, als »rosiger Pauspack« kehrt sie nach Berlin zurück. Es ist das Jahr 1914. Der Erste Weltkrieg bricht aus. Annemaries Vater rückt als Militärarzt ein, ihre Mutter wurde während eines Verwandtenbesuchs in England inhaftiert. Das elterliche Haus führt jetzt die Großmutter. Die einsetzende materielle Not macht das anfangs mehr als chauvinistisch reagierende Mädchen nachdenklich, ein Lazarettbesuch führt ihr die Schrecken des Kriegs vor Augen. Allenthalben breitet sich Sehnsucht nach Frieden aus, wiewohl einem »siegreichen«. Die Familie des Mädchens heißt Braun, kein sehr typisch jüdischer Name. Die Brauns feiern Weihnachten, nicht Chanukka, und sollten sie Juden sein, sind sie völlig assimiliert.

Ihre Erfinderin ist Else Ury. 1877 in Berlin geboren, war sie das Kind eines wohlhabenden Tabakfabrikanten, der zur jüdischen Gemeinde gehörte. Die Familie beging die mosaischen Feiertage, Weihnachten und Ostern wurden zu Kinderfesten. Else, eines von mehreren Geschwistern, besuchte ein privates Lyzeum und begann zu schreiben. 1905 erschien ihr erstes Buch, eine Märchensammlung. Die nächste Veröffentlichung, *Studierte Mädel*, handelte von einem zentralen Thema des damaligen Feminismus, dem Zugang von Frauen zur Universität.

Schließlich begann die Arbeit an *Nesthäkchen*. Als Vorbild diente die damals populäre Mädchenbuchfigur Trotzkopf der heute vergessenen Emmy von Rhoden. Ursprünglich war die Sache auf sechs Bände geplant, endend mit der Heirat der Heldin. Der außerordentliche Erfolg führte zu vier zusätzlichen Bänden, die den Lebensweg Annemaries bis ins Greisenalter erzählten.

Trotz ihrer innigen Beziehung zu Kindern blieb Else Ury ohne Familie. Insgesamt hat sie 39 Bücher verfasst. Jüdisches kommt bei ihr kaum vor, ausgenommen in zwei frühen Erzählungen. Die Gesamtauflage ihrer Arbeiten zwischen 1922 und 1933 betrug um die 1,75 Millionen. *Nesthäkchen* wurde in viele Sprachen übersetzt.

Den Machtantritt der NSDAP hat Else Ury anfangs begrüßt: Wegen der allgemeinen Begeisterung, so ihre Biografin, habe sie Hitler für eine Lösung der deutschen Staatskrise gehalten. Ihr letztes Buch erschien zum Zeitpunkt der Bücherverbrennung, 1935 wurde sie aus der Reichsschrifttumskammer ausgeschlossen, was einem Berufsverbot nahekam. Immerhin, die Nesthäkchen-Bücher waren noch erhältlich.

Viele ihrer Verwandten emigrierten. Sie selber blieb in Berlin. Späte Versuche, ihr eine Ausreise zu verschaffen, schlugen fehl. Ihr Vermögen wurde eingezogen, ihr Ferienhaus im Riesengebirge enteignet. Im vierten Kriegsjahr festgenommen, gehörte sie zu einem Transport Berliner Juden nach Auschwitz und wurde unmittelbar nach ihrer Ankunft ins Gas geschickt. Else Urys Todestag ist der 13. Januar 1943. An ihrer einstigen Berliner Wohnung in der Kantstraße 30, in der sie 28 Jahre lebte, hängt für sie eine Gedenktafel. Ihre Bücher werden weiterhin gelesen.

Veröffentlichungen (Auswahl)
Studierte Mädel von heute. Eine Erzählung für junge Mädchen, 1906 ◇ *Kommerzienrats Olly. Eine Erzählung für junge Mädchen, 1913* ◇ *Nesthäkchen. Erzählung für junge Mädchen (zehnbändige Kinderbuchreihe), 1913–1925* ◇ *Professors Zwillinge. Erzählung für die Jugend (fünfbändige Kinderbuchreihe), 1923–1929* ◇ *Jugend voraus! Erzählung für Knaben und Mädchen, 1933*

V

VARNHAGEN VON ENSE, RAHEL
* 1771 Berlin, † 1833 Berlin

Sie wird 1771 geboren, als älteste Tochter des Bankiers Markus Levin. Der Vater stirbt früh. Rahel Levins wirtschaftliche Lage ist prekär, sie hat nichts gelernt, die Bemühungen ihrer Brüder, sie zu verheiraten, bringen keinen Erfolg. Sie sucht Bekanntschaften. Ein Freund, der jüdische Mediziner David Veit, ist ihr bei ihren Versuchen behilflich. Ihre Dachstube in der Berliner Jägerstraße wird schließlich zum Treffpunkt ihrer Bekannten, es ist der Beginn ihres ersten literarischen Salons.

Lange hält sie an ihrem mosaischen Herkommen fest. Jüdin und Paria sei sie geblieben, schreibt Hannah Arendt, prominenteste ihrer Biografinnen. »Nur weil sie an beidem festgehalten hat, hat sie einen Platz gefunden in der Geschichte der europäischen Menschheit.« Sie selbst sieht es so: »Für uns ist kein Platz, kein Amt, kein eitler Titel da!«

Als Schriftstellerin im strengen Sinne hat sie sich selbst nie begriffen, nur als kritische Leserin, als Gesprächspartnerin und Inspiratorin. Zu ihren Besuchern zählen bedeutende

Vertreter der deutschen Frühromantik: Ludwig Tieck, Friedrich Schlegel, Friedrich Schleiermacher und Friedrich de la Motte Fouqué. Es verkehren außerdem bei ihr die Gebrüder Humboldt und Prinz Louis Ferdinand von Preußen samt seiner Geliebten Pauline Wiesel.

Eine Schriftstellerin war sie gleichwohl – und eine produktive dazu. Die Gesamtausgabe ihrer Texte umfasst stattliche zehn Bände. Dabei musste sie das Hochdeutsche erst lernen. Ihre ersten Briefe, aufgesetzt in hebräischen Schriftzeichen, haben einen starken jiddischen Einschlag. Um die zehntausend Briefe von ihr sind überkommen, sie zeigt sich darin geistvoll, gebildet und sprachlich souverän.

Eine Schönheit sei sie nicht gewesen, sagt Hannah Arendt: »Klein von Gestalt, mit zu kleinen Händen und Füßen, im Gesicht eine Disproportion zwischen Ober- und Unterpartie, unter der klaren Stirn und den schönen durchsichtigen Augen das zu lange Kinn ... «

Für Freundinnen setzt sie sich ein und hilft, wenn es um heimliche Liebesaffären, gar um uneheliche Kinder geht. Sie selbst ist eine temperamentvolle und leidenschaftliche Frau, ihre erste große Liebe gilt dem preußischen Junker Karl von Finckenstein. Die Sache zieht sich ein quälendes halbes Jahrzehnt hin, die Adelsfamilie opponiert gegen die unmögliche Liaison, schließlich wird das Verlöbnis aufgekündigt. Eine andere unglückliche Liebe ist die zu dem spanischen Gesandtschaftssekretär Don Raphael d'Urquijo. Hier geht es nach zwei Jahren zu Ende. Geheiratet hat sie schließlich den preußischen Diplomaten Karl August Varnhagen von Ense. Sie ist 14 Jahre älter als er und bereits 43.

Am Tag ihrer Hochzeit lässt sie sich taufen. »Unser ganzes Glück, unsere Liebe wird jetzt auf dem bürgerlichen Amboß bereitet, damit die Bürger es passieren lassen«, sagt sie selbst.

Ihren Salon unterhält sie weiterhin, neu daran ist, dass sie – es ist die Zeit der Restauration – auch politische Gespräche erlaubt und ihr Salon als ein Ort der Freiheit betrachtet wird.

Zu ihren Lebzeiten hat Rahel Varnhagen von Ense kaum publiziert und wenn, dann anonym. Zusammen mit ihrem Mann richtet sie einen Teil ihrer Tagebücher und Briefe für den Druck ein. 1833 stirbt sie darüber. Das Buch erscheint postum. Auf dem Dreifaltigkeitsfriedhof in Berlin-Kreuzberg wird sie beigesetzt.

Veröffentlichungen (Auswahl)
Briefwechsel zwischen Rahel und David Veit, 1861 ◇ Briefwechsel mit Pauline Wiesel, 1867 ◇ Briefwechsel mit Astolphe de Custine, 1870 ◇ Briefwechsel zwischen Varnhagen und Rahel, 1874 ◇ »Ich will noch leben, wenn man's liest«. Journalistische Beiträge aus den Jahren 1812–1829, 2001

VIEBIG, CLARA
* 1860 Trier, † 1952 West-Berlin

Mitte der 1880er-Jahre empfängt der Schriftsteller Theodor Fontane eine Besucherin. »Wir unterhielten uns dann ganz allgemein über die Dichter und was das sei, das die Menschen in allen Völkern und zu allen Zeiten dazu getrieben habe und treibe, sich in Kunstwerken auszudrücken und mitzuteilen.« Schön brauche ein Kunstwerk nicht zu sein. Alles, was er, Fontane, je geschrieben habe, sei nur entstanden, »um einen Abgrund zwischen mir und den anderen Menschen auszufüllen«.

Die Besucherin heißt Clara Viebig. Sie wird später Autorin jenes Berliner Verlags, den Fontanes Sohn leitet und in dem auch die Bücher seines Vaters erscheinen. Der Compagnon des Unternehmens ist Friedrich Cohn. Clara Viebig wird ihn 1896 heiraten.

Sie selbst, 1860 geboren, kommt aus Trier. Ihr Vater ist ein hoher Regierungsbeamter, nach dessen Ableben die Familie in Berlin heimisch wird. Clara Viebig, von früh an künstlerisch interessiert, will zunächst Opernsängerin werden und beginnt eine entsprechende Ausbildung, entdeckt dann aber, dass ihr Talent nicht ausreicht. Ihre Hinwendung zur schönen Literatur, so sagt sie es selbst, verdanke sie der Lektüre von Romanen Émile Zolas – »dieser ›Germinal‹ war wie eine Offenbarung« – sowie der Erzählungen Guy de Maupassants. Es ist die Zeit des Naturalismus.

Sie beginnt mit Erzählungen, Skizzen, Märchen und Feuilletons. Ihren ersten Roman, *Wildfeuer*, druckt die »Berliner Volkszeitung« in Fortsetzungen. Clara Viebig hat Erfolg, sie ist äußerst produktiv, fast jedes Jahr erscheint von ihr ein neues Buch. Sie unternimmt Vortragsreisen in die Schweiz, nach Frankreich, nach Russland und in die USA. Ihre Texte werden in viele Fremdsprachen übersetzt.

Bevorzugt widmet sie sich, ganz Schülerin Zolas, der Schilderung sozialer Zustände. Die Handlung spielt in der Eifel, in der preußischen Provinz Posen, am Niederrhein oder in Berlin. Für die wörtliche Rede verwendet sie Jargon und Dialekt. »Keenen Lohn, eenzig und alleene uff de Trinkjelder anjewiesen un de Prozente, wenn de Kerle jut saufen« – mit diesen Worten wird in dem Berlinroman *Das tägliche Brot* die

Arbeitssituation einer Kellnerin beschrieben. Das Buch handelt von Dienstmädchen in der deutschen Hauptstadt. »Fünfzig Pfennige den Tag! Jetzt erst kam es ihr zu Bewußtsein, wie viel das war. Herrgott, das konnte sie ja gar nicht aufbringen! Eine lähmende Angst befiel sie, schwer lehnte sie sich gegen die Messingstange eines Schaufensters und stierte die Waren an mit leeren, blöden Blicken. « Einmal heißt es: »Nicht mehr dienen! Auch einmal herrschen, wie andere herrschen! Sich einmal nicht mehr schinden, sich nicht mehr hin- und herjagen lassen, sich nicht mehr ducken, sich nicht mehr die Nägel abarbeiten: nur um das bißchen tägliche Brot!« Am Ende ist die Hauptfigur mit ihrem Schicksal versöhnt: »Ihre Seele jauchzte und jubilierte, wie die Lerche, die mit endlosem Tirili vom lenzgrünen Acker aufsteigt ins klare Himmelsblau, und sich wiegt und sich badet im goldnen Frühlingsglanz der Not des Winters entronnen, ohne Ahnung von Reif und Hagelschauern und künftigen Wintern.« Man erkennt: Clara Viebig hat einen genauen Blick für soziales Unrecht, doch ebenso einen zarten Hang zu gehobenem Kitsch. Dies alles trägt dazu bei, dass sie zu einer viel gelesenen Autorin wird. Außerdem verfasst sie etliche Historienromane und schreibt für die Bühne.

Clara Viebigs Popularität nimmt nach dem Ersten Weltkrieg ab. Gelesen wird sie weiterhin. 1933 muss ihr Mann Friedrich Cohn seinen Verlag aufgeben, er stirbt 1936. Seine Witwe, die nun nicht mehr ist, was im Nationalsozialisten-Jargon »jüdisch versippt« heißt, tritt der Reichsschrifttumskammer bei und kann drei neue Romane veröffentlichen. Das Ende des Zweiten Weltkriegs erlebt sie in Schlesien. Krank und verarmt kehrt sie nach Berlin zurück. 1952 ist sie hier gestorben.

Veröffentlichungen (Auswahl)
Das Weiberdorf. Roman aus der Eifel, 1900 ◇ *Das schlafende Heer. Roman,* 1904 ◇ *Einer Mutter Sohn. Roman,* 1906 ◇ *Das tägliche Brot, Roman,* 1907 ◇ *Die Passion. Roman,* 1925 ◇ *Insel der Hoffnung. Roman,* 1933

VOIGT, JUTTA
* 1941 Berlin

Gerichtsreportage und Feuilleton sind journalistische Tagesware und von raschem Verfall bedroht. Gelegentlich geschieht es, dass sie ihrer literarischen Qualitäten wegen überdauern – Paul Schlesinger, Egon Erwin Kisch, Peter Altenberg und Alfred Polgar sind ein paar herausgegriffene Autorennamen.

Die 1941 in Berlin geborene Jutta Voigt wuchs im Osten der Stadt auf und studierte an der Humboldt-Universität Philosophie. Dem DDR-Sozialismus blieb sie lange Zeit verbunden. Sie wurde Redakteurin des Wochenblattes »Sonntag« und begann mit Filmkritiken. An dem bis heute berühmten ostdeutschen Spielfilm »Solo Sunny« war sie als Ideengeberin beteiligt. Nach der deutschen Wiedervereinigung wurde der »Sonntag« zum »Freitag«. Jutta Voigt blieb dem Blatt zunächst verbunden. Später wechselte sie zu zwei Hamburger Wochenblättern.

Jutta Voigts erste Buchveröffentlichung 1989 hieß *Linker*

Charme und enthielt Reportagen vom Kollwitzplatz in Berlin-Prenzlauer Berg. Milieus und Alltag des untergegangenen ostdeutschen Staats sind die wichtigsten Themen ihrer Bücher. Ihre Gerichtsberichte versammelte sie unter dem Titel *Verzweiflung und Verbrechen.* Sie hat sich über Ess- und Trinkgewohnheiten in der DDR geäußert, den miserablen Service in dortigen Gaststätten erklärt sie so: »Ich glaube, dass in der DDR radikaler als anderswo galt: Die Unterdrückung des Menschen durch den Menschen ist abgeschafft, also bediene ich niemanden. Das war die Crux der DDR: Dass alles gut gedacht war. Und meistens schlecht endete.«

Veröffentlichungen (Auswahl)
Der Tiger weint. Echte Stories, 1997 ◇ *Im Osten geht die Sonne auf. Berichte aus anderen Zeiten, 2009* ◇ *Westbesuch. Vom Leben in den Zeiten der Sehnsucht (Sachbuch), 2009* ◇ *Stierblutjahre. Die Boheme des Ostens (Sachbuch), 2016*

W

WAFFENDER, CORINNA
* 1964 Mainz

2005 gab es das Literaturprojekt »Literaturkanzel Berlin«. In eine stillgelegte Verkehrskanzel am Kurfürstendamm setzten sich nacheinander 15 Berliner Autorinnen und schrieben, was ihnen über die Stadt so einfiel. Initiatorin des Projektes war die Schriftstellerin Corinna Waffender.

Sie wurde 1964 geboren und studierte in Berlin Romanistik und Politikwissenschaft. Sie hat einige Jahre in Spanien gelebt, ist auch Übersetzerin, ihre Magisterarbeit schrieb sie über eine katalanische Autorin. Sie selbst verfasste bis dato zehn Romane, darunter eine Krimiserie mit einer Berliner Ermittlerin. *Ausgerechnet sie*, ihr vorletzter Roman, erzählt von vier Personen und vier Städten, es geht um tabuisiertes Begehren und einen Selbstmordversuch.

Über sich selbst sagt Corinna Waffender: »Worte bewegen mich und ich bewege Worte. Im Kopf, seit ich denken kann. Über die Lippen, seit ich sprechen kann. Auf Papier, seit ich schreiben kann.«

Veröffentlichungen (Auswahl)
Zwischen den Zeilen. Roman, 2002 ◇ *Tod durch Erinnern.* Kriminalroman, 2009 ◇ *Töten ist ein Kinderspiel.* Kriminalroman, 2010 ◇ *Sterben war gestern.* Kriminalroman, 2011 ◇ *Andere töten.* Kriminalroman, 2019

WANDER, MAXIE
* 1933 Wien, Österreich, † 1977 Potsdam

Ihre einzige Buchveröffentlichung zu Lebzeiten erlebte sie auf dem Krankenbett. *Guten Morgen, du Schöne* enthielt die Äußerungen von 19 DDR-Frauen, mit dem Tonband aufgenommen und danach in Schriftform gebracht. Das Jahr der Erstveröffentlichung war 1977.

Sich selbst hat sie darin so vorgestellt: »Eine neununddreißigjährige Wienerin (bin ich die wirklich noch, bin ich nicht schon eine Deutsche geworden?), die ihre große Liebe gefunden und geheiratet hat, einen schwer vorbelasteten, sechzehn Jahre älteren, gut aussehenden, liebesfähigen, schwermütigen, feinfühlenden, zu Depressionen neigenden jüdischen Mann. Sie hat zwei Kinder geboren, eines wieder verloren, hat niemals einen Beruf erlernt, einige aber ausgeübt, sie hat ein Kind aus einem Heim zu sich genommen, hat ihre Heimat verlassen und sie erst danach, viel später, als Heimat begriffen.«

Geboren wurde Maxie Wander 1933 als Elfriede Brunner, ihre Eltern waren Arbeiter und überzeugte Kommunisten. Die Schule verließ sie ohne Abschluss. Sie heiratete den kommunistischen Schriftsteller Fred Wander, mit dem zusammen sie in die DDR übersiedelte, in ein Haus am Berliner

Stadtrand. Sie half ihm bei seinen Arbeiten. Dann wollte sie selbst literarisch produktiv sein. Die Frauen, die sie befragte, entsprachen dem offiziösen DDR-Frauenbild wenig. »Es gibt diese Leute«, sagte sie, »und ich hab sie alle gern. Es ist mein Leben!«

Ihr Buch war nicht das erste seiner Art, auch nicht in der DDR. Dort hatte zuvor schon der Band *Die Pantherfrau* von Sarah Kirsch vorgelegen, während die alte Bundesrepublik – damals war es die Zeit der dokumentarischen Belletristik – die *Bottroper Protokolle* von Erika Runge kannte.

Maxie Wanders Arbeit erfuhr von allen vergleichbaren Publikationen die größte Aufmerksamkeit. Die Autorin, noch im Jahr der Erstveröffentlichung gestorben, wurde zu einer Ikone der Frauenbewegung, in beiden deutschen Staaten. Es gab Filme nach ihren Protokollen sowie vielfach gespielte Bühnenfassungen, das Buch ist populär bis heute.

Fred Wander, ermutigt durch die große Beachtung, die seine verstorbene Frau erfuhr, hat aus dem Nachlass ihre Tagebücher und Briefe herausgegeben. Erfolg und Beachtung hielten an. Sie selbst hat notiert: »Das wirkliche Leben, sagt mir eine Stimme, das ist jetzt und jetzt, nimm es in Empfang, wie es sich darbietet, auch mit Schmerzen, mit Angst und gleichzeitig mit allen Entzückungen, die man sich nur denken kann!«

Veröffentlichungen
Guten Morgen, du Schöne. Protokolle nach Tonband, 1977 ◇
Ein Leben ist nicht genug. Tagebuchaufzeichnungen und Briefe, 1990

WATERSTRADT, BERTA
* 1907 Kattowitz, † 1990 Berlin

Die 1907 im preußischen Kattowitz geborene Berta Wiener stammte aus einem jüdischen Elternhaus. Der Familie ging es wirtschaftlich nicht gut, sie selbst war zunächst Stenotypistin und zog mit 18 Jahren nach Berlin. Sie begann für linke Zeitungen zu schreiben und trat der Kommunistischen Partei bei. 1935 wurde sie verhaftet, weil sie sich antifaschistisch betätigt hatte, das Urteil gegen sie lautete auf zweieinhalb Jahre Gefängnis. Ihre Mutter wie ihre Schwester waren rechtzeitig nach Palästina emigriert.

Sie war mit dem nicht-jüdischen Schlosser Rudi Waterstradt verheiratet, der die Scheidung verweigerte, was ihr das Leben rettete. Sie selbst formulierte es so: »Mein Mann hatte eine Frau geheiratet, die weder Aussteuer noch Mitgift in die Ehe einbrachte, nur einen widerspenstigen Charakter. Sie war keine Musterhausfrau, saß ab und zu im Knast, und nicht arisch war sie auch.«

1945 wurde sie Mitarbeiterin des Berliner Rundfunks und verfasste Hörspiele. Eines davon hat sie zudem in ein Drehbuch umgeschrieben: *Die Buntkarierten* war einer der besten frühen ostdeutschen Spielfilme. Sie schrieb noch weitere Drehbücher, darunter Adaptionen von Romanen Georg Hermanns und Theodor Fontanes. Sie schrieb eine Komödie fürs Theater, populär wurde sie durch ihre Kurzprosa und ihre ironischen Verse.

Im Literaturbetrieb der DDR war sie bekannt für ihr unangepasstes Verhalten. »Nüchternheit und Lebenstüchtigkeit« zeichne sie aus, sagt der Lyriker Günter Kunert, »eine gesunde Chuzpe, unverfrorener Witz, vereint mit Empfindungsfähigkeit«. Den antizionistischen DDR-Behörden trotze sie alljährlich eine Reise nach Israel ab, um ihre Verwandtschaft besuchen zu können.

Berta Waterstradt starb 1990 in Berlin. Beigesetzt wurde sie auf dem Jüdischen Friedhof in Weißensee.

Veröffentlichungen (Auswahl)
Besondere Kennzeichen: Keine (Hörspiel), 1954 ◇ Ehesache Lorenz (Theaterstück), 1958 ◇ Blick zurück und wundre dich. Aus meinen zerstreuten Werken, 1985

WEDDING, ALEX (EIGTL. GRETE WEISKOPF)
* 1905 Salzburg, Österreich, † 1966 Saalfeld an der Saale

Es geschieht höchst selten, dass eine Straße nicht den Namen eines Dichters, sondern den seines Buchtitels erhält.

Margarete Bernheim, genannt Grete, wurde 1905 in Salzburg geboren. Ihre beruflichen Anfänge waren bescheiden: Stenotypistin, Bankangestellte, Buchhändlerin. 1928 heiratete sie den aus Böhmen stammenden Schriftsteller Franz Carl Weiskopf und wurde Mitglied der KPD. Zusammen gingen sie nach Berlin. Grete Weiskopf schrieb das Buch, das sie bekannt machen sollte: *Ede und Unku*. Das Pseudonym Alex Wedding bezog sich auf jene beiden Stadtquartiere, die zu der Zeit als kommunistische Hochburgen galten.

Ede und Unku ist ein Roman über und für junge Leute. Bei Unku, einer der Titelfiguren, handelt es sich um ein Sinti-Mädchen, das zu einem Wanderzirkus gehört. Ede ist ein Berliner Proletarierjunge und Sohn eines arbeitslosen Vaters. Die beiden lernen sich kennen, sie mögen sich, sie unterstützen sich, sie erleben gemeinsame Abenteuer und verdienen sich ein wenig Geld mit Hilfsarbeiten, dann entzweien sie sich. Am Ende gelangt Ede durch Unkus Unterstützung in den Besitz eines Fahrrads. Als er sich bedanken will, ist der Zirkus bereits weitergezogen.

Unku ist keine erfundene Figur. Das Vorbild hieß Erna Lauenburger und war eine Freundin von Grete Weiskopf. Die 1920 geborene Sinteza wurde nach 1933, zusammen mit ihrem Lebensgefährten, in sogenannten Zigeunerlagern interniert. Sie gebar zwei Töchter. 1944 wurde sie mit ihren Kindern nach Auschwitz deportiert, wo sie umkam.

Ede und Unku erschien erstmals 1931 im Berliner Malik-Verlag. Die Illustrationen waren Fotos, aufgenommen von dem berühmten Künstler John Heartfield. Sie zeigen Mitglieder der Familie Lauenburger. In der DDR war das Buch überaus populär und gehörte zur Schullektüre. Die Autorin hatte ein neues Schlusskapitel beigefügt, in dem es um das weitere Schicksal des Sinti-Mädchens Unku ging.

Grete Weiskopf und ihr Mann hatten die Jahre des Nationalsozialismus in der Emigration überstanden. Nach 1945 war Franz Carl Weiskopf zunächst tschechoslowakischer Diplomat, auf seinen Auslandsmissionen begleitete ihn seine Frau. 1953 zog das Ehepaar nach Ost-Berlin. Alex Wedding schrieb weitere Jugendbücher, daneben Drehbücher. Dasjenige für den Film *Lissy* war die Adaption einer literarischen Vorlage ihres Mannes.

1966 ist Grete Weiskopf gestorben. 2011 erhielt eine kleine Straße nahe dem Alexanderplatz den Namen Ede-und-Unku-Weg.

Veröffentlichungen (Auswahl)
Ede und Unku. Ein Roman für Jungen und Mädchen, 1931 ◇ Das Eismeer ruft. Die Abenteuer einer großen und einer kleinen

Mannschaft, 1936 ◇ *Die Fahne des Pfeiferhänsleins (Roman),
1948* ◇ *Das eiserne Büffelchen. Jugendroman aus dem heutigen China, 1952* ◇ *Im Schatten des Baobab. Märchen und Fabeln
aus Afrika, 1965*

WELSKOPF-HENRICH, LISELOTTE
* 1901 München, † 1979 Garmisch-Partenkirchen

Der Abenteuerschriftsteller Karl May, Erfinder der Wildwest-Figuren Winnetou und Old Shatterhand, war in der
DDR lange Zeit verboten. Er sei ein Fantast gewesen, hieß es
zur – nicht ganz falschen – Begründung, seine Darstellungen
der nordamerikanischen Urbevölkerung seien verlogen und
falsch. Das leidenschaftliche Interesse an Indianern und am
Indianerspiel, zumal bei Jugendlichen, war jedoch auch im
deutschen Osten groß. Daher sah sich die DDR-Kulturpolitik
gezwungen, einen literarischen Karl-May-Ersatz anzubieten.
Ihn lieferte Liselotte Welskopf-Henrich. Die 1901 Geborene
war eigentlich eine promovierte Ökonomin, die anfangs beim
Statistischen Reichsamt in Berlin gearbeitet und zudem Alte
Geschichte und Jura studiert hatte.

Ihre politische Prägung erhielt sie durch ihren späteren
Ehemann, einen Kommunisten, den sie vor dem Zugriff
der Nationalsozialisten versteckte. Auch in der DDR hat sie
anfangs als Ökonomin gearbeitet, ehe sie eine Hochschulkarriere als Althistorikerin begann. Ihr Fachgebiet war die
Geschichte des antiken Griechenland. An der Humboldt-Universität zu Berlin erhielt sie einen Lehrstuhl, als erste
Frau wurde sie zudem Mitglied der Deutschen Akademie der
Wissenschaften.

Nebenher schrieb sie an ihren Indianerbüchern. »Ich liebte Winnetou«, hat sie gesagt, »Old Shatterhand war mir zu eitel und zu selbstgefällig, ich konnte ihn nicht ausstehen.« Und: »Ich beschloß, selbst zu studieren, was in Wahrheit geschehen sei und was für Charaktere jene Indianer gewesen seien, die ihre Heimat und ihre Freiheit verteidigt hatten.« 1951 erschien *Die Söhne der Großen Bärin*. Das Buch über den jungen Dakota-Indianer Harka war ungemein erfolgreich, weswegen es die Autorin zu einem Zyklus aus insgesamt sechs Teilen erweiterte. 1966 diente es als Vorlage für den ersten von mehreren DDR-Indianerfilmen, die, vergleichbar den Karl-May-Streifen im Westen, in Ostdeutschland ein großes Publikum fanden.

Die Autorin erhielt mehrfach die Möglichkeit, in die USA und nach Kanada zu reisen, um das Leben der Dakota zu studieren. Zusammengerechnet hat sie dort zwei Jahre verbracht. Andere ihrer Bücher erzählen von Ereignissen der jüngeren deutschen Vergangenheit. Der Roman *Jan und Jutta* etwa basiert auf eigenen Erlebnissen und denen ihres Mannes. Außerdem veröffentlichte sie wissenschaftliche Sachbücher.

Karl May, um auch dies zu sagen, wurde in der späten DDR dann doch noch verlegt. Der Popularität von Liselotte Welskopf-Henrich tat dies keinen Abbruch. Gestorben ist die Autorin 1979.

Veröffentlichungen (Auswahl)
Die Söhne der Großen Bärin (sechsbändige Jugendbuchreihe), 1951–1963 ◇ Jan und Jutta (Roman), 1953 ◇ Hans und Anna. Die drei Geschichten von Allezusammen (Kinderbuch), 1954 ◇ Probleme der Muße im Alten Hellas, 1962 ◇ Das Blut des Adlers (fünfbändige Jugendbuchreihe), 1966–1980

WEMME, EVA RUTH
* 1973 Paderborn

Übersetzen sei »ein Handwerk, das aus der Fremdheit kommt. Oder: aus der Verlorenheit, keiner privaten, in Therapien zu lindernden, sondern einer strukturellen, mengentheoretischen.«

Dies sagt Eva Ruth Wemme, die vornehmlich als Übersetzerin arbeitet. Unter anderem hat sie dies in der Justizvollzugsanstalt Berlin-Moabit getan. Die Häftlinge, deren Dolmetscherin sie war, kamen aus Rumänien. Sie selbst, 1973 im Münsterland geboren, hat Rumänistik studiert, unter anderem in Bukarest, und war, ehe sie nach Berlin zog, Dramaturgin an zwei Theatern. Sie übertrug ein halbes Dutzend rumänische Autoren ins Deutsche, darunter Texte des auch in Deutschland bekannten Dramatikers Ion Luca Caragiale.

Als Autorin verfasste sie Geschichten über Sinti und Roma. Dieser in Europa anhaltend diskriminierten ethnischen Minderheit widmete sie auch ihre zweite Veröffentlichung, den Roman *Amalinca*. Sie schrieb ihn gemeinsam mit der aus Rumänien stammenden Sozialarbeiterin Silvia Cristina Stan, und er gibt die reale Beziehung der beiden wieder.

Zwei junge Frauen in Berlin erzählen einander und ihren Söhnen von ihrer Kindheit und Jugend. Cireașa ist eine Romni, Miri das, was auf Romanes Gadscha heißt. Sie wuchs in einem deutschen Elternhaus auf. Cireașa spricht auf Tonband, Miri bringt das Gesprochene in Schriftform. Beider Leben weisen ein paar Gemeinsamkeiten und viele Unterschiede auf, die sie durch Gespräche und ihre Freundschaft überwinden wollen. Dem Ursprung nach sei die soziale Entfernung zwischen ihren Welten »alt und gefahrvoll, in ihr hat sich alles gesammelt, was Menschen an Schlimmem kennen: Gleichgültigkeit, Hass, Brutalität, Mord, Verachtung, Angst, Hohn«.

Veröffentlichungen
Meine 7000 Nachbarn (Kurzgeschichten), 2015 ◇ *Amalinca. Roman*, 2018 *(mit Silvia Cristina Stan)*

WETZEL, MAIKE
* 1974 Groß-Gerau

Ein elfjähriges Mädchen begibt sich wie gewohnt zum Judotraining und kommt dort nicht an. Trotz aller Suche durch Angehörige und Polizei bleibt sie unauffindbar. Die Zurückgebliebenen, Eltern und ältere Schwester, versuchen mit diesem Verlust und den eigenen Reaktionen darauf umzugehen: »Alle behaupten, die Zeit heile alle Wunden. Aber unsere Zeit steht still.«
Dies ist der Inhalt des Romans *Elly*, verfasst von der 1974 geborenen Maike Wetzel. Sie hat an einer Filmhochschule studiert, es gibt Drehbücher und Kurzfilme von ihr, außerdem arbeitet sie journalistisch. Ihr literarisches Debüt waren zwei Erzählungsbände, *Elly* ist ihr erster Roman.

Ihre literarischen Vorbilder dürften moderne US-amerikanische Autoren wie Raymond Carver und Richard Ford sein. Über ihre Sprache sagte ein Rezensent: »Die Ecriture ist scheinbar einfach, in Wahrheit aber durchaus artistisch: lapidar, knapp, beinahe ruppig.«

Veröffentlichungen
Hochzeiten. Erzählungen, 2000 ◇ *Lange Tage. Erzählungen, 2003* ◇ *Elly. Roman, 2018*

WODIN, NATASCHA
* 1945 Fürth

Der von politischer Verfolgung, Wurzellosigkeit und Alkoholismus heimgesuchte Schriftsteller Wolfgang Hilbig lässt Natascha Wodin, kaum verschlüsselt, in seinem autobiografischen Roman *Das Provisorium* auftreten. Die beiden waren sieben Jahre lang verheiratet. Nach Hilbigs Tod hat Natascha Wodin literarisch repliziert, mit ihrem autobiografischen Roman *Nachtgeschwister*, in dem sie Wolfgang Hilbig, kaum verschlüsselt, auftreten lässt.

Autobiografisch sind viele ihrer Bücher. Die Eltern waren sowjetische Zwangsarbeiter im nationalsozialistischen Deutschland. Der Vater sang später als Tenor im Don Kosaken Chor von Serge Jaroff. Die Mutter war das Kind einer ukrainischen Adelsfamilie, hatte sich den sowjetischen Zuständen ergeben müssen und war, was sie als schlimmer empfand, im Krieg nach Deutschland verschleppt worden. Über beide Eltern verfasste Natascha Wodin beklemmend genaue Berichte.

Sie selbst, 1945 geboren, wuchs in Lagern für Displaced Persons auf. Sie war noch ein Kind, als ihre Mutter sich das Leben nahm. Vor der Gewalttätigkeit des Vaters floh sie in die Obdachlosigkeit und fühlte sich da noch immer wie »Kehricht, der vom Krieg übrig geblieben war«. Von einer Vergewaltigung wurde sie schwanger und trieb das Kind selber ab. Sie fand dann beruflichen Halt, besuchte eine Sprachschule, wurde Russisch-Dolmetscherin und lebte eine Zeit lang in Moskau, wo sie sich der dortigen Literaturszene annäherte. Sie hat wichtige Autoren wie Wenedikt Jerofejew und Jewgenia Ginsburg ins Deutsche übersetzt. Seit 1994 lebt sie überwiegend in Berlin.

Natascha Wodin schreibt Lyrik und erzählende Prosa. Bestimmende Themen ihrer Texte sind Verlust, Fremde, Heimatlosigkeit und die Schrecken totalitärer Herrschaft. Über ihre Arbeiten sagt sie: »Jedes Buch ist existenziell. Wenn man sich mal für das Buch entschlossen hat, dann gibt es nur noch zwei Möglichkeiten: es zu schreiben oder zu scheitern - und zwar total.«

Veröffentlichungen (Auswahl)
Das Sprachverlies. Gedichte, 1987 ◇ *Erfindung einer Liebe. Roman, 1993* ◇ *Nachtgeschwister. Roman, 2009* ◇ *Sie kam aus Mariupol (Biografie), 2017* ◇ *Irgendwo in diesem Dunkel, 2016*

WOLF, CHRISTA
* 1929 Landsberg an der Warthe, † 2011 Berlin

»Wir werden uns daran gewöhnen müssen, daß Frauen nicht mehr nur nach Gleichberechtigung, sondern nach neuen Lebensformen suchen. Vernunft, Sinnlichkeit, Glückssehnsucht setzen sie dem bloßen Nützlichkeitsdenken und Pragmatismus entgegen – jener ›Ratio‹, die sich selbst betrügt: Als könne eine Menschheit zugleich wachsende Anteile ihres Reichtums für Massenvernichtungsmittel ausgeben und ›glücklich‹ sein; als könne es ›normale‹ Beziehungen unter Menschen irgendwo auf der Welt geben, solange eine Hälfte der Menschheit unterernährt ist oder Hungers stirbt.«

Diese Sätze schrieb Christa Wolf zu Maxie Wanders Buch *Guten Morgen, du Schöne*. Sie verdeutlichen die Überzeugungen, die ihre eigenen Arbeiten prägten und die zu ihrem Ruhm beitrugen.

1929 als Christa Ihlefeld geboren, war sie mit ihren Eltern 1945 aus dem heute polnischen Wartheland nach Mecklenburg geflohen. Sie besuchte eine Oberschule, anschließend studierte sie Germanistik. Im Jahr ihres Abiturs trat sie aus voller Überzeugung der Staatspartei SED bei. 1951 heiratete sie ihren Kommilitonen Gerhard Wolf.

Sie war Lektorin und Redakteurin, überzeugt von der Notwendigkeit des durch SED-Chef Walter Ulbricht propagierten Bitterfelder Wegs, dem es um parteifromme Produktionspropaganda ging. Ihre erste belletristische Arbeit, *Moskauer*

Novelle, passte sich dem von der DDR-Führung vertretenen Weltbild an.

Auch ihre zweite Veröffentlichung, *Der geteilte Himmel*, in der es um die noch offene Grenze zwischen beiden deutschen Staaten und um Republikflucht ging, wollte der DDR-Politik und dem Bau der Berliner Mauer beipflichten, stieß aber bei DDR-Offiziellen auf Widerspruch. Dies beförderte den Erfolg des Buchs und die Popularität der Autorin. Sie wurde zu der neben Anna Seghers bekanntesten Schriftstellerin des ostdeutschen Staates, mit vielen Anhängern jenseits der Grenzen. Zunächst machte sie auch noch in der SED Karriere und saß in deren Zentralkomitee. Dort widersprach sie bei einer Tagung den anstehenden Verschärfungen der DDR-Kulturpolitik. Sie musste das Zentralkomitee verlassen. Ihrer Popularität kam es zugute.

Das Buch, das sie international bekannt machte, hieß *Nachdenken über Christa T.* Der einflussreiche westdeutsche Kritiker Marcel Reich-Ranicki urteilte treffend, die Titelfigur sterbe an Leukämie, doch sie leide an der DDR.

Christa Wolf hat sich dann noch einmal öffentlich gegen die DDR-Politik erklärt, als sie gegen die Ausbürgerung des Liedermachers Wolf Biermann protestierte. Zur gleichen Zeit erschien ihr autobiografisches Buch *Kindheitsmuster*. In der Folge ist sie unmittelbaren Gegenwartsbezügen häufig ausgewichen und hat literarhistorische oder mythologische Vorgänge erzählt. Der DDR blieb sie, allen Vorbehalten und aller Detailkritik zum Trotz, bis zu deren Ende verbunden.

Was sie danach tat und schrieb, ist im wiedervereinigten Deutschland teilweise auf harsche Kritik gestoßen. Dem ist sie ausgewichen, indem sie einen längeren Studienaufenthalt in Kalifornien antrat, dann aber hat sie sich zu rechtfertigen und zu korrigieren gewusst. *Man steht sehr bequem zwischen allen Fronten* heißt, nicht unpassend, ein Sammelband mit ihren Briefen.

Christa Wolf starb 2011 in Berlin. »Der Schrei, der uns in der Kehle saß, ist nicht ausgestoßen worden«, hat sie notiert. »Aus unserer Haut sind wir nicht herausgekommen.«

Veröffentlichungen (Auswahl)
Der geteilte Himmel. Erzählung, 1963 ◇ *Nachdenken über Christa T. (Roman),* 1968 ◇ *Kindheitsmuster (Autobiografie),* 1976 ◇ *Kein Ort, nirgends (Roman),* 1979 ◇ *Kassandra. Erzählung,* 1983 ◇ *Stadt der Engel oder The Overcoat of Dr. Freud,* 2010

WOLF, ULJANA
* 1979 Ost-Berlin

»o der dorfhunde kleingescheckte schar: schummel / schwänze stummelbeine zähe schnauzen am zaun // euch gehört die straße der staub am asphaltsaum / euch die widerhallende nacht im schlafenden tal«. Dies ist der Anfang des Gedichts *an die kreisauer hunde,* geschrieben von der 1979 geborenen Uljana Wolf. Kreisau ist ein Name mit Tradition. Im dortigen Schloss versammelten sich die Angehörigen des antifaschistischen Widerstandskreises um den später hingerichteten Helmuth James Graf von Moltke. Seit 1945 gehört der Ort zu Polen.

Das Anwesen, mit überwiegend deutschen Geldern restauriert, wurde zu einer internationalen Jugendbegegnungsstätte. Uljana Wolf war hier Stipendiatin.

Uljana Wolf studierte in Berlin, unter anderem Anglistik, und hat bisher ausschließlich Lyrik vorgelegt. Sie ist Übersetzerin mehrerer US-amerikanischer Autoren. Außer in Berlin lebt sie in New York.

Veröffentlichungen
kochanie ich habe brot gekauft. Gedichte, 2005 ◇ *falsche freunde. Gedichte, 2009* ◇ *meine schönste lengevitch. Gedichte, 2013*

WORGITZKY, CHARLOTTE
* 1934 Annaberg im Erzgebirge, † 2018 Berlin

Abtreibung, Krankheit und Sterben waren in der DDR wenig geschätzte Themen. Als Vorgänge existierten sie natürlich, als Gegenstand öffentlicher Diskurse kamen sie kaum vor, allenfalls in der schönen Literatur und auch da erst in der späten Phase des Staates. Charlotte Worgitzky war eine der Autorinnen, die sich solcher Themen annahmen.

Die 1934 Geborene war ursprünglich Schauspielerin. Sie war an verschiedenen Häusern engagiert, zuletzt am angesehenen Berliner Maxim Gorki Theater. In einem Zirkel, den der Dramatiker Peter Hacks betreute, begann sie zu schreiben. Sie gab ihren alten Beruf auf und lebte fortan als freischaffende Autorin. Unverkennbar in ihren Büchern ist ihre feministische Haltung.

Eines davon, 1982 erschienen, trägt den programmatischen Titel *Meine ungeborenen Kinder*. Die Erzählung *Heute sterben immer nur die andern* von 1986 wurde ihre vielleicht bekannteste Arbeit. Es geht darin um die wechselvolle Freundschaft dreier Frauen, die sich sowohl im Theatermilieu als auch im Literaturbetrieb bewegen, Autobiografisches ist hier unverkennbar. Eine der Frauen erkrankt an Krebs. Sie leidet schwer. Sie verlangt nach Sterbehilfe, die sie nicht erhält. Mit Unterstützung einer der Freundinnen schreibt sie an einem Buch über die Genesung einer Krebspatientin. Schöne Literatur als Trost? Als Selbsttäuschung? Die Kranke stirbt schließlich. Sie hinterlässt große Ratlosigkeit.

Aktive Sterbehilfe war in der DDR verboten. Im wiedervereinigten Deutschland hat sich daran wenig geändert. Charlotte Worgitzky hält offensiv dagegen: »Ich sehe nicht ein, dass mein Lebensende von Ärzten und Politikern bestimmt werden soll. Darum verlange ich, mein Leben schmerzlos beenden zu dürfen, ohne dabei diejenigen, die ich dazu um Hilfe bitte, in Gefahr zu bringen.«

2018 ist Charlotte Worgitzky in Berlin gestorben.

Veröffentlichungen (Auswahl)
Vieräugig oder blind. Erzählungen, 1978 ◇ *Meine ungeborenen Kinder. Roman, 1982* ◇ *Heute sterben immer nur die andern. Erzählung, 1986* ◇ *Karlas Freiheit. Roman, 2011*

WYSOCKI, GISELA VON
* 1940 Berlin

Sie wuchs auf in einer musikalischen Umgebung. Ihr Vater war Schallplattenproduzent, sie selbst studierte zunächst Musikwissenschaften und Klavier. Ihren autobiografisch eingefärbten ersten Roman nannte sie *Wir machen Musik*, der Titel übernimmt den Text eines einst populären deutschen Schlagers. Sie belegte dann in Frankfurt am Main Philosophie, unter anderem bei Theodor W. Adorno. Über ihn schrieb sie später ihren zweiten Roman, der erzählt, wie sich eine junge Studentin dem berühmten Philosophen nähert.

Gisela von Wysocki, Jahrgang 1940, brachte ihre Romane vergleichsweise spät heraus. Zuvor wurde sie als Autorin von dramatischen Texten bekannt, solchen für die Bühne wie solchen für das Radio. Außerdem trat sie als produktive und ungemein vielseitige Essayistin hervor. Sie hat sich über so unterschiedliche Frauen wie Virginia Woolf, Sylvia Plath, Marieluise Fleißer, Marguerite Duras, Charlotte Salomon und Marlene Dietrich geäußert.

»Die Konzeption des Weiblichen als Natur und Eros ließ den Körper etwas anderes sein als ein brauchbares Arbeitsinstrument«, formuliert sie in einer Buchrezension, »die Hand, die Genuss bereitet, war zur Herstellung des bürgerlichen Fortschritts nicht geeignet.« Sie fügt hinzu: »Denn kurioserweise ist die Frau, die zur Gladiole gemacht wird, auch heute wieder unerwartet ein Bild des Widerspruchs: zum Beispiel gegen die in der neuen Frauenbewegung geltenden ethisch-protestantischen Projektionen der Weiblichkeit. Lieber ›Gladiole‹ sein als eine durch Hausfrauenlohn zur Gleichberechtigung aufgestiegene Heimbüglerin.«

Veröffentlichungen (Auswahl)
Wir machen Musik. Geschichte einer Suggestion, 2010 ◇ Wiesengrund. Roman, 2016 ◇ Die Fröste der Freiheit. Aufbruchsphantasien, 1980 ◇ Abendlandleben oder Apollinaires Gedächtnis. Spiele aus Neu Glück (Theaterstück), 1987 ◇ Fremde Bühnen. Mitteilungen über das menschliche Gesicht, 1995

Z

ZADE, MAJA
* 1973 Bremen

In der Edelstahlküche einer Wohnung in Berlin-Prenzlauer Berg treffen sich sechs Berliner Wohlstandsbürger mittleren Alters zum Abendessen. Es wird gekocht, es wird gespeist, und es wird geredet: über Mahlzeiten, über Beziehungen, über Gesundheit, über Inneneinrichtung, übers Theater. Alles bleibt oberflächlich und belanglos, Kontroversen zeigen sich allenfalls im Ansatz. Die Szenerie erinnert an Konversationsstücke der Französin Yasmina Reza, die gerne in eine Katastrophe münden. So auch hier: Im Nebenzimmer wirft die fünfjährige Tochter der Gastgeber ihre kleine Schwester aus dem Fenster.

Das Stück trägt den Titel *abgrund*, verfasst hat es die 1973 geborene Maja Zade. Sie wuchs in Schweden und Deutschland auf, studierte englische Literatur in Großbritannien und Kanada, übersetzt aus dem Englischen ins Deutsche und umgekehrt. Seit 1999 arbeitet sie in der Dramaturgie der Berliner Schaubühne, die auch ihre beiden Theaterstücke uraufgeführt hat. Das zweite, *status quo*, variiert in drei Szenen eine weibliche Dominanz über Männer. Das Textbuch zu *abgrund* enthält lediglich den nackten Wortlaut der Gespräche, ohne Rollenzuordnung: »die szenen können dialogisch aufgeteilt werden – ich habe mir 6 figuren (3m, 3f) und ein kind (ein

5 jahre altes mädchen) vorgestellt, es geht aber auch mit weniger schauspielern. «Das Verfahren erinnert an die Stücktexte von Elfriede Jelinek.

Maja Zade sagt, der von ihr vorgeführte Smalltalk sei »das äußerliche Symptom für etwas, was in der Gesellschaft krank oder deformiert ist, denke ich – Egozentrik, Überforderung, Verdrängung. Mich hat es gereizt, diese Oberfläche unter die Lupe zu nehmen, weil sich gerade dadurch, wie sich diese Gesprächsdynamiken bewegen, welche Formulierungen und Worte gewählt werden, sich das, was darunter liegt, umso verheerender entlarvt.«

Veröffentlichungen
status quo (Theaterstück) 2019 ◇ *abgrund (Theaterstück) 2019*

ZINNER, HEDDA
* 1905 oder 1907 Lemberg oder Wien, † 1994 Berlin

Geboren wurde sie 1905 oder 1907. Auch über ihren Geburtsort herrscht Unsicherheit, in manchen Nachschlagewerken steht Wien, in anderen Lemberg. Hedda Zinner stammte aus einem jüdischen Beamtenhaushalt und wurde in Wien zur Schauspielerin ausgebildet, am dortigen Raimund Theater erhielt sie ihr erstes Engagement. Über mehrere Stationen an deutschen Provinzbühnen kam sie 1929 schließlich nach Berlin, wo sie in die Kommunistische Partei eintrat.

Ihre literarische Tätigkeit begann mit journalistischen Texten, gedruckt von KPD-Organen wie »Die Rote Fahne« und »Arbeiter-Illustrierte-Zeitung«. Bei öffentlichen Veranstaltungen trat sie mit Rezitationen eigener Gedichte auf.

1933 emigrierte sie, zunächst nach Wien, dann nach Prag, wo sie ein politisches Kabarett leitete. Ab 1935 lebte sie in der Sowjetunion und schrieb für den Moskauer Rundfunk. 1945 kehrte sie nach Berlin zurück. Anfangs arbeitete sie auch hier für das Radio, als Sprecherin, Regisseurin, Autorin. Später schrieb sie vor allem für die Bühne. Ihr erstes Drama, *Caféhaus Payer*, hatte sie noch aus Moskau mitgebracht. Viel gespielt wurde *Der Teufelskreis*, der vom Reichstagsbrandprozess 1933 handelte. Der Text diente als Vorlage für einen Spielfilm. Noch fünf weitere ihrer Arbeiten wurden filmisch umgesetzt. Ihr anderer bekannter Dramentext war *General Landt*. Angeregt durch einen Roman der US-Amerikanerin Martha Dodd, erzählt Hedda Zinner, leicht verfremdet, vom Schicksal des deutschen Luftwaffengenerals Ernst Udet. Den gleichen Stoff verwandte Carl Zuckmayer in seinem Drama *Des Teufels General*, das sieben Jahre früher entstand und in der DDR höchst umstritten war. Hedda Zinner lieferte dazu gleichsam die realsozialistische Korrektur. Sie hat zudem Prosa geschrieben: einen Roman über die Frauenrechtlerin Louise Otto-Peters, *Nur eine Frau*, und die autobiografisch inspirierte Romantrilogie *Ahnen und Erben*. 1989, im Jahr des Zusammenbruchs der DDR, veröffentlichte sie ihre Erinnerungen.

Der Literaturkritiker Konrad Franke sagt: »Hedda Zinner kennt das dramatische Handwerk, sie weiß, was die Bühne oder das Fernsehmedium braucht, aber über eine gewisse Routine-Fertigkeit kommt sie nicht hinaus, ihre Arbeiten wirken glatt, ihre Helden tun sich mit dem alltäglichen Leben schwer, ihre Konflikte werden zu mittelgroßen, lösbaren Konflikten gemacht und dann für die Entscheidung des Protagonisten präpariert.«

Verheiratet war sie mit dem einflussreichen Theaterkritiker Fritz Erpenbeck, der die DDR-Kritik am Brecht-Theater publizistisch vertrat.

1994 ist Hedda Zinner in Berlin gestorben.

Veröffentlichungen (Auswahl)
Der Teufelskreis. Schauspiel in fünf Akten, 1953 ◇ *Nur eine Frau. Roman, 1954* ◇ *General Landt. Schauspiel in fünf Akten, 1957* ◇ *Ahnen und Erben (Romantrilogie), 1968–1973* ◇ *Selbstbefragung (Autobiografie), 1989*

ZUCKER, RENÉE
* 1954 Essen

Anfang der 2000er-Jahre, ein Tourist aus Westfalen steht vor dem Marx-Engels-Standbild in Berlin-Mitte und sagt zu seiner Frau: »Das also waren diese beiden berühmten Russen.«

Die Anekdote, eine von mehreren, findet sich in *Berlin ist anderswo* von Renée Zucker. Das Buch will, anderthalb Jahrzehnte nach dem Mauerfall, Zustände und Veränderungen der wiedervereinigten Hauptstadt eines wiedervereinigten Landes beschreiben. Es ist ein freundliches, ein manchmal zärtliches Buch.

»Ich wurde 1954 in Essen geboren, kam 1975 mit dem Zug nach Berlin, arbeite seit 1986 als freie Autorin«, sagt Renée Zucker von sich selbst. Gekommen sei sie einst, wie es heißt, der Liebe wegen. Aus Liebe zu Berlin ist sie geblieben.

Sie schreibt Feuilletons jener Art, die man von Kurt Tucholsky und Franz Hessel kennt. Sie schreibt für Zeitungen und für den Rundfunk. Sie veröffentlichte fünf Bücher, zwei davon schrieb sie zusammen mit jeweils einem anderen Autor. Sie ist gerne ironisch, manchmal schnodderig, politisch steht sie erkennbar links. Die Kolumnen, die sie mehrmals die Woche morgens im Radio spricht, finden ein dankbares Publikum.

»Lebe wild und gefährlich, stand einst auf Kreuzberger Hausmauern«, sagt Renée Zucker über das gegenwärtig in Berlin herrschende Klima, »jetzt wo es ein bisschen gefährlich wird, wollen wir vielleicht doch nicht mehr ganz so wild sein.«

Veröffentlichungen (Auswahl)
Berlin ist anderswo (Sammlung), 1995 ◇ *Glück kann manchmal richtig nerven (Roman)*, 2001 ◇ *Ein Tag wie Totolotto. Vom Leben und anderen Glücksspielen*, 2003

Personenregister

BILDQUELLEN

Berghäuser, Antje: S. 176
Bothor, Mathias / Photoselection: S. 207
Cottrell, Ivan: S. 200
Diehl, Nane: S. 193, 239, 264
Dietl, Barbara: S. 256
dpa (Horst Galuschka / 66426734): S. 143
Englert, Alexander Paul: S. 140, 160
Fluhrer, Matthias / Insel Verlag: S. 226
Hauser, Franziska: S. 151
Klier, Nadja: S. 135
Klüter, Stefan / Suhrkamp Verlag: S. 150
Marzok, Ronny: S. 238
Potthoff, Andreas / Schöffling & Co.: S. 265
Privat: S. 235
Rauch, Ludwig: S. 142, 216
Rotthoff, Esra / Suhrkamp Verlag: S. 214
Rowohlt Verlag: S. 266
Schlösser, Milena: S. 113, 254
Sterr, Denise: S. 173
Stürholz, Antje: S. 107
Stürmer, Sybille: S. 97
Suhrkamp Verlag: S. 185
Wikimedia / Superbass / CC-BY-SA-3.0: S. 78
Wikimedia Commons / Amrei-Marie / CC BY-SA 4.0: S. 50
Wikimedia Commons / Amrei-Marie / CC BY-SA 3.0: S. 203, 217
Wikimedia Commons / Bundesarchiv, Bild 183-P1202-317 / Sturm, Horst /
   CC-BY-SA 3.0: S. 232
Wikimedia Commons / Bundesarchiv, Bild 183-R0531-0325 / Stark (geb.
   Katscherowski), Vera / CC-BY-SA 3.0: S. 132
Wikimedia Commons / Christoph Rieger / CC BY-SA 4.0: S. 127
Wikimedia Commons / DeuxPlusQuatre / CC0 1.0: S. 114
Wikimedia Commons / Dietmar Bührer / CC BY-SA 4.0: S. 103
Wikimedia Commons / Don Manfredo / CC BY-SA 4.0: S. 88
Wikimedia Commons / Franziska Hauser / CC BY-SA 4.0: S. 110
Wikimedia Commons / Frenchhorn / CC BY-SA 4.0: S. 154
Wikimedia Commons / CC0 1.0: S. 35, 38, 41, 43, 76, 116, 125, 147, 156, 162,
   209, 222, 242, 249, 251
Wikimedia Commons / Heike Huslage-Koch / CC BY-SA 4.0: S. 59, 63, 66, 85,
   120, 168, 180, 191, 205
Wikimedia Commons / Heinrich-Böll-Stiftung / CC BY-SA 2.0: S. 61
Wikimedia Commons / JCS' / CC-BY-SA-3.0 / GFDL: S. 145
Wikimedia Commons / Kritzolina / CC BY-SA 4.0: S. 231, 270

BILDQUELLEN